焦 阳◎著

刑法中的间接故意研究

XINGFA ZHONG DE JIANJIE GUYI YANJIU

2019·北京

声 明	1. 版权所有，侵权必究。
	2. 如有缺页、倒装问题，由出版社负责退换。

图书在版编目（CIP）数据

刑法中的间接故意研究/焦阳著.—北京:中国政法大学出版社,2019.10
ISBN 978-7-5620-9235-3

Ⅰ.①刑… Ⅱ.①焦… Ⅲ.①刑法－故意(法律)－研究 Ⅳ.①D914.04

中国版本图书馆CIP数据核字(2019)第238924号

出 版 者	中国政法大学出版社
地　　址	北京市海淀区西土城路 25 号
邮寄地址	北京 100088 信箱 8034 分箱　邮编 100088
网　　址	http://www.cuplpress.com（网络实名：中国政法大学出版社）
电　　话	010-58908586(编辑部) 58908334(邮购部)
编辑邮箱	zhengfadch@126.com
承　　印	固安华明印业有限公司
开　　本	880mm×1230mm 1/32
印　　张	11.375
字　　数	300 千字
版　　次	2019 年 10 月第 1 版
印　　次	2019 年 10 月第 1 次印刷
定　　价	56.00 元

自 序
PREFACE

本书是在我的博士学位论文《刑法中的间接故意研究》基础上完善而成的。该论文已于2014年在北京师范大学通过答辩。

刑法学的研究风起云涌,特别是进入21世纪以来,我国的刑法学面临多次转型,各种理论"百花齐放",学科研究的广度、深度都得到了前所未有的加强。我们赶上了一个好时代,这个时代的研究基础已经成型,对外交往活跃,司法实践规范,这些为我们的研究提供了丰富的"养料"。同时,青年一代的刑法学人如何赶上浪潮,发现真问题,作出自己的理论贡献,也面临着更多的竞争和挑战。

本书就诞生于这样的背景下。当时选择"间接故意"作为研究的主题,除了我个人比较偏爱刑法基础理论外,还因为,无论在何种理论体系下,犯罪故意都在犯罪的认定中占据至关重要的地位,它连接着刑法学、心理学、犯罪学,针对的是一个个活生生的人;

它在内心深处，不甚明了，又不能缺席；它不必然涉及各种体系架构的争论，解决现实问题，把守的是犯罪主观方面的边界。间接故意属于故意的"底线"，具有特殊重要的作用。从小处切入，"以小见大"，明确间接故意的要素与认定，就抓住了核心，就明确了故意与过失的划分，就理解了背后纷繁多变的世界。因此，与建构庞大体系的论文相比，本书选题较小；与解决完全实践性的问题相比，本书对策性不那么明显，理论深度更强。此选题不像那些短期性、时效性的命题，具有理论延展性，更能让人下功夫去不断探究。

所有研究都是在前人研究的基础上完成的，本书也不例外。在硕士、博士研究生学习期间，我阅读了大量著作和论文。时常翻出那些凝聚着心血的读书笔记，充满了回忆。现在回想起来，这种努力很值得，没有经历这种辛苦，没有付出，就不可能塑造专业性思维，就不可能看到事物的"多重面向"。多读多想再进行梳理、整合，并继续发展，是我追寻的目标。

相比体系的研究，本书侧重于"问题"的思考。间接故意问题就是如此，它的核心争论在于，它与有认识过失如何区分，这直接关系到两种不同心理的定性问题。而这背后就又牵扯到意志因素是否重要，意志因素到底能不能成为故意本质的标准。再进一步看，间接故意本体如何构成与事后怎样判断又是两个问题，本体构成不代表事后就能判断，事后判断还是依赖于显示于外的认识因素，而认识程度的高低又取决于日常生活中事物发生概率的高低。到头来，原有的间接故意内容体系并没有说清上述问题，即便是明确的概念也会给人们的认定带来重重困难。

本书以上述思路为线索展开，并适时往下挖掘，"见了树木，还见森林"，在国内属于全面梳理故意本质各理论的系统性著作。本书共分绪论和正文七章：

绪论主要通过对间接故意研究现状的梳理，提出了相关争议问题，比如间接故意这种类型是否有必要单独存在；是否应当将有认识过失纳入间接故意中，这些问题能否得到解答直接关系到间接故意是什么、间接故意到底该怎样认定的进一步追问。全书围绕着上述问题展开，分为本体论和关系论两大范畴。

第一章为"间接故意概述"，是对本节的概括与引导。我国《刑法》第14条用立法的方式规定了"故意犯罪"的含义，通过意志因素的不同划分了两种故意类型，间接故意是其中一类。纵观世界各国刑事立法例，对间接故意的概念基本都予以认可，但很多国家并没有在立法上予以明确。从特征上看，间接故意具有间接性、伴随性和派生性。

第二章为"间接故意的体系地位"。本章认为，间接故意作为故意的类型，理应属于犯罪主观层面的内容。在阶层式的犯罪论体系下，间接故意的地位经历了构成要件要素说、责任要素说、构成要件要素和责任要素说的争论，这背后反映出新康德主义哲学的影响；英美法系双层次的犯罪论体系下，轻率的心态与我国的间接故意相对应，"可谴责性"作为上位概念包含了评价内容；在四要件的犯罪论体系下，间接故意属于犯罪主观方面的当然内容，但这不意味着间接故意只是单纯的主观心态。间接故意是事实与规范的统一体，含有评价内容。作为犯罪主观方面的间接故意是一个双层次的整体，是整个故意的"底线"。

第三章为"间接故意的构造"，属于本书的本体论内容。间接故意的心理构造包含认识因素、情感因素和意志因素三大类。认识因素指行为人认识到自己的行为可能或必然发生危害社会的结果，认识内容包括犯罪对象、犯罪客观事实、规范性构成要件要素的内涵、因果关系的基本方面等，形式违法性认识不属于其认识内容，但行为人需具有社会危害性的概括认识。情感因素属于连接行为人认识与意志的纽带，对意志的形成有影响。意志因素指行为人放任危害结果的发生，放任包含了情感和意志的内容，具体可分为纵容和漠然两种类型。在刑法意义上，情意相通，对情感因素一般不需专门认定。间接故意的规范构造主要体现为违法性认识和期待可能性的内容，它们共同反映了该种心态的可非难性。

第四章为"间接故意与直接故意"，属于本书的关系论范畴。间接故意与直接故意均属于犯罪故意，具有相同的本质，均存在几大心理因素，可非难性都较强。二者的差异为：在静态上，意志因素所表现的情感态度和目的指向不同，不应夸大其认识程度的差异。直接故意的意志因素是希望，指向的是危害结果；而间接故意的意志因素是放任，对危害结果没有明确指向。在动态上，直接故意与间接故意的知欲先后关系、心态持续时间一般也不同。此外，两种故意的存在范围不同，举动犯等不能由间接故意构成，而间接故意能构成的犯罪，直接故意都能构成。

第五章为"间接故意与有认识过失"，仍属于本书的关系论范畴。故意与过失的总体关系不是简单的排斥关系，在一定范围内存在规范上的位阶关系。对间接故意与有认识过失关系的处理在宏观上有区分论和合一论两大类。前者对间接故意本质的理解分为以认识为基础的学说和以意志为基础的学说以及综合说，后者主张对二者不加区分、合一处理，复合罪过理论实质也属合一论。各学说的争论围绕着以哪种因素为标准，实际上都未放弃认识和意志两大因素，只是意志内容是否客观化而已。判断各学说合理性的依据是该学说既要反映主观心态的本质，又不能离开规范目的。本书坚持区分论，认为静态上，认识上的现实可能性与抽象可能性之分，意志上的放任与相信避免之分可以区分两种心态；动态上，长期被忽视的动机因素是心理学中间接故意与有认识过失最主要的区别，反对动机是否生成与行为人的可非难性直接相联，也有明显规范特征，动机说应当被提倡。

第六章为"间接故意犯罪的形态"。通说认为，间接故意犯罪不存在犯罪的停止形态。间接故意不存在未遂、中止形态的理由是间接故意不具有犯罪目的，处罚间接故意未遂、中止没有现实可行性，背后的思想基础是"倒推"思维模式。本书认为，一般来说，间接故意犯罪的未遂、中止没有处罚的必要，但可以有既遂形态，犯罪构成要件要素齐备说仍然是判断既未遂状态的根本学说。在共同犯罪中，间接故意之间、间接故意与直接故意间可以成立共同犯罪，间接故意与过失犯罪间由于立法的限制，不能成立共同犯罪。

第七章为"间接故意的认定"，属于面向实务的内容，也是刑法与刑事诉讼法交叉综合的内容。间接故意产生的理论基础是意志自由论,但近来的脑科学研究对意志自由论产生了冲击。总体看,责任主义刑法的核心并未消亡,人的行为总是在经历外界刺激后进行的选择。对间接故意的判断,要坚持心理形成过程与认定过程不同的指导思想,由客观推理主观,运用证据,合理运用推定规则,适度调整证明责任分配,并减轻控方责任。具体来说,以危险盖然性的高低判断行为人的"明知",坚持"行为人所属层级的抽象人"的判断标准;在放任的认定上,以认识的盖然性作为意志判断的基础事实,以客观环境和采取的措施作为排除认定的内容,并逐级筛选进行认定。

本书基本保留了原博士论文全貌,维护已有的研究成果。出版前的修订主要跟进了近年故意论研究的新成果,特别是更新了以认识论替代意志论的观点主张,也更新了大部分注释文献的版本。本书文责自负,欢迎各位同仁多提宝贵意见。

感谢中国政法大学出版社及丁春晖编辑为本书出版所做的努力,希望刑法学的比较研究、基础研究得到更多的关注。

焦阳

2019年3月27日于北京沙河校园

目录 CONTENTS

自 序 ·001

绪 论 ·001

第一章 间接故意概述 ·020

　第一节 间接故意的产生 ·020

　第二节 间接故意的含义与本质 ·025

　　一、立法中的故意规定透视 ·025

　　二、刑法理论上的间接故意概念 ·032

　　三、间接故意的本质 ·034

　第三节 间接故意的特征 ·036

　　一、间接性 ·037

　　二、伴随性 ·037

　　三、派生性 ·038

　本章小结 ·039

第二章 间接故意的体系地位 · 040
第一节 阶层式犯罪论体系中的间接故意地位 · 040
一、哲学背景的变迁：存在与当为的分离 · 041
二、阶层犯罪论体系的演变 · 045
三、阶层犯罪论体系演变下的故意地位 · 051
四、间接故意地位变化带来的思考 · 058

第二节 双层次犯罪论体系中的间接故意地位 · 059
一、哲学背景对英美法系犯罪论体系形成的影响 · 060
二、"间接故意"在双层次犯罪论体系中的地位 · 062

第三节 四要件犯罪论体系中的间接故意地位 · 064
一、历史源流的考察：苏联与俄罗斯刑法学中的
罪责理论 · 065
二、我国四要件犯罪构成下的故意地位 · 068
三、包含心理和规范双层次的间接故意之提倡 · 073
本章小结 · 074

第三章 间接故意的构造 · 077
第一节 间接故意的心理构造之一：认识因素 · 078
一、认识的内容 · 079
二、认识的程度 · 102

第二节 间接故意的心理构造之二：情感因素 · 110
一、情感因素在心理构造中的必要性 · 110
二、情感因素的内容 · 113

第三节 间接故意的心理构造之三：意志因素 · 115
一、放任意志的内涵 · 116

二、放任意志的类型　　·126

　第四节　间接故意的规范构造　　·128

　本章小结　　·131

第四章　间接故意与直接故意　　·134

　第一节　直接故意理论概述　　·135

　　一、直接故意的心理生成机制　　·135

　　二、直接故意的构成因素　　·137

　　三、直接故意的程度　　·139

　第二节　间接故意与直接故意的相同点　　·141

　　一、均具备认识、情感和意志因素　　·141

　　二、可非难性都比较大　　·142

　第三节　间接故意与直接故意的差异　　·142

　　一、构成因素的差异　　·143

　　二、存在范围的差别　　·155

　　三、主观恶性的差异　　·163

　本章小结　　·165

第五章　间接故意与有认识过失　　·167

　第一节　有认识过失理论概述　　·167

　　一、有认识过失的心理学构造　　·168

　　二、有认识过失的规范内涵　　·170

　第二节　间接故意与有认识过失的宏观关系　　·174

　　一、心理生成机制的相似性　　·174

　　二、宏观关系的处理方式　　·175

第三节　间接故意与有认识过失的具体区分　·202
一、历史难题的争点：认识论还是意欲论　·202
二、区分标准的发展趋势：故意的客观化　·226
三、对上述各区分学说的总评　·238
四、被忽视的因素：动机说之提倡　·243
本章小结　·252

第六章　间接故意犯罪的形态　·254
第一节　间接故意犯罪与犯罪停止形态　·254
一、间接故意犯罪与既未遂形态　·255
二、间接故意犯罪与中止形态　·271
第二节　间接故意犯罪与共同犯罪形态　·276
一、共同犯罪的构成概述　·277
二、共同犯罪中的故意可否包含间接故意　·278
本章小结　·284

第七章　间接故意的认定　·286
第一节　认定间接故意的方法论依据：由客观认定主观　·286
一、源起：意志自由论受到的冲击　·287
二、进一步的追问：展现主观心态的外部事实类型　·296
第二节　认定间接故意的刑诉法依据：证明责任与证明方法的调试　·297
一、源起：间接故意的证明难点　·298
二、解决措施之一：证明责任的适度调整　·300

三、解决措施之二：证明方法的综合运用 ·304
第三节　对间接故意因素的具体认定 ·310
一、指导思想：认定过程不同于心理形成过程 ·310
二、对认识因素"明知"的认定 ·312
三、对意志因素"放任"的认定 ·320
四、程序性救济措施的补充 ·330
本章小结 ·332

结　论 ·334

参考文献 ·336

后　记 ·348

绪 论

责任主义原则是现代各国刑法共有的原则，我国刑法也把主客观相统一原则作为一项基本原则，贯穿刑事立法、司法和执行始终。该原则要求，对任何人定罪，都必须包含行为的客观方面和主观方面，欠缺主观方面的归责属于客观归罪，已被现代刑法所抛弃。从世界各国主要的犯罪论结构看，无论犯罪构成要件要素如何排列，主观内容都必不可少。世界各国刑法基本以处罚故意犯罪为原则，以处罚过失犯罪为例外。间接故意具有特殊性，其意志强度不坚决，又处于故意与过失的分界点上，因而在理论和实践中对其争论颇多。

一、研究的意义与范畴

（一）研究的意义

间接故意的概念并非从来就有，作为非典型的故意形态，它来源于对实践难题的"发现"，由于既要起到故意的"兜底"作用，又要起到与过失的"分界"作用，因而其地位非常重要。我国现行刑法用一个条文明确规定了"故意犯罪"的定义，此规定涵盖了间接故意的认识因素和意志因素，较好地反映了间接故意的本质特征。现代心理学认为，情感在人的心理活动中并非总是消极与被动的，在有的情况下，情感往往会对认识和意志产生重大影响乃至决定作用。间接故意的概念需要反映普通心理学的研究成果，情感因素也属于间接故意的心理构造内容，动机冲突决定着最终的主观内容，而这些内容都容易被刑法学研究所忽视。以心理学成果充实间接故意的内容，明确其构造，有助于找准其本质，提升间接故意理论研究的内容科学性。

故意作为刑法基础理论问题，已有几百年的学说发展史。时至今日，在大陆法系国家，关于故意的本质仍存在很大的争执。纵观错综复杂的各种学说，许玉秀教授将这种争论梳理为两条轴线：一是认识论与意欲论之争；二是意欲的主观说与客观说之争。[1]近些年来，罪责客观化学说逐渐兴起，故意到底是否属于主观构成要件要素受到了质疑。这些争论已直接关系到间接故意与有认识过失的划分问题，还关系到对间接故意内在各要素的定性问题。因此，对间接故意理论的研究有助于澄清问题，促进理论深化。

我国传统刑法一直以结果本位和意志本位来构建犯罪故意观，间接故意与直接故意、间接故意与有认识过失的关系以此为导向，区分标准为行为人对结果的意志态度。但是，意志属于深层内容，对其把握难以做到准确到位。故意和过失在处罚标准、处罚程度上都有很大差别，以不确切的方法区分二者可能会出现失误。深化间接故意的相关研究，有助于把握主观心理与客观判断的关系，扩展理论的覆盖面。

在实践中，一些犯罪究竟由间接故意构成还是由有认识过失构成一直存在争议（如滥用职权罪和玩忽职守罪等）；一些案件发生后，往往能证明行为人确实不希望危害结果发生，但很

---

[1] 许玉秀：《主观与客观之间——主观理论与客观归责》，法律出版社2008年版，第45页。

难说明他对危害结果是持放任心态还是希望避免的心态,由于情节的不可回溯性,事后查明的方法已难以发挥作用。针对这些情况,我们需要加深对间接故意理论的理解,特别要重视对刑事诉讼法上间接故意的证明问题的研究。对间接故意认定的研究可以为实践提供具有操作性的方法,促进实体法与程序法的交错适用。

(二) 研究的范畴

就法学研究方法而言,在当代西方法学世界,尽管法学流派纷呈,但真正能主导法学者的仍然是自然——价值法学、社会——实证法学、规范——分析法学这三种方法。[1]以上三种方法中,第一种关注的是法的价值形态,拷问法本身的正当性;第二种站在社会的角度,关注法与社会的互动;第三种立足于法律文本,对法律进行教义学的分析。总体来说,间接故意问题属于刑法基础理论研究,以规范分析为主,同时不能偏离社会现实,也不能没有价值判断。本书即包括本体论和关系论两大范畴。本体论领域包含对间接故意体系定位的梳理、间接故意的构造等内容,关系论领域包含间接故意与其他犯罪主观心理的关系、间接故意犯罪的形态等内容。这些内容从不同的维度展示了间接故意理论的多重面向,共同形成了完整的间接故意理论体系。在此之后,针对间接故意的实践认定问题,本书将着重阐述推定、推论等证明方法的具体运用问题。

二、研究的现状及评析

我国对行为的主观面的研究起步较早,但专门性的成果并不多。以往对于间接故意理论的研究一般在刑事责任论、犯罪

---

[1] 沈宗灵:《现代西方法理学》,北京大学出版社1992年版,第24页。

的主观方面（犯意）、故意论中进行，着重关注间接故意在这类体系中的地位问题，代表性研究专著有姜伟教授的《犯罪故意与犯罪过失》（群众出版社 1992 年版），冯军教授的《刑事责任论》（法律出版社 1996 年版），贾宇教授的博士学位论文《犯罪故意研究》等。近些年来，研究总体呈现出选题"由大到小"的态势，研究范围逐渐缩小，内容逐渐细化。李兰英教授的专著《间接故意研究》（武汉大学出版社 2006 年版）、尹东华的《刑法中的放任论研究》（中国人民公安大学出版社 2013 年版）、李永升教授的系列论文[1]等就是针对间接故意理论相关内容的专门性研究成果。这些研究成果围绕放任的内涵和外延，间接故意的构造问题，我国间接故意概念与大陆法系、英美法系刑法中的相关概念的对比等做了专门的梳理与研究，体系相对完整，研究广度与深度都有所提升。此外，梅传强教授的《犯罪心理生成机制研究》（中国检察出版社 2008 年版）、杨芳的《犯罪故意研究》（中国人民公安大学出版社 2006 年版）、陈磊的《犯罪故意论》（中国人民公安大学出版社 2012 年版）、袁宏山的《犯罪故意与犯罪过失适用》（中国人民公安大学 2012 年版）等著作中对间接故意理论也有涉及和分析。

值得注意的是，许玉秀教授在其专著《当代刑法思潮》（中国民主法制出版社 2005 年版）、《主观与客观之间——主观理论与客观归责》（法律出版社 2008 年版）中，对部分大陆法系国家和地区关于间接故意的学说史和理论争议进行了详尽梳理与评析，内容充实，思想深刻，为研究提供了丰富的资料。上述这些理论成果从不同面向出发，对间接故意理论进行勾勒，促

---

[1] 李永升："间接故意犯罪的主客观机制研究"，载赵秉志主编：《刑法论丛》（第 23 卷），法律出版社 2010 年版，第 1~38 页；李永升："间接故意的共同犯罪探究"，载《法治研究》2011 年第 7 期。

进了研究向多元化发展。

(一) 我国刑法学通说视野下的间接故意

我国传统理论认为,所谓间接故意,是指行为人明知自己的行为可能发生某种危害社会的结果,并且放任这种结果发生的心理态度。间接故意的认识因素只能是"明知危害结果可能发生",意志因素是放任。关于认识因素与意志因素的关系,通说认为,认识因素是意志因素的基础。间接故意通常在四种情况下发生:①行为人在实施某种犯罪意图时,放任了另一种危害结果的发生;②行为人在实现某种并非犯罪意图的时候,放任了某种危害结果的发生;③突发性的犯罪,不计后果,往往是针对一对象实施侵害的放任更为严重结果的发生;④行为人出于藐视法纪、追求刺激等动机,实施具有某种危险性、危害性的行为,放任对不特定对象多种危害结果发生或不发生。[1]

在四要件犯罪论体系中,间接故意与直接故意一样,都属于犯罪主观方面的内容。它们是四个要件中的最后一个要件,往往在最后加以考察,这种从客观到主观的判断顺序符合司法的实践情况,有利于犯罪的认定。

关于间接故意与直接故意的区别,我国传统通说理论认为,首先,二者对危害结果预见的程度不同。直接故意的行为人不仅可以预见危害结果的可能发生,而且可以预见到危害结果的必然发生;而间接故意在行为人的主观上只能是预见到危害结果的可能发生。其次,二者对危害结果的心理态度不同。直接故意是希望某种危害结果发生,间接故意只是放任其发生。最后,特定危害结果的发生与否,对这两种故意及其支配下的行为定罪的意义也不相同。

---

[1] 高铭暄、马克昌主编:《刑法学》(第8版),高等教育出版社、北京大学出版社2017年版,第110~111页。

关于间接故意与过于自信的过失的区分标准，在我国刑法理论上经历了一个发展历程。早期刑法理论认为，在间接故意与过于自信的过失中，由于行为人都认识到了危害结果的发生，因此认识因素上没有差异，二者的区别主要在意志因素上。而现在的通说认为，二者从认识因素到意志因素都有差异，这些都能充分反映出故意与过失的主观恶性不同。

(二) 近些年我国间接故意理论研究的新进展

近些年来，我国对间接故意的理论研究向纵深化的方向发展。比如，对放任的规范解读。以心理学成果充实间接故意的内涵、提出复合罪过理论等，这些都丰富了故意理论。

对于间接故意的构造，有学者不同意通说观点，认为明知自己的行为必然发生危害社会的结果，仍然放任该结果的发生，属于间接故意。由此，间接故意与直接故意的主要区别体现在意志因素上。对于间接故意的"放任"，有学者认为，放任不是传统的意志因素，而是以意欲要素为核心要素的主观心理态度。[1]

间接故意与有认识过失的区分一直是理论和实践中的难题。我国有学者在梳理了"弗兰克公式"、意志状态区分、意识状态区分、联合理论与风险理论之后，提出了综合性的以认真对待和容认的态度为基础的间接故意认定方法。[2]这种认定办法结合认识与意志两方面，更具操作性。还有学者倾向于以"容认+盖然+漠然+防果"来区分上述两种形态，因为放任应是一个"模糊的区间"。[3]

---

[1] 尹东华:《刑法中的放任论研究》，中国人民公安大学出版社2013年版。
[2] 王世洲:《现代刑法学（总论）》（第2版），北京大学出版社2018年版，第141~142页。
[3] 李兰英:《间接故意研究》，武汉大学出版社2006年版。

有学者改变了以意志因素为核心区分故意与过失的做法，认为在风险社会语境下，对故意犯理论的发展要反映出风险社会刑法的要求。风险社会刑法在构成要件设置上的特征表现为行为范畴的拓展与犯罪标准的前移，以认识为基础区分故意和过失，表明认识到有危险就应当产生反对意志，不继续行动，这既是对英美刑法"轻率"理论的借鉴，解决了实务难题，又迎合了控制风险的趋势。因此，从预防角度考虑，认识论是合适的。[1]进而，该学者还提出了分公式类型的犯罪故意谱系表，归纳出了多种罪过公式。其中，"单一罪过的公式3为，犯罪故意=对行为的故意+对结果的明知+对情状要素的明知"。[2]该观点用"明知"这样的认识内容取消了对结果的意志要求，改变了现有故意的整体标准，属于"大手术"般的变革观点，但该观点并未专门针对间接故意提出认定标准。

也有学者提出了复合罪过理论，这种理论指同一罪名既可以由间接故意构成，也可以由过失构成。这既是对现行立法的回应，又符合法定犯到来的时代背景，还解决了实践难题。[3]

还有学者完全转变了传统的为故意下定义的视角，主张采用类型学的方法，注重故意的实际推断。该观点认为，故意界定的理论发展方向应由实体法视角转向程序法视角，由概念思维转向类型思维。在观念分界的意义上，故意是作成可能侵害

---

[1] 劳东燕："犯罪故意理论的反思与重构"，载《政法论坛》2009年第1期。类似但不完全相同的观点，参见李世阳："故意概念的再定位——中国语境下'盖然性说'的展开"，载《政治与法律》2018年第10期。

[2] 参见劳东燕：《风险社会中的刑法：社会转型与刑法理论的变迁》，北京大学出版社2015年版，第223~224页。

[3] 储槐植、杨书文："复合罪过理论探析——刑法理论对现行刑法内含的新法律现象之解读"，载《法学研究》1999年第1期；储槐植、杨书文："再论复合罪过形式"，载陈兴良主编：《刑事法评论》（第7卷），中国政法大学出版社2000年版，第410~456页。

法益的意志决定；在事实认定的意义上，提倡建构类型学的故意概念，通过对能够反映认识和意志强度的待证事实的解释性推论，来推断案件事实是否在整体上"充足"故意的类型。[1]该观点对类型思维的运用为研究开拓了一个新视角，而且，重视故意的认定的提法使本问题更具有实践性和针对性。

与此同时，我国学者开始运用跨学科的研究方法，并重视心理学研究成果对刑法学理论的转化。有学者认为，间接故意的心理机制与我国刑法中过于自信的过失有一定的相似之处，两者的心理的不同之处只在于趋避冲突处理方式的差异。具体来看，间接故意的心理发展过程为：确定行为目的—发现行为可能发生危害结果—产生动机冲突（趋避冲突）—评估两种结果并认为可以接受危害结果—决定执行原来的行为目的—危害结果发生。作为一种心理事实，犯罪故意浓缩了认识、情绪情感、意志等全部心理过程，因此，刑法应评价"情"的因素。[2]还有学者明确认为，情感因素在间接故意的运行机制中发挥着重要作用，不能被忽视。间接故意作为故意的一种重要类型，不能离开情感因素的分析。[3]也有学者认为，间接故意的"放任"其实并不属于意志因素，它与心理学上要求的意志明确性、目的性、指向性均不相符，因而实属情感因素。[4]而另有学者认为："放任态度既包括有意志的成分，又有情感的内容。"[5]

---

[1] 陈磊："类型学的犯罪故意概念之提倡——对德国刑法学故意学说争议的反思"，载《法律科学（西北政法大学学报）》2014年第5期。

[2] 袁彬：《刑法的心理学分析》，中国人民公安大学出版社2009年版，第143~145页。

[3] 李永升、张超："论情感因素在犯罪故意构造中的地位及运行机制"，载赵秉志主编：《刑法论丛》（第35卷），法律出版社2013年版，第208~245页。

[4] 刘为波、牛克乾："放任的心理定性"，载《政治与法律》2002年第4期。

[5] 梅传强：《犯罪心理生成机制研究》，中国检察出版社2008年版，第174页。

上述观点视角新颖,勇于开拓,使间接故意的研究取得了新进展。

(三) 其他法域对间接故意理论的研究

我国台湾地区"刑法"一般也承认间接故意的概念。按照通说,如果行为人对于行为之最终目的以及中间过程所横向衍生出来的附带结果,采取容认的态度,那就是间接故意。学者林山田认为,间接故意又被称为未必故意,行为人那种听天由命,容认实现不法构成要件,或听任结果发生的主观心态,属于间接故意。间接故意的不法内涵与罪责内涵均较直接故意轻,现行"刑法"定义有待完善。[1]在这里,对结果的意志内容仍然是间接故意的主干因素。

关于间接故意和有认识过失的关系,我国台湾地区的理论通说认为,故意概念与过失概念相互排斥。20世纪70年代,洪福增先生以"有高度发生结果之盖然性,而敢然于为行"作为认定间接故意之原则,而后辅以"对构成要件的事实认识系不确定或有疑念,而仍敢然为其行为"和"对结果完全不介意或不关心的消极容认"两项标准,并另以"采取回避结果发生之措施,且已尽其真挚之努力"和"虽曾表象有发生违法结果之可能性,然不特对其发生抱有疑问,且认为如确实发生时,于己并不利益,乃以或不致发生结果之心情而为其行为"作为认定有认识过失,排除间接故意的依据。[2]许玉秀教授认可综合认识和意志因素认定间接故意,并进行了详尽分析,特别是对"故意客观化"的趋势进行了解说,[3]可谓研究中的精品。我

---

[1] 林山田:《刑法通论》(增订第10版·上册),北京大学出版社2012年版,第180~182页。

[2] 洪福增:"论故意与过失之界限",载《刑事法杂志》1975年第6期。

[3] 许玉秀:"客观的故意概念——评德国的间接故意理论",载许玉秀:《主观与客观之间——主观理论与客观归责》,法律出版社2008年版,第34~121页。

国台湾地区实务方面，均以"不违背本意"作为认定间接故意的意志内容。

在大陆法系国家中，德国关于故意的本质共有十几种学说，这些学说分别以认识因素为主导和以意志因素为主导，其中，容认说是间接故意本质的通说，德国实务也认可这一学说。但学说的争论仍在继续，关键问题在于实务中区分间接故意和有认识过失仍显困难。关于故意和过失的关系，德国很多学者认为两者之间呈现等级关系，即间接故意与有认识过失有一种"规范性等级关系"。在同样的法益损害中，归责于故意的不法和罪责应比归责于过失的更多。但这并不意味着所有的故意犯罪都必须符合过失犯的构成要件。[1]如果坚持规范违反说，也会得出类似结论。因为故意是一种规范违反，而过失责任的机能是确保对于普遍期待的安全标准的遵守。[2]由此观之，故意与过失只是不同程度的违反规范。在日本，关于故意的本质，学说上围绕着表象说（认识说）和意思说的对立展开。后兴起的动机说属于对未必故意和有认识过失进行区分的综合学说。日本的审判实务仍坚持容认说。[3]

在英美法系国家，犯罪心态的划分与大陆法系国家不完全对应。美国刑法一般将犯罪心态分为四类："蓄意"（intention）、"明知"（knowledge）、"轻率"（recklessness）和"疏忽"（neg-

---

〔1〕［德］克劳斯·罗克辛：《德国刑法学　总论》（第 1 卷：犯罪原理的基础结构），王世洲译，法律出版社 2005 年版，第 730 页。

〔2〕参见［德］乌尔斯·金德霍伊泽尔：《刑法总论教科书》（第 6 版），蔡桂生译，北京大学出版社 2015 年版，第 325~326 页。

〔3〕［日］山口厚：《刑法总论》（第 3 版），付立庆译，中国人民大学出版社 2018 年版，第 212~213 页；［日］前田雅英：《刑法总论讲义》（第 6 版），曾文科译，北京大学出版社 2017 年版，第 141~142 页；［日］松宫孝明：《刑法总论讲义》（第 4 版补正版），钱叶六译，中国人民大学出版社 2013 年版，第 135~136 页。

ligence)。[1] 其中，明知和轻率都与我国的间接故意有类似之处。英国刑法中的轻率分为"主观轻率"和"客观轻率"，轻率与间接故意有重合之处。[2] 英美刑法上对犯罪心态的区分主要基于行为人对结果发生可能性的认识，"纯粹认识方式"仍居主流地位。

(四) 对研究现状的评析及相关争议问题的提出

从本书对间接故意的研究现状的梳理我们可以看出，间接故意理论从出现到现在，关于其是否有必要单独存在、是否具有较高的可罚性一直存在争议。在范围上，间接故意的范围应扩大一些还是缩小一些也存在争论，这会直接影响到有认识过失的存在范围，即在类型划分上，间接故意与直接故意是否有明显不同，是否有必要将其单列一类涉及概念的分类问题。从这几大争议出发，找出争议的问题点，可为本书的进一步研究指明方向。

1. 范围之辩：有认识过失是否属于间接故意

根据我国刑法学的通说，故意由直接故意和间接故意两类组成，过失由疏忽大意的过失和过于自信的过失两类组成。过于自信的过失又被称为有认识过失，因为它的认识因素为"已经预见自己的行为可能发生危害社会的结果"。在传统理论的解读中，有认识过失和间接故意存在颇多相似之处，因为二者都对危害结果有认识，而且最后结果都发生了。实践中有相当多的案例都"纠结"于二者的区分，正说明它们"形似"而难以察觉。

---

[1] See A. P. Simester and G. R. Sullivan, *Criminal Law Theory and Doctrine* (3rd Edition), Oxford, Portland: Hart Publishing, 2007, pp. 119~151.

[2] 王雨田："英国刑法主观轻率的结构分析"，载《武汉大学学报（哲学社会科学版）》2005 年第 2 期。

关于有认识过失是否属于间接故意，关键是看对故意的本质如何理解，对二者的区分怎样把握。在故意的心理学构造中，认识因素和意志因素必不可少，根据这两种因素所占比例的不同，出现了意志因素无用论、意志因素决定论、综合论等各种学说。坚持意志因素无用论的学说通过认识因素区分故意和过失，在这种情况下，对危害结果有认识的都是故意，我国刑法中的过于自信的过失（有认识过失）概念将没有办法存在。

黄荣坚教授一直坚持有认识过失与间接故意没有区分必要的少数说，他的理论颇有代表性。他认为："故意是有认识，而过失是存在认识可能性。故意概念与过失概念之间的关系是吸收。具体而言，是回避可能性的高低度关系，是主观不法的高低度关系，也是刑罚意义的高低度关系。"[1]也就是说，故意和过失的概念并不相互排斥，而是可以进行位阶选择的。同时，他站在单纯认识要素的角度来区分故意和过失。从法益保护的立场出发，认为"对于故意的要素，除了'知'以外，再加上任何要素都是有害的"。[2]因为从预防必要性来看，行为人认识到了结果会发生还选择去做，本身就是错误的。如果将故意定位于认识因素，相当于将法益保护提前，在行为人虽认识到但还未产生进一步的意志时就阻止行动，无疑更有利于防范危害的发生。

将有认识过失包含入间接故意的观点的确具有一定合理性。因为，首先，现实中确实存在故意和过失难以区分的情况。在一些案件中，用任何一种罪过形式概括，都不足以表达行为人

---

[1] 黄荣坚：《基础刑法学》（第4版·上），元照图书出版公司2012年版，第459~460页。

[2] 黄荣坚："刑法解题——关于故意及过失"，载黄荣坚：《刑法问题与利益思考》，元照图书出版公司1999年版，第22~28页。

的实际心态。作为解决这类疑难问题的方案,只将无认识过失作为过失的类型,其他都当作故意犯罪处理,便于操作。其次,将故意和过失的关系概括为吸收关系,过失便是故意的底线,这有力地呈现了二者轻重不同的主观恶性,具有证明上的层次性。最后,这种观点排除了有认识过失的存在可能性,因为预见到结果可能发生还选择去做,就不违背行为人本意,不可能同时存在同时又想避免结果发生的问题。将这种心态归入间接故意,看似并不违背故意放任结果发生的本质。

但是,姑且不论这种观点与我国现行立法不符,从实际效果来看,将有认识过失纳入间接故意的范畴,实际上扩张了故意的范围。区分故意和过失的意义在于,对故意犯罪的量刑一般要比过失犯罪重。刑法分则中的犯罪大多数只能由故意构成,而不能由过失构成。上述观点一旦贯彻,相当于扩大了大多数犯罪的处罚范围,实质上扩充了刑法的容量,违背了刑法的谦抑性原则。

关于间接故意和有认识过失的区分,宏观上有区别论和合一论两大类,后者即主张将二者合并,不作具体的区分。问题是,合并之后,对该类行为怎样处理?是都并入故意,还是作为故意和过失之间的第三种主观形态,又成了问题。将有认识过失当作故意看待,会使刑法典中的绝大多数犯罪都变成故意犯罪,处罚加重,进而使罪责刑结构失衡。如果将它们作为第三种主观形态,就需要改变立法罪刑搭配,重新配置各罪的罪状,这样做不仅导致工程耗时巨大,而且欠缺必要性。

现有的主观方面四分法体现出了主观恶性的层次性差别,认识因素和意志因素分不同情况排列搭配是世界主要国家刑法的通例,体现出了研究的精细化。在这个意义上,间接故意和有认识过失存在定性上的质的差别,将后者归入前者无法反映故意的本质属性，也会导致处罚不当。因此，现有的间接故意的存在范围是合适的。

如果承认现有间接故意概念所涵盖的范围，那么它与有认识过失如何区分便成了研究的难点。对其进行分析构成本书最核心的内容之一，笔者期望在这一关系论范畴的研究上能有所突破。

2. 存在意义之辩：间接故意是否与其他故意类型不同

对间接故意进行深入研究的前提是该概念有存在的必要，而要想得出此结论，必须说明间接故意是一种特点明显、与众不同的故意类型，对它的发现拓展了原有故意的内容，且做这种区分有助于更准确地对犯罪行为进行归责量刑。

生活中的故意与刑法意义的故意并不具有相同的含义。一般生活意义上的"故意"只是表明行为人有意识地实施某种行为，但不具有上述犯罪故意的内容。[1]日常用语中的故意和有意的、存心的含义相同，重在强调行为人明知不好却仍然去做。这里的不好范围很广，包括法律上的不好、道德上的不好以及社会人际交往中的各种价值评价，评价主体在行为人之间。刑法上的故意需要体现国家的规范态度，包含所有可谴责的情形，并体现出主观恶性的差别。

各国刑法对故意的分类不尽相同，叫法不一。以故意的程度不同为标准，一般来说，直接故意与间接故意是故意的两种主要类型，有的国家还存在意图等更高级别的故意，或者包含故意和过失混合的类型。之所以把间接故意单列，是因为它的意志因素相比于其他类型的故意不那么坚决、强烈，其指向对象有时模棱两可，不属于典型的故意。

---

[1] 曾宪信、江任天、朱继良：《犯罪构成论》，武汉大学出版社1988年版，第86页。

从认识因素和意志因素的具体内容来看，间接故意体现出既不同于直接故意，又不同于有认识过失的特性。将几种主观恶性不同的态度做不同的处理，才能体现罚当其罪、区别对待的原则。因此，间接故意概念这种"后发现"的故意不同于传统的直接故意，它对结果的意志态度的确与众不同，将其单列为一种类型符合理论研究深化的要求。至于间接故意与其他故意的关系如何，具体怎样区分，以及在不同的犯罪构造中如何体现出其特性，本书也将专门对此予以分析。

总体来看，我国对间接故意基础理论的研究呈现逐渐深入、重视比较的特点。一些新观点的提出为实践认定提供了新思路。但是，研究仍存在一些薄弱环节，比如哲学、心理学、脑科学等成果对间接故意理论的影响尚未受到多数学者关注，理论的前提基础不明了；间接故意的涵盖范围还存在争论；故意与过失的关系处理在国内研究中还很少出现；间接故意与有认识过失的区分标准没有为实践提供更多帮助，特别是行为人的意志内容在一些犯罪中很难查明，刑法与刑事诉讼法的贯通仍显欠缺等。这些问题与研究视野还较狭窄、思考深度仍显不足有关。本书希望采用多种研究方法，对上述问题的解决做出探索。

三、研究的方法

基础理论研究是哲学社会科学繁荣发展的根基。[1]对基础理论的研究并不是"老生常谈"，而是从深度上挖掘理论的细节，换个角度多个面向地探讨传统问题。对刑法中的间接故意问题研究要时刻把握联系的观点，采用多种研究方法。

本书拟采用比较的方法、历史的方法和案例分析方法等，

---

[1] 唐红丽、王春燕："夯实基础理论研究 筑牢学术繁荣根基"，载《中国社会科学报》2012年8月29日。

跨学科分析也是本书必不可少的内容。

（一）比较的方法

无论是在大陆法系国家还是在英美法系国家，间接故意的理论都是存在的。尽管称呼和包含的具体要素存在差异，但对其他国家和地区的理论考察有助于厘清间接故意的体系地位，找出各体系间的共通之处，以开拓我国间接故意研究的广度。

（二）历史的方法

对学说史的梳理是研究的前提，本书将全面呈现间接故意的理论发展情况，从古典时期的犯罪论体系开始，就德国刑法、苏联刑法、俄罗斯刑法和我国刑法关于此问题的争论进行纵向的分析。只有"回过头去"观察，才能找出理论的准确发展趋势。

（三）案例分析法

理论联系实际是刑法学研究的特色，通过对典型案例的分析，可就具体案件中主客观相互反映的情况进行说明，从而增强判断方法的实用性。另外，疑难案件往往涉及对事后的客观素材的组合认定，通过对客观事实的筛选推断，可以有效地解决证明与推定中的难题。

本书总体采用文献分析法。通过阅读相关文献，对研究课题的研究现状和反对观点进行逻辑分析；对文献中的争议点进行评析和选择，特别注重对学说发展史进行考察。此外，由于间接故意问题的探究涉及心理学、脑科学、哲学、刑事证据法学等多诸多领域的内容，本书试图在各章节结合上述学科，对间接故意的生成机理和作用机制进行全方位的剖析，以拓展研究的广度和综合性。

四、本书的称谓澄清：间接故意还是附条件故意、未必故意

作为本书的前提性问题，笔者在这里还要说明的是，"间接故意"这一称呼并不是在所有国家都适用。在德国，该概念在产生之初就有未必故意、附条件故意之争。为了研究用语的统一性和便于对照，本书究竟该采哪种称呼才更为合适呢？

（一）附条件故意的称谓不够准确

间接故意早期被称为"附条件故意"（bedingter Vorsatz），原意有"终究还是故意"的意思，通常指行为人虽然知道或预见其行为会招致构成要件的实现，但仍容忍或听任其发生。[1]也就是说，间接故意属于故意的下限，属于普通故意的补充，它与通常意义上的故意不同。

附条件故意主要是指那些行为人决意在具备一定条件时，就实施实行行为的情况。"条件"存在与否只决定行为人是否进一步行动下去，行动一旦进行，行为人在行为时的故意便是确定的；如果条件没有具备，由于其他原因导致构成要件结果提前实现，则不能认定行为人存在故意。

但是，用附条件故意形容间接故意的状态是不合适的。"附条件"从字面意思上讲似乎是只有满足一定的外在条件故意才能成立。实际上，心理层面的故意一旦被行为人明确，即便是间接故意，也是确定存在的，而不可能附有条件。在条件没发生时，只有计划、行动能否顺利完成的问题，这属于客观行为、结果考虑的层面，而不是故意存在与否的问题。

德国学者罗克辛教授也指出，"有条件故意"的说法是不正确的。以实现计划为行为意志的故意，正好不是"有条件的"，

---

[1] 林钰雄：《新刑法总则》，中国人民大学出版社2009年版，第147页。

而是无条件的,因为行为人也要以行为构成的实现为代价(也就是"在各种条件下")来完成自己的计划。[1]故意一词的含义在此是确定的,不依赖于条件的出现;行为时唯一不确定的是结果是否发生,如果将此"条件"附于故意上,则该称谓便犯了词不达意的毛病。因此,使用附条件故意的称呼容易造成理解上的混淆,是不合适的。

(二)未必故意的称谓无法与直接故意对应

间接故意作为故意的一种类型,关于其称呼,还有"间接故意"和"未必故意"之别,未必故意的称谓在大陆法系国家被广泛采用。马克昌教授认为,未必故意是指结果本身的发生不确定,即行为人对结果的发生与否并无确定的预见,而其发生并不违背其本意。这和间接故意是一样的。[2]在分类中,未必故意属于不确定故意的一种,与概括的故意、择一的故意并列。之所以称之为"未必",是因为结果发生是不确定的,行为人虽认识到结果可能发生,但最终发生与否并不明确。在这样的称呼中,概括的故意专指行为对象不特定但结果发生确定的情况,而择一的故意则是对具体哪个对象会发生结果不确定。后两种故意形式只区分了对象的特点,实际上都属直接故意。

在行为当时,无论是哪种故意形式,结果是否发生都是不确定的,直接故意也不例外。虽然直接故意中行为人对危害结果的发生持积极追求的态度,但这也不表明结果会确定发生,何况认识到结果发生的可能性也可以积极推动,构成直接故意。在上述概念中,结果发生的确定还是不确定均以行为人的认识

---

[1] [德]克劳斯·罗克辛:《德国刑法学 总论》(第1卷:犯罪原理的基础结构),王世洲译,法律出版社2005年版,第292页。

[2] 马克昌:《比较刑法原理——外国刑法学总论》,武汉大学出版社2002年版,第222页。

绪 论

为依据，都未体现出间接故意的意志特征。

与此相对，"间接故意"的称谓与直接故意相对，间接与直接都是针对行为与危害结果的关系而言的，更能体现出其意志特征以及证明过程的间接性。因此，间接故意比未必故意更为明确。鉴于我国刑法将故意分为两类，结合立法上的对应关系，并考虑到称谓使用的延续性，用间接故意的称谓是合适的。综合以上考虑，本书将全面采用"间接故意"的称谓。

第一章
间接故意概述

第一节 间接故意的产生

在刑法史上,间接故意产生得较晚,它的出现表明人类观念的成熟。对历史的回顾有助于我们更准确地把握间接故意的本质内容。

间接故意的概念源自大陆法系国家。罗马法初期,对故意概念的理解偏重于行为人的意志,行为人通过自己的希望态度推动行为的,构成犯罪故意。"故意"(dolus)一词的拉丁语本意为"欺诈",初期指"在法技术的意义上,欲实现违反法规的结果",[1]这明显属于希望主义的理解,即只有行为人具有意志欲望才构成故意。但是,这种犯罪故意概念狭窄,难以解释现实中的所有现象,而且,在证明上也非常困难。为解决上述问题,学者们提出了推定故意理论,即在行为人的认识因素中推定犯罪故意,间接故意只是推定故意的一种方法。[2]可以说,在这个时候,间接故意的概念还不被广泛认可,间接故意还不

---

[1] 洪福增:"论故意与过失之界限——关于未必的故意与有认识的过失之界限",载《刑事法杂志》1975年第6期。

[2] 姜伟:《罪过形式论》,北京大学出版社2008年版,第131页。

第一章 间接故意概述

是真正意义上的故意。

在德国,刑法中的间接故意概念也不是从来就有的,追本溯源,间接故意概念受到了西班牙刑法学家鲁维亚斯的影响,他曾提出过"间接意志"(voluntas indirecta)的学说。该种学说以杀人罪为例,认为所谓出于意志的杀人,指的不仅仅是那种行为人意志即在于杀人的情形,应该也包括行为人虽然本意在于进行另一行为,但该行为造成某种结果时,"透过事件的流程"(indirecte et per accidens)所确定的意志。[1]间接意志的提出改变了原有故意的结构,扩展了意志就是存在直接目的的认知。但当时,间接意志概念还不完全等同于间接故意,其内涵相当于现在的间接故意和有认识过失的组合,同时,论者也未将间接意志归入故意的范畴,更像是一个新的单独的概念。

德国刑法中的间接故意概念在设立之初是为了解决这种中间状态诉讼证明的难题。当时的德国刑法学面临一个相当棘手的问题:行为人以伤害为目的,手持一把锋利长剑刺向被害人造成其重伤死亡,由于理论上尚无结果加重犯概念,在此,能否因行为人主观上只有伤害故意而仅论以过失致死,抑或可以从客观方面的行为危险性及所造成的结果,考虑故意杀人成立之可能性?[2]这种实务难题考验着学者们的思路,卡尔普佐夫吸收了上述间接意志的概念,认为行为人罔顾他人生命而刺杀的,即便直接目的是伤害他人,也应定故意杀人罪。他第一次明确将故意按意志内容分为直接故意和间接故意两类。

---

[1] Engelmann, *Die Schuldlehre der Postglossatoren und ihre Fortentwicklung*, 1895, Nachdruck 1965, p.108, 转引自徐育安:"间接故意理论之发展——兼论不确定故意、未必故意与附条件故意",载《东吴法律学报》2010年第3期。

[2] 徐育安:"费尔巴哈之故意理论及其影响——以德国刑法为核心",载《政大法学评论》2009年第6期。

18世纪末19世纪初,伴随着启蒙运动的发展和人权思想的演进,昔日为救济诉讼上"故意"的证明困难,基于刑事政策的考虑而设立的间接故意概念,因其成立的门槛过低而易于以刑讯的方式证明,遭到了学界的强烈质疑,格拉夫素顿、克里斯蒂安尼、克莱因施罗德及费尔巴哈等人皆主张否定间接故意的概念。[1]其中,费尔巴哈的批评最有代表性。费尔巴哈是心理强制说的提出者。深受启蒙思想影响,他主张以心理学为基础建立一套故意理论,主张凡故意之成立皆须以具备触犯某罪之"意图"(Absicht)为前提。间接故意的意志性与他所主张的意图理论并不相关。他认为,间接故意犯罪没有目的性,即使行为人甘冒发生重大结果之风险而仍执意进行违法行为,就此虽然可以说行为人对结果发生的可能性予以"接受"(billigen),但是这并非包含在意图内。还有,间接故意的间接性和意志的目的性相冲突,这种自相矛盾是难以想象的。[2]在此之后,费尔巴哈通过"透过故意所确立的过失"这一概念来解释一些间接故意的案例,并获得了一定支持。

间接故意理论曾经沉寂了一段时间,但以心理学的描绘确定主观内容的思路又一度占据上风。关于故意的定义与类型是否要在立法中明确,立法者在德国刑法的立法进程中争论得十分激烈。19世纪末20世纪初,自然主义方法论占据法学研究主流,故意的内容被当作纯粹心理学事实看待,故意的结构不过是对心理学中人的认知过程的自然分析。正如有学者指出的那样,心理学背景下的故意概念,其结构无非是认识与意欲之间的心理联系现象,此现象就是将两者个别的强度予以排列组合,

---

[1] 陈磊:《犯罪故意论》,中国人民公安大学出版社2012年版,第78页。
[2] 徐育安:"间接故意理论之发展——兼论不确定故意、未必故意与附条件故意",载《东吴法律学报》2010年第3期。

第一章 间接故意概述

然后讨论哪种组合可以或不可以被称为故意。[1]当时的德国刑法已区分为三层次的故意，即意图、直接故意和间接故意；这三种故意类型强度逐渐减弱，"量差"明显，但本质差异却很小。既然故意是纯粹的心理事实，它便是被"描述"的对象，而不需立法定义；心理事实有足够的科学依据支撑，有完善的生成机理，"是什么"已经确定，不能再通过立法定性。在此之后，学者们认识到完全依照心理事实得到的故意概念不完全符合刑法评价的要求，而且，这种故意过于依赖行为人自身，主观性太强，故意理论又重新回归规范轨道。20世纪20年代，间接故意在德国获得了广泛支持。后来，该概念又被传播到了其他大陆法系国家，可谓影响深远。

可见，间接故意在大陆法系国家的产生是由于发现了原有的积极追求的目的故意概念不能涵盖所有故意情况，于是需要扩张故意的范围。这个过程结合了司法实际，是面向实践提出的新命题。

再把视线转回我国。间接故意的概念对我国来说属于舶来品，不是从来就有的。在我国古代的刑律中，对犯罪故意概念的表述往往与具体的犯罪行为相结合，采用"故""端""非眚"等多种表述，对其内涵的揭示来源于丰富的生活经验总结。最早有关故意、过失内容的记载是《尚书·舜典》的"眚灾肆赦，怙终贼刑"。这里的眚指过失，怙指故意，这句话意为对过失和偶然造成的灾害可以免除刑罚，而对故意和惯常的行为必须施以严刑。可见，这时已出现将犯罪的主观方面和量刑相结合的规定。而《尚书·蔡传》记载："故者，知之而故犯也。过者，不识而误犯。"意为，故意是指行为人认识到危害后果发生却仍

---

[1] 徐育安："直接与间接故意之区分——'最高法院'九十四年台上字第五四五八号判决之探讨"，载《月旦法学杂志》2008年第11期。

然执意去做，而过失是指行为人根本没有认识到这种后果而是不小心失误导致损害。这种通过认识因素区分为故意与过失的做法表明了我国古代立法技术的成熟。张斐所注的《晋书》指出："其知而犯之谓之故，意以为然谓之失。"这种注解表明汉魏以来，我国传统刑法都以此标准区分故意和过失，认识说占据主导，间接故意的概念在当时并不存在。以现代刑法理论观之，只要存在认识而继续行动的就是故意，那么现有的间接故意和有认识过失在当时便都属于故意的范畴。在此之后，《唐律》作为中华法系的立法代表之作，仍然沿用"故"与"失"的语词来代表故意和过失。之后的历朝法律对故意的内涵的看法也未发生改变。

晚清法制的变迁是中国亘古未之变局，自有其历史与法学的内涵与深度。[1]封建时代结束后，在西方列强的刺激下，变法与造法成了推动社会变革的时代主题。1911年的《大清新刑律》和1912年的《暂行新刑律》均没有在立法中专门对故意定义，在实务中却出现了一些类似于现在间接故意的案例。1928年的《中华民国刑法》完全吸收了大陆法系的理论成果，立法上已有关于故意和过失的明确定义，间接故意的形态也在这时正式出现。该法第13条规定："行为人对于构成犯罪之事实，明知并有意使其发生者，为故意。行为人对于构成犯罪之事实，预见其发生而其发生并不违背其本意者，以故意论。"

至此之后，我国刑法虽未沿用上述表述，但关于故意的二分法得以保留。在1979年《刑法》制定的过程中，对故意、过失全面定义是参照其他一些国家刑法理论上已经解决了的观点所作的规定。考虑到直接故意和间接故意之间、有认识过失和

---

[1] 黄源盛：《法律继受与近代中国法》，元照图书出版公司2007年版，序第2页。

无认识过失之间并没有原则的区别,同时在实际工作中——划分起来也有困难,因此在条文上就没有分开来写。[1]在此之后,我国刑法中的间接故意概念一直没有被修改,1997年《刑法》条文关于故意的规定仍是如此。可以说,间接故意的定义在我国刑法立法中已存在了几十年。[2]

第二节 间接故意的含义与本质

一、立法中的故意规定透视

翻看世界各主要国家和地区的刑法典,涉及故意的规定几乎都明确可见。而间接故意的概念是否出现在立法中,不同的国家和地区有不同的做法。德国、日本等大陆法系国家一般没有立法定义,而俄罗斯和我国等都在立法上明确了故意的概念。

(一)不同法域对故意的立法规定

1.成文法国家和地区明确对故意定义的立法例

现行《俄罗斯刑法典》第25条专门规定了"故意实施的犯罪",不仅有原则性的规定,还详细区分了两种故意类型。该条规定:"1.直接或者间接故意实施犯罪行为的,应当认定为是故意实施的犯罪。2.行为人在实施犯罪行为时,如果意识到自身行为(或不作为)所具有的社会危害性,且预见到该行为的社会性危害结果具有发生的可能性或者必然性,并且对该结果的发生持有期待,则应当认为是直接故意实施的犯罪。3.行为人

---

[1] 高铭暄:《中华人民共和国刑法的孕育诞生和发展完善》,北京大学出版社2012年版,第22页。

[2] 在这里需说明的是,我国《刑法》第14条规定的其实是"故意犯罪"的定义,而不是"犯罪故意"的定义。但一般理论和实务界都认为,从该条文可以得出故意的定义,所以说,故意的定义在我国立法中是得到明确规定的。

在实施犯罪行为时，如果意识到自身行为（或不作为）所具有的社会危害性，且预见到该行为的社会危害结果具有发生的可能性，虽然并不期待这种结果的发生，但对该种结果持故意放任或是漠不关心的态度，则应当认定为是间接故意实施的犯罪。"[1]可见，该条规定将直接故意和间接故意的认识内容、程度和意志态度都明确列出，体现了罪刑法定的明确性要求，便于司法操作。该条第3项就是专门针对间接故意犯罪的规定。

现行《奥地利刑法典》第5条规定了四种故意类型：直接故意、间接故意、意图、明知。其中第1款对间接故意的规定是"行为人对于法定构成犯罪之事实，真的认为有实现之可能并接受其实现者，亦为故意"。[2]

《意大利刑法典》第43条第1款规定："当行为人对于因作为或者不作为而引起的、法律据以确定重罪是否成立的损害结果或者危险结果有所预见，并且希望成为其作为或者不作为的后果时，重罪是故意的或者有意的。"该法第43条第2款还有超故意的概念，即"当产生于作为或者不作为的损害结果或者危险结果比行为人所希望的更为严重时，重罪是超意图的或者超出意愿范围的"。[3]根据该规定，似乎只有直接故意被认为是故意，间接故意没有成立的空间。但是，意大利刑法理论一般承认间接故意的存在。此外，超故意犯罪体现的是一种故意和过失之间的主观心态，适用于超出主观希望的结果发生的情况，不同于间接故意。

---

[1]《俄罗斯联邦刑事法典》，赵路译，中国人民公安大学出版社2009年版，第15~16页。

[2]《奥地利联邦共和国刑法典》（2002年修订），徐久生译，中国方正出版社2004年版，第4页。

[3]《最新意大利刑法典》，黄风译，法律出版社2007年版，第21页。

2. 成文法国家未明确对故意定义的立法例

德国和日本等国的刑法只规定了责任主义原则，强调行为归责的主观面，并没有给故意下定义。如《德国刑法典》第15条规定："本法只处罚故意行为，但明文规定处罚过失行为的除外。"[1]《日本刑法典》第38条第1款的规定类似，为"没有犯罪故意的行为，不处罚，但法律有特别规定的，不在此限"。[2]《西班牙刑法典》第10条规定："蓄意或者过失的作为或者不作为为法律所处罚的，构成犯罪或过失罪。"[3] 上述规定有相似之处。第一，规定简略，排除纯粹的客观归罪；第二，以处罚故意犯为原则，处罚过失犯为例外。

德国刑法的上述规定具有简洁实用、避免争议的好处，但在实务中，确定故意的类型和含义仍然是必不可少的任务。在当时的立法中，之所以这样规定主要是立法专家无法就间接故意的内涵达成一致意见。1962年《联邦德国刑法（修正案草案）》曾规定"认为（法定构成要件）有实现之可能并接受之"为间接故意，而学者们对间接故意的表述则是"认为构成犯罪事实真的有实现之可能并容忍之"。由于立法委员对于间接故意的意志要素的具体用词争执不下，最终故意的概念交由学说解决。[4]

法国刑法规定了独特的故意类型，这与其坚持的"行为-行为人"相对应的犯罪论体系密切相关。与德日类似，他们也没有在刑法典中明确规定故意的含义。《法国刑法典》第121～123

---

[1]《德国刑法典》(2002年修订)，徐久生、庄敬华译，中国方正出版社2004年版，第10页。

[2]《日本刑法典》(第2版)，张明楷译，法律出版社2006年版，第20页。

[3]《西班牙刑法典》，潘灯译，中国政法大学出版社2004年版，第4页。

[4] 许玉秀：《主观与客观之间——主观理论与客观归责》，法律出版社2008年版，第41～42页。

条规定:"无犯重罪或轻罪之故意,即无重罪或轻罪。但是,在法律有规定时,轻率不慎、疏忽大意或蓄意置他人于危险之场合,得为轻罪。不可抗力之场合无违警罪。"[1]该条规定既阐明了责任主义的内涵,反对客观归罪,又将犯罪的心理要件和犯罪轻重分层结合起来,明确了各类型的犯罪心态问题。

《韩国刑法典》第13条在"犯意"的标题下规定:"未认识到犯罪成立要素之事实的行为,不罚。但法律有特别规定的除外。"[2]该规定没有对故意的类型进行分类说明,而且只规定了故意的认识因素,但是,韩国理论和实务界一般均认为,即便立法对此没有明确,容认的内容仍属于间接故意的意志因素。

3. 非成文法国家的情况

英美法系很多国家基于法律传统,尚没有统一的刑法典。间接故意、轻率如何认定,通过判例和理论分析,形成了多种观点。在英国,立法定义故意的努力并未停止。1993年法律委员会的报告提出了故意的定义:"一个人实施行为故意地造成结果,当(Ⅰ)该结果是其行为的目的,或者(Ⅱ)尽管该结果非行为人的目的,但他知道,一旦他成功地实现其意图引起的其他结果的话,那么,该结果在事物正常发展过程中,也将会发生。"[3]在这里,第一种情况相当于具有明确目的性的直接故意,而后一种属于引起附属结果的间接故意。

《美国模范刑法典》(1962年)不是正式的立法,但影响很大。它将犯罪心态划为四种,其中轻率与间接故意的内涵类似。轻率是指"对于犯罪本体要件存在或者其将由行为人的行为引

---

[1]《法国刑法典》,罗结珍译,中国人民公安大学出版社1995年版,第7页。
[2][韩]金日秀、徐辅鹤:《韩国刑法总论》(第11版),郑军男译,武汉大学出版社2008年版,第175页。
[3]转引自[英]迈克尔·杰斐逊:《刑法》(第5版·影印版),法律出版社2003年版,第72页。

起，有不合理的实质危险时，行为人有意识地无视该危险，对于犯罪本体要件实施的行为具有轻率。危险的性质和程度必须达到，从行为人的行为性质、目的和行为人知道的情况予以考虑，其无视行为严重偏离（gross deviation）在行为人的处境下守法的人所应遵守的行为标准"。[1]《纽约州刑法典》（1982年版）基本吸收了《美国模范刑法典》的规定，将"轻率"（recklessly）规定在"应受谴责的心理状态"的四种形式中。具体为"行为人轻率地对待法律规定为犯罪的结果或情节，当行动时他认识到并有意漠视可能发生此种结果或者存在此种情节的实质性的无可辩解的危险。对该危险的漠视，在性质和程度上，明显地偏离了正常人在这种情况下所应有的行为标准。如果行为人完全因为醉酒而没有意识到这种危险，也应以轻率论处"。[2]《伊利诺伊州刑法典》（2012年）对于"轻率"（recklessness）的规定与纽约州的规定几乎相同。同时，该规定指出："一个轻率的行为表现为肆意的（wantonly），除非法律明确要求其他的含义，在法典中通常都使用'wantonly'这样的词汇表述轻率。"[3]可见，美国刑法中的轻率概念大体包含了我国间接故意的内容。

也有的州立法对犯罪心态采"故意"（intent）和"疏忽"（negligence），如路易斯安那州。该州刑法典第11条将故意分为特别故意和一般故意两类。特别故意是指有情况表明行为人积

---

[1]《美国模范刑法典及其评注》，刘仁文、王祎等译，法律出版社2005年版，第23~24页。

[2] 储槐植、江溯：《美国刑法》（第4版），北京大学出版社2012年版，第49页。

[3] See "（720 ILCS 5/）Criminal Code of 2012 Illinois", available at http://www.ilga.gov/legislation/ilcs/ilcs3.asp? ActID=1876&ChapterID=53, visited on December 21st, 2013.

极期望犯罪性结果从他的行为中产生的心态,而一般故意是指在行为人具有特别故意的前提下,根据通常的人类经验,行为人应当已经注意到他的行为将确定导致犯罪结果的心态。[1]该法典第 12 条规定,犯罪性疏忽是指虽然行为人既没有特别故意也没有一般故意,但是,行为人如此漠视其他人的利益,以至于严重偏离了正常人在这种情况下所应有的行为标准。[2]这种区分方法更为简略,但如果严格按照间接故意的内涵对照,似乎就不存在与间接故意完全对应的心态。

新加坡传统上属于英美法系国家,但后来他们也制定了专门的《新加坡刑法典》。该法第 39 条规定了故意的内涵:"一个人'故意地'引起某一后果,是指此人实施该行为时使用了企图引起这种后果的方法,或者其在使用这些方法时知道或有理由相信可能会引起这种后果。"[3]该条文"或者"之后的规定类似于对间接故意的规定,只不过该规定仍将判断核心定位于行为人的认识内容上。

(二) 国际刑法中对间接故意的规定

在国际刑法中,由于各国际犯罪的特点各异,很难有一个统一的故意概念。《罗马规约》对国际犯罪的心理要件规定相对笼统,且对各心理状态并没有明确的定义。"故意"(intent) 可被分为一般故意和特殊故意,间接故意属于一般故意的类型,而特殊故意更类似于大陆法系刑法中的"意图"。《罗马规约》第 30 条第 1 款规定:"除另有规定外,只有当某人在蓄意(intent)和明知(knowledge)的情况下实施犯罪的物质要件(material

---

[1] See "Title 14, Criminal Law Louisiana", available at http://legis.la.gov/lss/lss。asp?doc=78225, visited on December 21st, 2013.

[2] See "Title 14, Criminal Law Louisiana", available at http://legis.la.gov/lss/lss。asp?doc=78285, visited on December 21st, 2013.

[3] 《新加坡刑法》,刘涛、柯良栋译,北京大学出版社 2006 年版,第 8 页。

elements)，该人才对本法院管辖权内的犯罪负刑事责任，并受到处罚。"根据《罗马规约》第30条第2款的规定，就行为犯而言，行为人认识到自己的行为性质而决意实施，即使由于意志以外的原因而未能实施终了，也不影响蓄意的成立。就结果犯而言，虽然危害结果与行为人的目的不具有一致性，即危害结果虽然不是行为人的追求目标，但只要行为人意识到事态的一般发展会产生该结果而决意实施该行为的，仍成立犯罪的蓄意。这种情况可被称为间接故意。[1]《罗马规约》对犯罪的处罚以"明知"为底线。这种明知是指，行为人意识到存在某种情况，或者事态的一般发展会产生某种结果。从追究国际犯罪刑事责任的趋势来看，一般不处罚过于自信的过失和疏忽的情况。

（三）我国刑法对间接故意的立法规定

我国《刑法》第14条规定："明知自己的行为会发生危害社会的结果，并且希望或者放任这种结果发生，因而构成犯罪的，是故意犯罪。"该条规定采用下定义的方式，既明确了故意的构成因素，也区分了两种不同类型，即直接故意和间接故意。所不同的是，对于危害结果，前者是"希望"发生，而后者是"放任"发生。

从以上各国以及国际刑法中对故意的规定我们可以看出，故意的立法定义有以下特点：首先，不是所有国家和地区都在立法上明确故意的概念，不少国家仅规定犯罪需具有故意才可罚，对什么是故意却不给出明确规定。在这些国家中，间接故意的内涵和范围留待刑法理论界和实务界解决。其次，不是所有的国家都明确采用"间接故意"的分类法，英美法系国家存

---

[1] 高铭暄、王俊平："《罗马规约》与中国刑法犯罪故意之比较"，载《法学家》2005年第4期。

在着"轻率"这样的主观形态,我们认可的间接故意在一些国家可能被当作故意,也可能被当作轻率处理。再次,不少在立法中明确间接故意概念的国家和地区,都同时明确区分故意针对的对象是结果还是行为,这种划分方法使主观内容与客观形态相对应,更有针对性。最后,各国和地区对故意核心内容的表述不尽相同。

二、刑法理论上的间接故意概念

由于各国立法背景不同,刑法理论体系也存在差异,因此,各国刑法理论对间接故意概念的界定不完全相同。

虽然不少大陆法系国家不在刑法典上明确故意的定义,但是学理上一般都承认间接故意的概念。在德国刑法学中,有学者根据故意的程度不同,将故意分为三个等级,间接故意是最低等级的故意。间接故意的行为,"是指一个结果虽然不是行为人所追求的,并且行为人不是预见到这个结果的肯定发生,而是仅仅预见到它的可能发生,但是,仍然在自己的意识中接受了它的出现"。[1]根据这个概念,间接故意包含认识和意志两大因素,行为人认识到的是结果发生的可能性,意志内容是接受这一结果。可以说,德国的主流学说承认意志因素在故意构成中的作用。

故意包含对犯罪事实的认识和预见。日本学者认为,故意可以被分为意图、确定的故意和未必的故意三类,未必的故意就是间接故意。[2]日本刑法理论上探讨的未必的故意与我国间

---

〔1〕 [德] 克劳斯·罗克辛:《德国刑法学 总论》(第1卷:犯罪原理的基础结构),王世洲译,法律出版社2005年版,第285页。

〔2〕 [日] 山口厚:《刑法总论》(第3版),付立庆译,中国人民大学出版社2018年版,第212页。

接故意的内涵类似,指行为人已经认识到结果发生的可能性的情况下,对结果的容认,并最终导致结果发生。

  法国刑法未采用间接故意的概念,而是用了可能故意。在理论上,可能故意指当行为人仅仅是预计到有可能发生危害结果,但丝毫不希望看到已经发生的结果,或者甚至不希望发生任何结果时的心态。[1]这种概念包含了认识和意志两大因素,但意志因素范围很广,只要是不希望的都算入这种故意。根据这个概念,可能故意包含了部分过失的内容。值得注意的是,法国刑法中还存在"蓄意置他人于危险境地"的主观心态。该心态是指行为人对将他人置于危险的状态存在故意,而对最后发生的危害结果持过失的心态,属于典型的故意与典型的过失之间的心态,以我国的间接故意概念观之,该心态的部分内容也可被包含进来。

  英美法系国家刑法理论上起初并没有专门的间接故意概念,后来,许多法庭开始使用"间接故意"(oblique intent)这一用语。该用语主要指被告人并不真正期望结果发生,但是如果他朝着自己确定的目标行动,那么这个伴随的结果几乎确定会发生,而且这是他预料到的。[2]可见,这样的间接故意概念不描述行为人的意志内容,行为人的认识达到必然性程度就是间接故意。根据我国刑法的通说,上述情况其实属于我国的直接故意。而英美法系国家所谓"轻率"的概念正如上文所述,更强调"不正当地冒险",当然,这种冒险是建立在行为人的认识基础上的。

---

  [1] [法]卡斯东·斯特法尼等:《法国刑法总论精义》,罗结珍译,中国政法大学出版社1998年版,第261页。

  [2] See Richard G. Singer and John Q. La Fond, *Criminal Law* (6th Edition), New York: Wolters Kluwer Law & Business, 2013, p. 62.

从 1979 年《刑法》开始，我国一直对故意采用立法定义的方式，该条规定在 1997 年《刑法》和历次修正案中并没有被修改，一直保持原有表述。《刑法》第 14 条将直接故意和间接故意规定在一个条文中，没有明确这两种故意类型的名称。在理论研究中，间接故意的概念与立法规定一致，即"行为人明知自己的行为会发生危害社会的结果，并且有意识地放任这种结果发生，这称作间接故意"。[1] 从该定义的内容看，行为人须首先具备认识因素，然后再具备意志因素，同时，对于结果的"危害社会"性质是要有认识的。

本书赞成对间接故意的概念表述采用《刑法》第 14 条规定的做法，并认为，我国刑法中的间接故意概念相比于其他国家有以下一些特点：首先，间接故意的内容包括认识因素和意志因素两大类，不像英美法系那样更强调认识因素；其次，间接故意属于两种故意类型中的一类，我国刑法没有采用故意类型的三分法；最后，间接故意的概念强调行为人对"危害社会的结果"的认识，强调结果的性质，这就表明我国的间接故意概念具有实质性，是形式与实质的统一。总体观之，我国刑法中的间接故意概念符合我国历史传统与国情，是对心理学知识的合理吸纳，具有妥当性。

三、间接故意的本质

关于故意的本质到底是什么这一问题，世界主要国家存在着广泛的认识主义和意欲主义的争论。认识主义主张行为人对结果有认识的就是故意，而意欲主义主张只有具有明确的意欲态度的才构成故意。这两种主义以人类的心理构成的某一方面

---

[1] 高铭暄主编：《刑法学》，法律出版社 1982 年版，第 148 页；马克昌主编：《犯罪通论》，武汉大学出版社 1999 年版，第 339 页。

作为界定故意的核心要素，收缩着故意的范围，影响着故意和过失的分界。在争论中，根据认识和意欲的程度强弱不同，间接故意的范围也时大时小。可以说，故意本质的学说直接决定着间接故意是否存在，也决定着间接故意的本质。

这场争论的两极是纯粹的认识说和希望说。随着心理学的发展和人类认识的深化，学界现在一般都认为，间接故意是包含认识和意欲在内的统一体，行为人的意志态度才是决定心态归属的决定因素。很多国家都将"容认说"作为间接故意的本质学说，容认态度表明行为人对结果的容忍、接受和认可，以此来区分几种主观心态。该说具有可行性，我国用放任表明间接故意的意志内容，与容认的内涵类似。

根据责任主义原则，尽管造成了危害结果，但不存在故意和过失的是意外事件，对此不罚。同时，《刑法》第15条规定："过失犯罪，法律有规定的才负刑事责任。"这就意味着刑法以处罚故意犯罪为原则，以处罚过失犯罪为例外。纵览刑法分则的规定，过失犯罪所占的比例较小；现实生活中所处罚的也大多是故意犯罪。因此，在一般意义上，故意是刑法处罚的底线；间接故意作为非典型的、不具有强烈意图的故意，又比直接故意的程度轻，是整个故意处罚的底线。

与其他国家和地区的犯罪故意概念相比，我国的故意概念不仅具有立法的确定性，也具有内容的实质性。从《刑法》第14条来看，立法规定的是故意犯罪的概念而非犯罪故意，对于认识内容的表述明确了是"危害社会的结果"。这种对结果属性的评价与我国刑法坚持的实质的犯罪概念是相适应的。因此，间接故意的本质也属实质性的，包含事实性认识内容和社会危害性认识内容两部分。

间接故意的本质要反映其核心特征，就需综合考虑认识因素和意志因素，不能偏离心理发展原理。同时，间接故意作为规范概念，是刑法对行为的评价，要体现其规范属性，只强调一方面的故意本质理论存在片面性。从认识与意志的关系来看，间接故意的意志放任性建立在对结果发生较高可能性的认识基础上，这种放任表明行为人对结果的认可或漠然。因此，间接故意的与众不同之处体现在这种意志态度上，认识内容只是其基础。与其他国家和地区的间接故意概念相比，我国刑法更强调间接故意的意志内容，并坚持结果本位。间接故意的本质问题也涉及间接故意与有认识过失的分界问题。关于故意本质的十几种学说及其评析，笔者将在本书第五章予以详细呈现。

综合以上分析可知，我国刑法中的间接故意包含认识因素和意志因素两大因素，其本质体现在放任的意志因素上，这种意志针对的是危害结果。我国的间接故意概念属于实质性的故意概念，这一概念应能起到与其他主观心态的分界作用。

第三节　间接故意的特征

关于间接故意有哪些特征，我国学界有不同的表述。这种特征应能体现出其与直接故意的不同，又能明确展现出比过失强烈的主观恶性，展现整个心理过程的延续性。需要注意的是，间接故意属于行为人主观层面的内容，间接故意不等同于间接故意犯罪，后者指由间接故意构成的符合主客观相一致的犯罪构成的完整犯罪行为。也就是说，除了间接故意这一主观内容，结合行为和结果等客观构成要件要素，才属于间接故意犯罪。在这里，对间接故意犯罪的部分特征，如结果发生的多样可能性、行为的不计后果性、行为结果的非针对性等都不再进行分析，着重分析的是作为犯罪主观方面的间接故意的特征，即偏向于主观心态的特征。本书认为，间接故意展现出间接性、伴随性、派生性等特征。

一、间接性

间接性特征与故意的"直接性"相对，体现出间接故意的主观恶性特点。边沁曾指出："一项后果在它是有意的时候，可以是直接有意，也可以仅仅是间接有意。当产生它的前景构成那导致人采取行为的因果链上的一环时，它便可以说是直接故意。当后果虽在意中并似乎很有可能随行动而来，但产生它的前景不构成上述链条的一环时，它便可以是间接有意。"[1]这种间接性体现在行为人并不是直接追求最后发生的结果，而是在追求其他目的时发生了此结果，该结果的发生不在本来预想的因果链条上。行为人直接追求的是其他的东西，这个结果当然也在行为人的预料中。

一般认为，直接故意比间接故意所体现出的主观恶性更重。在直接故意中，因为行为人希望结果发生，在此意志支配下，便会采取各种手段，积极朝目标努力，甚至长期谋划，坚定追求结果发生。但在间接故意中，行为人不可能一味追究犯罪结果，只是这种结果在其认可的范围内，行为人"顺势"促成其发生罢了。因此，从这一特征来看，间接故意针对结果的态度并不强烈。

二、伴随性

在间接故意犯罪中，行为人往往追求一个最终目的，而不顾过程中发生的危害后果，即使造成的这个损害十分严重，行

---

[1] [英] 边沁：《道德与立法原理导论》，时殷弘译，商务印书馆2000年版，第134~135页。

为人也放任不管。最终目的并不一定是犯罪目的,只要是行为人所追求的就都可以。我国改革开放后最早的《刑法学》统编教材就有这样的表述:"还有一种间接故意,就是行为人为了实现一个非犯罪的意图,而有意放任某种犯罪结果的发生。"[1]在该种情况下,行为人并不追求犯罪,但为达目的不择手段,放任任何不好的结果发生,同样体现了行为人的反社会性。

意志指向在间接故意中不明确,对可能造成的危害结果,行为人没有强烈的欲望。伴随性是间接故意的重要心理特点。[2]所谓间接故意的伴随性,是指行为人在追求自己目的过程中附带发生了其他危害结果,间接故意的心态是伴随着行为的主意志出现的。既然危害结果对行为人来说不重要,那么如果没有出现这个伴随结果,也属于行为人的预料范围,就没有处罚的必要。

三、派生性

派生性指间接故意的内容是从直接故意中派生来的,即在意志因素上,希望派生出了放任。这种派生性体现为两个方面:其一是指行为人在追求其他目的的过程中放任了该结果发生,产生了不直接希望的结果,是主行为的意志派生出了伴随行为的意志;其二是指从直接故意中的强烈希望意志到间接故意中的不坚决、漠然的意志,有产生的先后之别,后者只不过是前者的代价、补充而已。

间接故意在规范上的可谴责性主要在于其认识到了可能发生的结果却仍不阻止、仍要去做,这也是将其归入故意类型的

---

[1] 高铭暄主编:《刑法学》,法律出版社1982年版,第148页。
[2] 王世洲:《现代刑法学(总论)》(第2版),北京大学出版社2018年版,第140页。

原因。间接故意的放任意志同时构成了其与其他类型主观心理区分的主要标志。基于这些，间接故意的核心特征都应体现在放任意志上，上述间接性、附随性和派生性就从动态过程上展示了这一意志本质。

本章小结

  刑法中的间接故意不属于典型的故意，从刑法发展史看，故意的原始类型是直接故意。间接故意的出现是为了解决诉讼证明上的难题，因为它所包含的情况不能被原有的故意概念所包含。虽然故意的概念是否在刑事立法中明确规定在各国有不同的做法，但很多国家都承认间接故意的存在，只是对其具体内涵和称呼的表述存在差异：英美法系国家一般以认识内容作为区分犯罪心态的主要标准，而大陆法系国家更强调意志因素。我国刑法中的间接故意概念以立法为依据，包含认识和意志两大部分，认识因素指"行为人认识到自己的行为会发生危害社会的结果"，意志因素是"放任这种结果发生"。我国的间接故意概念体现出了以结果为本位，并重视意志态度的特点，同时它强调认识到的是"危害社会的结果"，表明该概念是实质意义的概念。间接故意的本质体现在放任的意志上，且刑法中的间接故意应体现其规范属性。间接故意具有间接性、伴随性和派生性特征，这些在分析间接故意的具体构造时应当予以重视。

第二章
间接故意的体系地位

间接故意属于故意的下位概念,对其构造的分析离不开故意的一般性特征。只有明确故意的定位,在此基础上再确定"间接性"的具体内容,才能完整描述间接故意的包含要素。根据《现代汉语词典》的解释,"故意"一词的含义是"有意地"。"有意"一词表明行为人的心态是向往,属于对心理内容的描绘。刑法意义上的故意不完全等同于生活中的故意,在不同的犯罪论体系下,由于指导思想和价值观的不同,故意的地位也有较大差异。关于什么是刑法意义上的故意,我们要走近历史的维度,用哲学思考方法去探究。

第一节 阶层式犯罪论体系中的间接故意地位

间接故意的概念源自大陆法系,它的出现体现了刑事政策的需要,充实了故意的范围。在阶层式犯罪论体系中,故意的地位随着犯罪论体系的更新而变化,犯罪论体系的主客观纠缠形势影响着故意的阶层归属,并进而影响到了对其判断的先后顺序。故意的地位变化,作为其类型之一的间接故意的地位当然也会跟着变化。

一、哲学背景的变迁：存在与当为的分离

社会科学包含两大子类：一类是以人类精神现象和人文现象为对象的事实科学；另一类则系以存在于思想界的事物为对象的规范科学。[1]以存在论为基础的事实科学来源于17世纪和18世纪在欧洲的自然科学研究。这种研究认为，自然界有一个因果定则决定事物的生灭，一切存在的现象都可以用科学的、物理性的检验加以验证，"存在"受因果律支配，可以被实证。存在主义哲学与西方社会当时科学技术蓬勃发展、自然科学不断革新的社会背景相呼应，到19世纪中叶，其范围和影响力扩张到整个哲学领域，并影响其他学科的发展。之后，新康德主义哲学兴起。它又被称为"超验的唯心论"，认为事物本身并不能被直接理解和掌握，而是人的知觉使现实的外在世界具有意义。"规范的形成过程和物的本身是不相干涉的，规范体系和物的存在结构是两个无法互通的体系，规范只能从规范当中形成，不能从客观现实的存在构造当中形成。"[2]新康德学派由于严守存在与当为之区别，故强调从存在不能推导出当为，存在的命题只能推导出下位的存在的命题。反之，当为的命题亦只能由上位的当为命题予以推导。[3]于是，存在论与规范论形成各自的封闭体系，二者难以交融，刑法学的犯罪阶层体系在此影响下也变得尤为复杂。西南德意志学派从史学的研究中发展出了

---

[1] 靳宗立："法学方法与犯罪之成立要件"，载赵秉志主编：《当代刑事法学新思潮——高铭暄教授、王作富教授八十五华诞暨联袂执教六十周年恭贺文集》（上卷），北京大学出版社2013年版，第188页。

[2] 许玉秀：《当代刑法思潮》，中国民主法制出版社2005年版，第129页。

[3] 靳宗立："法学方法与犯罪之成立要件"，载赵秉志主编：《当代刑事法学新思潮——高铭暄教授、王作富教授八十五华诞暨联袂执教六十周年恭贺文集》（上卷），北京大学出版社2013年版，第194页。

价值哲学，认为现实世界和价值世界分离但并存着。现实与价值无关，只有通过专门的概念转换程序才能进入概念形成程序。

在刑法学说史上，古典的三阶层体系是存在主义哲学影响下的体系，该体系的第一阶层"构成要件"被当作是中性的、客观的、不含有价值判断的行为定型，而故意这样的主观内容是行为人纯粹的心理描述，具有主观的、个别化的特征，可以被外界察觉、感知。在责任论领域，心理责任论占主导，心理学的内容被直接适用于刑法学。

新康德主义刑法学认为，刑法既要遵循先验正义，又要符合社会治理之目的，因而构造一个源于实证法和社会生活而指导评价的功能性概念，这是一种自在的观念，价值的载体，指导评价、接受评价。[1]受新康德主义思想的影响，物自体与进一步的评价相分离的想法开始成型，犯罪论阶层的排列依旧，但内容却悄然发生着改变。新古典的犯罪论体系保留了原有的阶层构造，在新康德主义二元论和价值哲学的影响下，每个阶层的具体要素内涵都发生了变化。构成要件领域"发现"规范的构成要件要素，逐渐确立了不法构成要件阶层的功能。责任论领域以"非难可能性"为核心，责任内容从心理状态走向对心理的评价。

第二次世界大战期间至之后的一小段时间，目的论犯罪论体系占据主导地位，该体系以目的行为论为基点，受到了存在主义现象学的影响。威尔泽尔批判新康德主义二元论，认为将存在与规范截然分开制造了不应有的对立。他认为，客观现实中就暗含了秩序，价值是从存在中引发的，属于存在本身的体系，不是单独的评价。这种主张以存在论为基点，被称为一元

---

[1] 王安异："贝林的生平及其刑法思想"，载［德］恩施特·贝林：《构成要件理论》，王安异译，中国人民公安大学出版社2006年版，第5页。

论。目的论体系对新古典体系进行改造,在责任论部分,将故意和违法性意识的地位予以分离,分属构成要件阶层和责任阶层。因为他认为,行为建立在意志的认知功能上面,罪责则建立在意志对价值的情绪选择上面,情绪上的价值选择正是罪责在存在论上的对象。[1]一元论指导下的目的论犯罪论体系认为,人的行为是因果流程的目的支配,于是在构成要件中明确提出主观的构成要件要素。从本质上说,该体系仍建立在物本逻辑的存在论基础上。

德国刑法学后来不再坚持目的论犯罪论体系,之后兴起的将目的论与新古典主义犯罪论结合的体系以及目的理性的犯罪论体系无一不受到价值哲学的影响。犯罪论体系的变化体现了价值涉入逐渐增多的过程。目的理性的犯罪论体系所维护的是"立法者的目的",于是,刑事政策内容被纳入到了犯罪论体系中,责任阶层要考虑预防的必要性。这些改造是新康德主义与新黑格尔主义哲学的具体贯彻,新康德主义取代存在论成了当今对德国刑法学影响最深远的哲学理论。

从自然主义、新康德主义的价值哲学、存在主义的现象论再到新康德主义与新黑格尔主义的结合,这些哲学思潮的演变每次都冲击着犯罪论体系的变革,同时影响着故意地位的变化。这一演变带来的思考是,刑法学的规范属性是否要求将评价与存在的事实分离,纯粹的事实是否能直接推出对行为人归责的结论。

刑法学作为规范学科,对规范的推崇达到了很高的地步。刑法规范是客观犯罪事实和立法者主观目的的综合体现。[2]德

---

[1] Welzel, *Naturalismus und Wertphilosophie im Strafrecht*, 1935, pp. 80~81,转引自周光权:"犯罪构成理论与价值评价的关系",载《环球法律评论》2003年第3期。

[2] 文姬:"哲学思潮对刑法犯罪论体系的影响",载《西部法学评论》2008年第6期。

国刑法学中有关存在论与规范论的争论,可以说是延续了哲学上方法一元论与方法二元论之争,前者主张规范由存在当中形成,存在本身并不是价值中立的现象,而后者则认为存在与规范属于两个体系,规范是由其他规范体系演绎而来的。[1]二者的根本分歧点在于规范是否是一个独立于存在之外的另一套概念体系。

宾丁是规范论的开创者。他认为,人们对规范的理解存在根本性错误,因为它将犯人所违反的法规和据以评价犯人的刑罚法规视为同一。[2]也就是说,行为规范和制裁规范不同,从"不得做什么"的禁止性规范得不出"做什么就应当受到处罚"的结论。据此,宾丁认为,犯罪的本质是规范违反,正是因为行为人的所作所为体现了其对规范的蔑视,所以才要对其进行处罚。规范论的发展推动着犯罪论体系的革新。迈耶将刑法前提的规范与刑法的构成要件相脱离;麦兹格则正式将评价规范和命令规范相区分,划分出不法和责任之间的清晰界限。雅科布斯教授作为规范论的集大成者,将规范的作用放在了社会建构的层面。他认为,如果每个人都按自己是否愉悦的方式生活,社会就会陷入混乱之中,此时,群体利益的代表必须确立超越个人喜好的知识系统,来整合社会生活。这一知识系统就是规范。[3]规范是社会的结构,换句话说,是规定人们之间那种可以被期望并且不是必须考虑其对立面的关系的内容的。规范是一种社会事件,并且,它的稳定就是社会的稳定。[4]根据他的

---

[1] 王俊:《犯罪论的核心问题》,北京大学出版社2012年版,第18页。

[2] [日]小野清一郎:《犯罪构成要件理论》,王泰译,中国人民公安出版社2004年版,第23页。

[3] 周光权:《刑法学的向度》,中国政法大学出版社2004年版,第122页。

[4] [德]雅科布斯:"刑法保护什么:法益还是规范适用?",王世洲译,载《比较法研究》2004年第1期。

观点,规范是社会交往的准则,没有了规范,社会将陷入混乱,正是规范建构出了社会的生活。同时,规范属当为层面,事实与规范如果不符,通过价值评价的归责就会给予行为人否定性后果。

如果说存在与当为的分离改变了人类的思维方式,那么规范论的兴起又引发了整个犯罪论的革命。笔者认为,存在的事实与价值判断不是一回事,评价离不开目的指引,刑法上的归责最终要体现刑法的目的,而自然主义的现实并不必然带来规范上的否定评价。就方法论的二元论与一元论来看,如果规范只能从规范中演绎而来,这种循环论证自始就脱离了现实的生活;规范来源于存在,就为规范找到了实质依据。因此,在另一方面,纯粹的规范论不可走过头,存在与规范相互影响,规范仍然是建立在存在基础上的,这种思考方式值得借鉴。

二、阶层犯罪论体系的演变

在上述哲学基础变迁的影响下,阶层式犯罪论体系也发生了多次变革。阶层式犯罪论体系的原始状态仍然是古典的三阶层,构成要件该当性、违法性和有责性分层递进,各司其职。之后,新古典主义、目的论、现代新古典主义、功能论体系相继登场,四阶层和两阶层纷纷出现。他们都是在古典三阶层基础上的改造,分别反映了背后不同的哲学指导思想。

(一)古典犯罪论体系

古典的三阶层体系由贝林首创,他提出犯罪是符合构成要件的、违法的、有责的、受相应刑罚制裁的和满足处罚条件的行为。[1]这标志着古典犯罪论体系的诞生。在贝林的体系中,

---

[1] [德]汉斯·海因里希·耶塞克、托马斯·魏根特:《德国刑法教科书》(上),徐久生译,中国法制出版社2017年版,第279页。

构成要件是纯粹客观的、无价值的、记叙性的内容，构成要件该当性的判断是中性、无价值的判断。因此，主观的故意、过失要素，规范的构成要件要素都没有被包含在这一阶层之内，它们都属于责任阶层。

（二）新古典犯罪论体系

新古典犯罪论体系建立在价值哲学基础上，基于"事实-价值"重新解释犯罪论的各构成要素。他们不再认为行为是纯粹外在的身体运动，而是认为自然行为概念不能解释很多现象，行为的概念不能单纯凭经验去看，而应从社会评价上去思考。换言之，"行为意义的理解，必须作价值上的思索"。[1]在构成要件阶层，新古典体系"发现"了主观的违法要素。既然构成要件要素是犯罪行为的"定型"，彰显着行为违法性的差别，那么主观意思便属于主观的构成要件要素。此后，规范的构成要件要素也出现了，不含价值内容的构成要件开始不复存在。

新古典犯罪论在责任论部分采用规范责任论。责任的本质不在于对心理事实的判断，而是以具有责任能力为前提的心理事实与规范要素之期待可能性的结合，是依法律规范对行为人和行为之间关系的规范评价。[2]结合德意志帝国法院对"癖马案"的判决，期待可能性理论成为责任论的核心内容，打破了责任论纯主观的认定。

（三）目的论犯罪论体系

目的论的犯罪论体系以德国哲学家胡塞尔和海德格尔师徒提出的存在论为其哲学基础，认为存在事实和价值是一元的。

---

〔1〕 林东茂：《刑法综览》，中国人民大学出版社2009年版，第40页。

〔2〕 方泉：《犯罪论体系的演变——自"科学技术世纪"至"风险技术社会"的一种叙述和解读》，中国人民公安大学出版社2008年版，第61页。

根据威尔泽尔的理解，构成要件是指对于禁止的举止的具体描述。[1]在该体系中，人始终作为支配主体存在。他们把故意犯罪的构成要件分为"客观的构成要件"和"主观的构成要件"，主观的违法要素被首次明确定位为主观的构成要件，故意被置于主观不法构成要件之中；在违法性方面，变化主要表现为违法性被进一步主观化，开主观不法理论之先河，同时出现了"人的不法理论"。[2]既然人的行为是以目的为导向的，那么故意、过失便都存在双重地位，作为责任的故意、过失同样存在。

（四）现代新古典犯罪论体系

现代新古典的犯罪论体系结合了上述新古典犯罪论体系和目的论犯罪论体系，它的主要特点是对不法和责任作实质理解，但在行为论部分不采纳目的行为论。[3]在构成要件部分，该体系认可构成要件的故意；在违法性部分，该体系支持行为无价值论；而在责任部分，故意的一部分内容仍被留在了该阶层，而违法性认识的可能性也属于该阶层，与故意并列。

现代新古典犯罪论体系借鉴了上述两种犯罪论体系，它与新古典犯罪论体系的相同点是大多学者坚持社会行为论，而且坚持对违法性进行实质判断；它与目的论体系的相同点是认可故意在构成要件阶层的地位，而在违法性部分均认可人的不法理论，违法性认识内容成为责任阶层的重要组成部分。这种体系的融合观点使其在很多国家受到青睐。

---

〔1〕 陈志龙："开放性构成要件理论——探讨构成要件与违法性之关系"，载《台大法学论丛》1991年第21期。

〔2〕 李立众：《犯罪成立理论研究——一个域外方向的尝试》，法律出版社2006年版，第119~123页。

〔3〕 贾济东：《外国刑法学原理（大陆法系）》，科学出版社2013年版，第123页。

(五) 功能论犯罪论体系

功能论犯罪论体系又称目的理性的犯罪论体系,它的主要特点是将刑事政策纳入犯罪论体系中,考虑应罚性和刑罚必要性。在该体系中,各阶层的内容不断被充实:客观归责理论属于对构成要件该当性的实质判断,"风险"概念被引入;以不法阶层取代违法性阶层;违法性不是刑法的体系阶层,而是整体法秩序的体系阶层,其功能在于解决刑法与其他法域的冲突。[1]由于该体系建立的方法论基础仍然是新康德主义二元论,目的性仍然是行为的重要特质,因此答责性这一阶层主要包含责任能力、不法意识和预防必要性的内容。和以往的体系相比,罗克辛教授的犯罪论的最大的不同点在于,他并没有按照存在论的标准(因果关系和目的性),而是按照刑事政策的目标设定(刑法的任务和具体的刑罚科处)来进行体系化构建的,从而发展出了答责性理论。[2]该体系中,罪责内容被扩充为责任,预防必要性被引入,从而促进了刑罚论与犯罪论的"沟通",传统的故意已无法在责任阶层存在。

(六) 其他多阶层的犯罪论体系

四阶层的犯罪论体系是指,在传统的三阶层之前,增加"行为"这一单独的阶层。因为行为是构成犯罪的前提,在这个阶层探讨行为的性质、内容,同时排除非刑法意义的行为,直接避免其进入后面的阶层考虑,起到提前"出罪"的效果。

两阶层的犯罪论体系一般指不法和有责两阶层。该体系的特点是将传统的构成要件的该当性和违法性两部分合并为"不

---

[1] 许玉秀:《主观与客观之间——主观理论与客观归责》,法律出版社2008年版,第49页。

[2] [德]克劳斯·罗克辛:"构建刑法体系的思考",载[德]克劳斯·罗克辛:《刑事政策与刑法体系》(第2版),蔡桂生译,中国人民大学出版社2011年版,第81页。

法"这一个阶层,在这个阶层中,同时进行形式和实质、主观和客观判断。雅科布斯教授倡导的犯罪论体系就是这样,他同样摈弃了存在论,但他没有按照刑事政策目标设定,而是将刑法的目标建立在纯粹的规范化的体系理论之上。他主张刑法是为了保护规范效力而不是防止法益侵害,进而否定没有罪责的不法。他将其系统论之根基作为指导旗帜,按照一般预防的社会需要来确定罪责,同时,他将罪责和不法平等相待。他认为,责任评判仅仅可能是对行为人没有考虑到规范进行评判,也就是说,对他缺乏法忠诚(辜负了规范的期待)进行评判。因此,责任是一种法忠诚上的赤字,而各种心理事实,特别是故意和不法意识,它们无非是存在这种赤字的各种指示器,而责任概念的内容就要根据规范的相互关联来决定。[1]根据这种犯罪论体系,事实性内容逐渐被抽离,责任判断完全成了规范的确证过程,阶层式体系以不法和罪责两阶层为内容。

在两阶层体系中,不法是针对行为本身所为的价值判断,而罪责则是针对行为人的价值判断。黄荣坚教授将不法分为主观不法和客观不法,在主观不法中讨论故意、过失的内容,在客观不法中讨论着手或既遂的内容,具体检验标准是分则规定之要件、无总则规定的阻却不法事由、不成文要件。[2]而在责任部分,他主要探讨期待可能性问题,主要从反面论证,要求行为人无阻却责任事由。

两阶层体系与上述目的导向的体系不同,虽然表面上也呈现违法性和责任两阶层,但其内容主要是在违法性部分进行实

---

[1] 吴情树:"京特·雅科布斯的刑法思想介评",载赵秉志主编:《刑法论丛》(第21卷),法律出版社2010年版,第468页。

[2] 黄荣坚:《基础刑法学》(第4版·上),元照图书出版公司2012年版,第197页。

质判断。另外，其将违法阻却事由和责任阻却事由这样的消极构成要件纳入到体系中。[1]一正一反，形成了全面判断犯罪是否成立的体系。由于该体系建立在结果无价值论基础上，因而违法客观、责任主观的状态仍较明显。

上述犯罪论体系的演变史呈现出以下特点：首先，犯罪论体系容纳的内容增多，每阶层原有的含义发生着改变。如期待可能性进入犯罪论当中，责任内涵从主观心理发展到非难可能性。虽然表面上仍然维持着构成要件该当性、违法性、有责性三个阶层或不法和有责两个阶层，但阶层中包含的内容在不同时代呈现出不同特色。其次，主客观要素从区隔分离逐步走向纠缠统一。如在目的行为论的影响下，行为的目的性与行为本身难以分隔，主观构成要件要素正式在构成要件该当性这一阶层中存在。最后，构成要件阶层、责任阶层的实质性判断更加显著，体系内部的价值内容增加。如新古典的犯罪论体系就开始强调价值评价的作用，功能论犯罪论体系将刑事政策纳入到犯罪论体系中，刑罚的当罚性开始与犯罪论进行"沟通"。

从前两部分的分析中我们可以看出，犯罪论体系的演变与社会的变迁、哲学思想的引导密不可分。在大陆法系国家，自然主义的兴盛和科技革命的发达激发了古典犯罪论体系的出现，新康德主义哲学作为一种反自然主义的思潮，通过价值判断对存在论世界"去魅"，引发出新古典主义犯罪论；之后的目的论犯罪论体系虽重新回归存在主义，但却强调目的思考，而且它仍然认可价值的作用；现代新古典犯罪论体系是对上述新古典和目的论体系的融合；风险社会出现和预防需求增加又与功能论犯罪论体系的思路不谋而合。哲学引导和社会变迁催生出了

---

[1] 张明楷：《犯罪构成体系与构成要件要素》，北京大学出版社2010年版，第95~98页。

不同时代的犯罪论体系，这就告诉我们谈论犯罪论体系时不能脱离时代背景，而构建犯罪论体系的任务都要服务于当下社会的归责需要。

三、阶层犯罪论体系演变下的故意地位

在上个部分，笔者已详尽介绍了阶层式犯罪论体系演变的进程。从古典的犯罪论体系，到现如今的功能论体系，变化的是内在要素的增减和排列顺序，不变的是主客观要素的对应同时存在。现代刑法排斥客观归罪和主观归罪，结果责任的时代已经远去，责任主义原则成为世界各国刑法的通例。没有主观就不能归责（严格责任罪除外），没有故意就不能构成重罪。无论在何种体系下，故意都应有其位置。由于不同时代的学者对责任的理解不同，导致犯罪论体系各要素的配置存在差异，因而故意的位置也在不断变化中。

（一）从心理的故意到规范的故意

故意这一概念经历了从心理的故意到规范的故意概念的演变，间接故意由于其意志因素模糊，更是走在了争论的前线。心理责任论认为，所谓有责性，就是行为人犯罪时所持有的故意或过失的心理态度。故意、过失都是行为人心理的内在状态，这种责任与外在的客观事实相对应。在该理论下，有责性阶段除了判断刑事责任能力以外，就是判断行为人是否有上述主观心态。规范论认为，责任指行为的非难可能性。也就是说，具有了故意、过失心态，还不一定能对行为人归责，关键要看行为人不为合法行为的原因。故意不等于有责，这是因为心理角度的故意着眼于行为人自身的认识等内容，而"从规范关系之角度看，对罪责责难的可能性主要取决于，在特定之总体情况下……指望行为人以合法行为代替事实上发生的违法行为

是……任何单独一方均不可能详尽阐述法律意义上罪责之本质……它更多的是以责任能力的先决条件为基础的心理存在与价值判断之间的一种评价关系"。[1]这就说明,心理责任论与规范责任论下的故意范围不完全不同,持有心理学上故意心态的行为人不一定都符合犯罪故意的构成。例如,13岁的人亲手杀了他人。在不具有正当化事由的情况下,他可能具有非法剥夺他人生命的故意,这种故意属于心理上的故意,但由于其未达刑事责任年龄,所以不具有规范意义上的犯罪故意。

在大陆法系国家,从心理责任论到规范责任论经历了一个认识发展过程。传统的责任属于主观范畴,"违法性是客观的,责任是主观的"是对这种论点的真实写照。从弗兰克开始,责任的概念开始转向。他认为,当时的责任存在两种不同的理解:第一种是从主观心理上界定责任,把责任概念限制在内心方面(Innenseite)。这种观点为当时的德国学者勒夫勒和科尔劳什所主张。第二种是把责任理解为对已经实施的违法行为的答责性(Verantwortlichkeit),这种观点为李斯特所主张。[2]后者的责任概念类似于我国的"刑事责任",是行为已构成犯罪基础上的刑事后果,并不是犯罪构成的一个要件。弗兰克不同意李斯特的责任概念,提出责任(Schuld)是具有可谴责性。由此,他将期待可能性作为责任论的核心,规范责任论正式兴起。规范责任论的出现并没有彻底否定心理责任论的合理性,只是希望补充心理责任论的缺陷,将心理事实与规范评价分开。规范责任论下的故意又被分为构成要件故意和责任故意,分别承担不同

---

[1] [德]李斯特:《德国刑法教科书》,徐久生译,法律出版社2006年版,第256~257页。

[2] [德]弗兰克:"论责任概念的构造",冯军译,载冯军主编:《比较刑法研究》,中国人民大学出版社2007年版,第129页。

的作用。至此,故意、过失不再是责任的内核,而只是责任评价的对象,归责与责任要素得以分离,犯罪论体系的规范化色彩更浓。当然,威尔泽尔走得更彻底,"其做法是,与故意一样,如同人们所相信的,将行为的纯心理组成部分从责任事实中剔除(纯规范的责任观念)"。[1]于是,他将故意、过失的内容从责任部分移到构成要件论领域,在责任部分仅保留纯粹的规范要素。在当下的大陆法系刑法中,故意到底属于构成要件要素还是责任要素,还是两者兼有之,不同的学者仍会给出不同的答案。

规范责任论的发展变革了犯罪论体系中的要素分布,近几十年出现的功能责任论走向了纯粹的规范概念,摒弃了故意蕴含的传统心理内容。功能责任论的核心主张是,行为人是否具有责任,要根据行为人对法规范的忠诚和社会解决冲突的可能性来决定。在行为人忠诚于法规范就能形成不实施违法行为的优势动机,就能战胜想实施违法动机时,行为人却实施违法行为的,就要把行为人解释为实施违法行为的原因,行为人就须对其实施的违法行为负有责任;在社会具有更好的自治能力,即使不追求行为人的责任,也能消解行为人引起的冲突,也能维护法规范和社会稳定时,行为人无责任。[2]功能责任论吸收了雅科布斯教授的主要观点,属于激进规范论的代表。因为雅科布斯教授认为,文明世界通过规范来表达,对规范的破坏会导致社会共同体的混乱。为了维护规范的有效性,必须对破坏规范的行为进行归责,从而恢复社会状态。责任作为犯罪构成

---

[1] [德]汉斯·海因里希·耶塞克、托马斯·魏根特:《德国刑法教科书》(上),徐久生译,中国法制出版社2017年版,第566页。
[2] 冯军:"刑法中的责任原则——兼与张明楷教授商榷",载《中外法学》2012年第1期。

判断的最后一阶段,理应担当起对行为人规范认同感进行考察的重任。

在规范论的影响下,我国有学者提出了纯规范的故意概念。他认为:"故意不是一个心理概念,而是一个规范概念。在规范的故意概念之下,不应该依行为人的恣意认定故意,行为人主观上是否已经认识结果可能发生是不重要的。故意是一种理性社会对行为人负责领域的评价……问题不在于没有认识结果的发生,而在于没有认识结果的发生是否具有理性的依据,社会是否应该对没有认识结果的发生表示宽恕,而社会是否应该表示宽恕则取决于一个理性的社会能够自己承担后果而无须由行为人承担后果的范围和程度。"[1] 说到底,不是故意没有包含认识因素,而是故意的认识因素在刑法归责中被抛弃;"社会需要"成了故意最主要的依据。

根据这种观点,即使在行为人没有认识的场合,如果一个理性的社会认为这种没有认识是不能容忍的,行为也成立故意。也就是说,行为人怎样认识已经不重要,只要社会认为不能容忍这种行为,就可以成立故意。于是,故意成了与行为人主观心态完全无关的客观概念,是否成立故意完全由社会态度说了算。在这种概念下,有认识可能成立过失,无认识也可以成立故意,判断标准变得完全模糊。更不用说,现行立法中的"明知"要求在故意概念中完全被废弃,因为无论如何没有认识都不可能被解释为"明知"。

笔者认为,从心理责任论到规范责任论的演变表明人们对责任的理解更加深刻,因为规范论的内容能彰显刑法的规范属性,弥补纯心理故意概念的不足。在这个意义上,故意理念的

---

[1] 冯军:《刑法问题的规范理解》,北京大学出版社 2009 年版,第 46 页。

革新是十分重要的。但是,这种革新不能离开故意的本质和归责的目的。作为日常生活用语的故意走进刑法学,既要与过失的内涵区分开,又不能偏离其核心含义太远,进而脱离其心理本体内容。上述功能责任论虽从刑法的机能出发,重视规范的有效性,但实际上却完全站在社会的角度评价行为人,忽视了行为人的内在特质和主观心态。"事实上,法律并非大约在一个纯粹功能性的或规范的领域发展,而是涉及对社会现实的法律评价,简而言之,即是对存在结果的法律评价。雅科布斯的罪责概念在基本构想上就错了。"[1]对法规范的忠诚还得通过对主观意志支配下的行为进行考察。只考虑社会的自治能力,单方面确定是否追究责任,无异于又回到了客观归罪的时代,违背了责任主义原则。只要社会需要,就追求行为人的责任,这种做法丧失了共同的标准,刑法会变得恣意。从纯规范的故意概念看,归责变成了纯粹的责任分配,责任的大小与社会的承载能力有关,只要社会需要,责任便可以调节。如果行为人没有认识,就让其承担责任,刑罚的效果又怎能发挥?故意的理论在心理基础上产生,彼此相互影响,但无论如何发展,都不能走过头,纯规范的故意概念并不可取。

(二)故意位置在阶层中的变化

伴随着对责任本质理解的变化,故意的位置在阶层式体系中也由属第三个阶层的责任转移到其他阶层,故意的内容被不断充实。

1. 责任故意

在古典和新古典的犯罪论体系中,故意属于第三阶层责任

---

[1] [德]许逎曼:"刑法上故意与罪责之客观化",郑昆山、许玉秀译,载许玉秀、陈志辉编:《不移不惑献身法与正义——许逎曼教授刑事法论文选辑》,春风旭日论坛2006年版,第495~496页。

论部分。该体系主客观分立特征明显，故意被当作是典型的主观心理，与客观的构成要件内容不相符。当时，人们信奉"违法客观，责任主观"的传统命题，认为在构成要件阶段坚持客观判断，在责任阶层坚持主观、个别化判断。

无论怎样解读，古典的犯罪论体系都具有客观主义倾向。故意属于行为人内心的意思，并不是客观已呈现的外在行动，那么，故意的内容就属于责任阶层。故意所认识的内容属于构成要件阶层，即构成要件具有对故意的规制机能。间接故意无论包含有何种要素，都只能属于责任部分。虽然新古典犯罪论体系已发现主观的构成要件要素，但是这种归类还不彻底，该体系仍将故意放在责任阶层。

在日本，在客观主义内部，由于学界长期存在结果无价值论与行为无价值论的对立，责任的定位也呈现出了不同特点。结果无价值论者一直将违法的本质当作法益侵害的结果或者危险，因此故意是违反规范要求的意思，是对行为人进行责任谴责的基础，属于责任要素。[1]可见，结果无价值论者更强调责任的主观意思要素。

2. 构成要件故意

在目的犯罪论及个人不法理论的影响下，原本属于罪责形式的故意和过失转化为了构成要件的一部分。构成要件不再是单纯的与价值无涉的内容。构成要件既然要成为犯罪的观念"指导形象"，就要刻画出不同的犯罪"类型"。这种类型化的过程无法脱离故意和过失的不同状态。

在日本，行为无价值论者认为违法性的基础是违反规范的意思，故意属于违法要素。故意与过失的违法性存在差别。违

---

[1] [日]西田典之：《日本刑法总论》，刘明祥、王昭武译，中国人民大学出版社2007年版，第164页。

法性要素同时也是构成要件要素，于是又出现了主观的违法要素之说，那么故意就既是主观的构成要件要素，又是主观的违法要素，构成要件该当性起着推定违法的作用。

3. 构成要件故意与责任故意

构成要件要素、责任要素说认为，故意属于构成要件要素，也是责任要素。作为主观构成要件要素的故意，属于违法有责类型，而责任要素的故意，包含以违法性为基础的事实认识以及违法性认识及其可能性。[1]由于现代新古典犯罪论体系结合了新古典犯罪论体系与目的论犯罪论体系，因此，在该体系下，故意既是构成要件要素又是责任要素。

故意的双重地位理论建立于规范学基础上，责任形式的故意由作为行态形式的故意即构成要件故意来表征，[2]而且，它可以更好地解决法律认识错误的问题。如耶塞克就认为，在某假想防卫案例中，行为人自认为杀死向他"进攻"的人是"正当防卫"行为，按照双重位置理论，行为人确有作为行为不法载体的故意，因为杀人行为确属有意而为之。但这里缺少的是作为违背法律心理的表现的故意，因为行为人确实以为杀死假想的进攻者不违法。这时行为人应以过失论处。[3]也就是说，构成要件（不法）的故意表现的是控制行为的本质，而责任故意反映的是对法益威胁的态度。

我国台湾地区的不少学者对此提出了批评，如"故意的不法行为表征了故意罪责形态，过失的不法行为表征了过失罪责

---

[1] [日] 川端博：《刑法总论二十五讲》，余振华译，中国政法大学出版社2003年版，第52~53页。

[2] [韩] 金日秀、徐辅鹤：《韩国刑法总论》（第11版），郑军男译，武汉大学出版社2008年版，第179页。

[3] Jescheck, *Neue Strafrechtsdogmatik und Kriminalpolitik*, ZstW 98, 1986, p. 12, 转引自熊琦：《德国刑法问题研究》，元照图书出版公司2009年版，第204页。

形态。就实际运用而言,在罪责层次判断故意、过失的罪责形态,其实是多此一举"。[1]既然主观构成要件要素被"发现",构成要件的故意就需要与客观构成要件要素相对应,故意的认识内容和意志态度都对应于客观构成要件要素,这就完成了对行为人是否构成故意的判断。那么,责任故意还包含哪些内容就无法说清了。现有的责任阶层主要包含违法性意识的可能性、期待可能性等内容,这些都超出了故意的范围。也就是说,故意已逐渐脱离责任阶层,成了单独的心理事实。

4. 构成要件的认识与责任的意志

在德国,还有学者提出将故意中的认识因素与意志因素相分离,并分别置于不同阶层的观点。认识因素与事物的客观面紧密对应,属于构成要件阶层;意志因素反映了行为人的意欲,是评价行为人非难可能性及大小的依据,属于责任阶层。这种分离构造的目的是结合心理事实与规范评价,落实到对行为人的非难上。

四、间接故意地位变化带来的思考

从故意自身来看,其从纯心理的主观状态变成具有规范内涵的评价概念,心理事实和规范评价都是不可缺少的内容。从故意与其他要素的关系来看,其从责任阶层走向构成要件阶层,认识和意志因素都不可或缺。间接故意的特殊性体现在它的意志性不强烈,它属于级别较低的故意类型。间接故意与其他类型的故意具有相同的组成部分。因此,间接故意地位的演变与故意的地位演变一致,也遵循上述规律。

大陆法系阶层式犯罪论体系中故意的地位一直在发生变化,

---

[1] 林钰雄:《新刑法总则》,中国人民大学出版社2009年版,第173~174页。

这种变化带来了几项启示：

第一，故意不再是纯粹的心理事实，规范评价应当包含在故意内容中。从责任故意到构成要件故意，表面上是故意的摆放位置变化，内在反映的却是从心理责任论到规范责任论的发展趋势。心理事实不能解决法律需要，只包含心理内容的故意概念无法承担起归责的重任。规范责任论只是将评价对象和评价基础相区别，仍建立在心理责任论基础上。纯粹的规范故意概念完全丧失了心理学依据，使判断变得恣意，也不足取。

第二，归因与归责相分离，责任的核心从心理事实的综合描绘转向非难可能性。故意的心理内容是判断基础，包含认识、情感和意志等多种因素，仍然属于其主干内容。

第三，对故意的评价必不可少，但也不需要重复评价。犯罪论体系需面向实践操作，阶层式结构体现出层层递进、限定范围的特点，每部分要素只要合理搭配就能实现最终的犯罪判断效果。故意的双重地位的观点只是为了体现体系的完整关联性，而不顾犯罪判断的实践运用性。故意检验一次已经足够，再次重复检验如果不会带来不同的结果，为何还要设置这一阶层？因此，重复设置故意的做法并不可取。

总体来看，虽然构成要件故意与责任故意的争论仍在继续，但故意应包含心理事实与规范评价两部分内容的观点应得到认可。

第二节　双层次犯罪论体系中的间接故意地位

英美法系刑法的发展建立在自己独特的历史基础上，其纯粹的体系构建较少，而是更重视对实践经验的归纳。在这种思路的影响下，英美法系国家形成了颇具特色、层次分明的双层次犯罪论体系。考察这一体系中犯罪心态的地位，有助于我们拓展思考的视野。

一、哲学背景对英美法系犯罪论体系形成的影响

英美法系国家坚持判例法,这与其长期形成的传统有关。英国判例法的发展经历了一个历史过程,1854年《国会法》的颁布标志着判例法主义的正式形成。[1]判例法的本质是"法官造法",而判例的拘束力又和各级法院的审级密切联系。英国之所以形成判例法,首先是由于其较早地建立起了中央集权制国家,王室法院和巡回审判制影响深远,而这已能适应当时民众的司法需求。其次,在哲学思想的论争中,经验主义的判例法具有很强的活力,席卷欧洲的法典编纂运动并未能在英国占据主导。"判例法制度作为经验主义哲学的制度性实践基础,不仅符合两种事物演进的一般逻辑,而且明显是英国经验(其判例法制度与经验主义哲学关系之经验)的实证结果。"[2]经验主义哲学思想与法律的实用性一脉相承,判例法促进了法律稳定性与灵活性的结合,使得法律通过归纳植根于人们心中。在刑事法领域,英国大量使用判例法,同时,英国也进行了不少刑事成文法的制定。但是,与大陆法系国家那种涵盖刑法总则和分则规定的刑法典相比,英国刑事制定法的系统性仍不强,而且保持着刑事实体法与程序法融合的特色。

美国法律制度深受英国影响,同时也融入了自己的民族精神。美国的历史不长,但发展很快。在这片新大陆上,美国人用他们勇于开创、乐观进取的精神改变着自己的面貌,创造了世界发展的奇迹。在美国,实用主义哲学思想产生于"美国精

---

〔1〕 杨丽英:"英国判例法主义的形成、发展及评价",载《比较法研究》1991年第4期。

〔2〕 谢晖:"判例法与经验主义哲学",载《中国法学》2000年第3期。

神"。它的主要特点是:"哲学要立足于社会现实,把确定信念作为出发点,把采取行动当作主要手段,把获得效果当作最高目标。"[1]这种哲学思想不过多考虑体系的完整性和逻辑的严密性,而是讲求实效,重在实干,以效果为导向制定政策,从而激发出全社会的潜能。在司法领域,美国法律制度承袭了英国的普通法和衡平法,重视"遵循先例",以个案问题为思考面向,以切实解决实际问题。"实用主义的真理论实际上是一种不可知论。它认为,认识来源于经验,人们所能认识的,只限于经验。至于经验的背后还有什么东西,那是不可知的,也不必问这个问题。"[2]在此影响下,美国刑法的制度设计不在意体系的建构,而是立足于当下,服务于司法实务,这便造就了其与大陆法系刑法理论显著不同的鲜明特色。

英国和美国的刑事法实践造就了他们的刑事法理论。他们的犯罪论体系呈现双层次性。就一个犯罪来说,它的主要内容由两部分构成:有害(harm)和过错(fault)。前者表现为外在因素上,即犯罪行为(actus reus);而后者表现为犯罪心态(mens rea)。但是,即便这两个因素都被证明存在,也仍然可能存在一个辩护事由,使得犯罪不存在,[3]这就是犯罪论的第二层次——责任充足要件。责任充足要件包含的内容有:未成年、错误、精神病、醉态、被迫行为、警察圈套、安乐死、紧急避险、合法防卫等。[4]这种犯罪论体系与英美法系国家的对抗制

---

[1] 王岩:"从'美国精神'到实用主义——兼论当代美国人的价值观",载《南京大学学报(哲学·人文·社会科学)》1998年第2期。
[2] 冯友兰:《三松堂自序》,人民出版社2008年版,第182页。
[3] See A. P. Simester and G. R. Sullivan, *Criminal Law Theory and Doctrine* (3rd Edition), Oxford, Portland: Hart Publishing 2007, pp. 18~19.
[4] 储槐植、江溯:《美国刑法》(第4版),北京大学出版社2012年版,第55页。

诉讼模式相适应，与刑事诉讼的证明过程有较强的契合性。具体来说，第一层次犯罪的本体要件内容应由公诉方证明，如果辩方没有反驳，即可认定犯罪的成立；如果辩护方提出上述任何一个合法辩护事由，就需要进一步调查，如果被证实，就得宣告被告人无罪。双层次的犯罪论体系体现出了控辩双方的对抗过程，是一个动态的体系。犯罪本体要件从正面，责任充足要件从反面共同勾勒出一个犯罪的全貌，符合刑事诉讼的证明要求。正如上文所述，英国刑事法实践注重法律的稳定性与灵活性、实体与程序的结合，美国刑法要接受实用效果的评估，而双层次的体系为控辩双方援引判例、论述法理、最大限度增加庭审的对抗性提供了空间，更不用说，这种体系既是犯罪成立体系，又是刑事诉讼的庭审过程的体现了。可以说，双层次的犯罪论体系反映了英美国家的司法现实，是面向问题、避免唯体系论倾向的生动尝试。这种体系在实践中的运用层次清晰、思路明确，同时减少了不必要的繁琐，是面向司法工作者的实用性选择。

二、"间接故意"[1]在双层次犯罪论体系中的地位

"间接故意"作为一种犯罪心态，属于双层次的犯罪论体系中的第一层次犯罪本体要件。除去严格责任罪，犯罪心态是必备的犯罪构成要件。英美法系国家对于是否明确列出间接故意这样一种犯罪类型还存在不同看法。

英国刑法中也有间接故意（oblique intent）的概念，只是其

---

[1] 这里的间接故意之所以加引号，是因为英美法系刑法对犯罪心态的划分与大陆法系国家和我国都不完全对应，甚至连间接故意这一名词是否明确在英美法系国家使用，也尚存争议。部分理论和判例中使用的间接故意概念，其实更类似于我国的直接故意，而轻率才与我国的间接故意相对应。所以，这里的地位探讨更多的是讨论轻率的地位问题。

内容与我国的并不相同。有学者认为，有两种情况体现行为人持间接故意心态：第一种情况是，虽然特定结果不是被告人的目的，但他预见其必然发生。第二种情况是，尽管一个人的目的不是要造成某种特定的结果，但他预见到这种结果可能从他的行为中产生。[1]但是，第二种情况只是属于认识到结果发生的可能性的情况，将这种情况与故意等同对待，抹杀了它们心理程度的差别。1967年《英国刑事审判法》就持这种否定的观点。很多学者也认为，"结果可能性说"应当属于犯罪轻率，而不属于间接故意。[2]英美法系的主流观点也认为，第二种情况不应被纳入故意的范畴。至此，与我国相关概念比较，上述第一种间接故意其实属于我国通说中的直接故意，而第二种情况应被归入轻率范畴，属于我国间接故意和有认识过失的情况。无论怎样归类，对主观意图的定位都以认识内容和程度的不同做出区分。

美国刑法也强调遵循判例，但各州现在也基本有了各自的成文刑法典。受《美国模范刑法典》影响，很多州的立法也将犯罪心态根据认识的内容和程度不同分为蓄意、明知、轻率、疏忽四类。从对应关系来看，轻率指认识到不合理的风险而行为人决定冒险，它与我国的间接故意是对应的；而蓄意要求行为人具有明确的目标指向性，所以与我国的直接故意是对应的。

英美法系国家除了明确规定几种具体的犯罪心态类型外，还明确提出了其上位概念：可谴责性（culpability）。可谴责性意指行为人具有犯罪心态后，在此基础上对其进行的刑法评价，也就是说，单纯具有主观心态不意味着就有可谴责性，还要考

---

[1] [英]鲁珀特·克罗斯、菲利普·A.琼斯：《英国刑法导论》，赵秉志等译，中国人民大学出版社1991年版，第32~33页。

[2] 张旭：《英美刑法论要》，清华大学出版社2005年版，第37~40页。

虑规范的内容。因为正当防卫的行为人也有故意，但这种故意不属于规范上的犯罪故意，不应被谴责。可见，在英美刑法理论中，犯罪心态（mens rea）是心理事实与规范评价的统一体，这一点在一些立法中有所体现。

总之，在英美法系国家，对犯罪心态的划分更侧重于以行为人的认识因素为依据。我国语境下的间接故意的内容部分属于蓄意的内容，还有部分属于轻率的内容。[1]主流观点认为，轻率这一犯罪心态涵盖了我国间接故意和有认识过失两种情况，这种划分也与英美国家坚持经验主义、实用主义的哲学思想有关。无论怎样划分，"间接故意"的内核在犯罪心态体系中都属于中间类型的犯罪心态，不属于典型的蓄意和疏忽。在整个犯罪论体系中，又属于双层次犯罪论体系中的第一层次——犯罪本体要件。这就要求其认识内容要与犯罪本体要件中的犯罪行为相对应，同时，控方在诉讼中必须证明其具体内容。

第三节　四要件犯罪论体系中的间接故意地位

四要件犯罪论体系是我国犯罪构成的通说，它的最大特点是平面性、整体性判断，犯罪构成整体成了行为人承担刑事责任的唯一依据。故意犯罪经过四要件的评价，要达到归责的目的，各要件都需要承载多个层面的内容。我国的四要件犯罪论体系来源于苏联，对历史源流的考察有助于我们明确该体系的演变过程。

---

[1] 关于英美法系国家犯罪心态的具体划分和区别，特别是轻率的认定等问题，将在本书第五章"间接故意与有认识过失"部分进行专门论述，在此不再详述。

一、历史源流的考察：苏联与俄罗斯刑法学中的罪责理论

苏联刑法学和现在的俄罗斯刑法学都坚持四要件的犯罪构成体系，故意被称为"罪过"。其坚持将罪过理解为行为人的故意或过失心态，它是心理学的、不含规范评价的内容。1938年全苏法学研究所编写的《刑法教科书》提供的罪过定义是："行为人对其所实施的行为所持的表现为故意或过失的心理态度。"[1]这个概念是典型的罪过心理论的观点，不仅没有包含评价因素的内容，连目的、动机等主观内容都没有被包含在内。

从20世纪30年代末期至20世纪50年代，几乎所有的苏维埃刑法学家都将罪过看作是行为人对其所实施的行为所持的心理态度，表现为故意或过失。但后来，А. А. 盖尔青仲、Н. Д. 杜尔曼诺夫开始将评价因素引入罪过。如Н. Д. 杜尔曼诺夫认为，罪过是一个与认定客观事实毫无共同之处的评价范畴，即评价该人是否是引起结果的原因，或者说，是不是该结果的造成者。[2]这种变化将故意概念从罪过内涵中抽离出来，心理内容被取代，但这并没有变成绝对的趋势。后来，乌捷夫斯基的理论受到广泛关注并引发讨论，这才重新引发了罪过是什么的思考。

Б. С. 乌捷夫斯基教授在20世纪50年代曾提出过广义的罪过理论，改变了纯心理责任论的面貌。他指出，狭义的罪过（指故意或过失的心理态度）内容贫乏、范围偏窄，不能真实地反映它的实际。罪过应当是以社会主义国家名义对所有这些情

---

〔1〕 薛瑞麟：《昨天·今天：俄罗斯刑法中的罪过学说》，中国政法大学出版社2013年版，第104~105页。

〔2〕 [苏] А. А. 皮昂特科夫斯基等：《苏联刑法科学史》，曹子丹等译，法律出版社1984年版，第73页。

况作出否定的社会（道德-政治）评价。他把罪过理解为是评价范畴，实际上就是一种责难。[1]这与德国刑法学中的规范责任论将责任定义为"非难可能性"已经非常接近。乌捷夫斯基教授之所以提出上述理论，是由于他认为，罪过以心理论为基础，存在缺陷，不能科学解释紧急避险等行为；狭义的罪过理论包含内容过少，无法包含目的、动机、情绪等内容；更重要的是，罪过是一种评价，是对评价对象的价值判断。可以说，这种观点已深受德国罪责规范论的影响。

乌捷夫斯基教授的观点在当时受到了强烈的批判，批判者除了指责他扩大责任概念、含义模糊不清外，还对他理论的哲学基础进行意识形态式的攻击。批判者认为，将罪过理论加入否定性评价的内容，是受西方资本主义哲学观影响，本质上是唯心的。在此之后，苏联刑法学关于罪过理论的讨论，曾冷清了好长一段时间。20世纪60年代起，随着学术环境的相对宽松，对罪过理论的研究又进入了新阶段，此时的研究特点是"把罪过的心理内容与它的社会政治内容作为一个辩证统一体来研究"。[2]之后，罪过被逐渐认为是包含心理要素、社会政治评价和刑事法律内容的综合性概念。社会政治评价与犯罪的实质概念相对应，体现了社会性质与国家的否定态度。刑事法律内容是罪过的形式内容，要求罪过必须由刑法规范规定。苏联解体后，先前对罪过理论的研究成果依然被吸收，同时产生了一些新的变化。一部分俄罗斯学者主张将评价要素（谴责）载入罪过概念，但否认它在罪过概念中的主导地位。С.В.维克联科

---

〔1〕 薛瑞麟：《昨天·今天：俄罗斯刑法中的罪过学说》，中国政法大学出版社2013年版，第304~305页。

〔2〕 [苏] А.А.皮昂特科夫斯基等：《苏联刑法科学史》，曹子丹等译，法律出版社1984年版，第79页。

教授将罪过的心理内容与社会内容综合起来把握,认为无认识过失体现为国家所设定的应受谴责的态度,社会评价被更多地融入罪过概念之中。更多的学者认为,罪过概念是集心理内容、社会政治内容、刑事法律内容于一身的概念,不必刻意强调它的评价要素。[1]从俄罗斯刑法学的整体发展来看,苏联时期的罪过理论基本被继承,故意、过失仍是主要的罪过内容,评价因素不用单独载入罪过中。他们认可心理责任仍然是罪过的基础,评价虽重要,但属于法院的责任,与行为人无关,并没有走向德国刑法学的规范责任论。

俄罗斯刑法学关于主观罪过的走向与以德国为代表的大陆法系国家不同,其根源在于双方坚持的不同哲学思想。如上文所述,规范责任论的哲学基础是新康德主义思想,它坚持存在与规范的区分,否认"物自体"客观存在。这种哲学思潮本质上是主观唯心主义的。规范责任论认可心理事实的重要地位,同时受到休谟关于"是"推不出"应当"的哲学思想的影响,认为主观心态存在不代表行为人有责任,主观心理与有责是两回事。于是,规范的作用被单独提及,事实认定与归责过程分离。俄罗斯刑法学中的罪过理论仍然深受马克思主义唯物辩证法影响,即物质决定意识,意识是对物质的反映,人的心理反映的是客观现实,是可知的。因此,心理事实是行为人的主观内容,它是客观存在于行为人心中的,不以外界评价为转移。尽管苏联解体后的社会性质已发生变化,但这种思想仍然存在于俄罗斯刑法学者的脑海中,影响仍然很大。

俄罗斯刑法学对罪责规范论的否定除了上述哲学基础和意识形态的原因外,还由于罪过与刑事责任的关系如何处理这一

---

[1] 薛瑞麟:《昨天·今天:俄罗斯刑法中的罪过学说》,中国政法大学出版社2013年版,第321页。

"地方特色"的难题难以解决。乌捷夫斯基将罪过理解为以国家名义对行为做出的否定评价,这一概念已与刑事责任的内涵几无差异。苏联刑法一直坚持罪责刑相衔接的刑法体系,刑事责任作为犯罪与刑罚之间的"桥梁",相当于对主客观相统一的犯罪构成进行整体的社会评价,然后得出刑罚裁量的结论。如果将罪过理解为国家对犯罪的否定性评价,那么它就不单是属于犯罪主观方面的内容了,而是几乎等同于刑事责任的概念,这就使得犯罪构成与刑事责任的关系无法处理。

从上述的梳理中我们可以看出,苏联和俄罗斯刑法学一般将故意置于罪过中,而罪过更强调其心理内容,广泛的含有评价内容的罪过概念并未成为主流。但是,将罪过理解为是国家社会评价的观点一直存在。也就是说,即便在平面的犯罪论体系中,事实与评价的区分也存在可能。如果不承认罪过应包含评价内容,那么作为犯罪与刑罚之间"桥梁"的刑事责任仍然要承担起否定性评价作用。这就意味着,要完成最终的归责目的,规范的评价是不可少的。

二、我国四要件犯罪构成下的故意地位

我国刑法通说深受苏联刑法理论影响,坚持四要件犯罪论体系,间接故意是犯罪主观方面的当然内容。四要件犯罪论体系由四个部分组合而成,平面结构,内容清晰。该体系具有主观与客观分离、形式与实质统一的特点,[1]对犯罪的判断是"一次性、整体性"完成的。传统的间接故意仅属于行为人的心理状态,是典型的主观内容。根据主客观相统一原则,间接故意的认识内容要与该罪的客观方面构成相对应,认识因素与意

---

[1] 黎宏:《刑法学》,法律出版社 2012 年版,第 2 页。

志因素都是针对客观方面的主观心态。

(一) 我国学者对故意定位的观点

我国刑法用犯罪的主观方面表示故意的上位概念。根据通说,犯罪的主观方面是指犯罪主体对自己的危害行为及其所造成的危害社会的结果所抱的心理态度。[1]犯罪主观方面是行为构成犯罪的心理方面的内容,具有心理属性,这是为了与犯罪的外在客观行为相对应。犯罪的主观方面既然包括故意、过失、目的、动机等内容,那么这些内容便同样都是心理概念,应当从心理的意义分析故意。

心理学的间接故意具有完整的生成过程,少不了认识、情感和意志因素。我国刑法中的间接故意理论吸收了心理学的研究成果,同时考虑到情感因素的不稳定性和其与意志因素的难分性,于是以认识到结果的发生和放任结果发生两重因素构建间接故意,其核心是针对危害后果的意志态度。整个间接故意理论具有明显的心理属性,属于犯罪构成中"犯罪的主观方面"这一要件。

故意理论相对定型以后,也有一些学者提出了不同主张,暗含了故意不仅是心理事实的建议。姜伟教授认为,犯罪的主观方面与罪过具有同一的含义,都是指刑法所否定的行为人实施行为时,对将造成的危害社会结果的心理态度。[2]这一概念将罪过与主观方面等同似乎不妥,但其重大意义在于,将心理态度建立在刑法否定的基础上,这已与规范责任论极为相似了。所不同的是,规范责任论兴起之后,构成要件的故意与责任故意出现分离,分属不同的阶层,而我国的主观方面是一个固定的要件,仍以心理态度为最终定位。

---

[1] 赵秉志主编:《当代刑法学》,中国政法大学出版社2009年版,第129页。
[2] 姜伟:《犯罪故意与犯罪过失》,群众出版社1992年版,第10页。

(二) 犯罪主观方面是否包括规范期待内容

1. 归责离不开规范内容

通过以上的分析我们可以看出，将故意定位于心理态度还是规范内容与采取何种犯罪论体系没有必然关系。即便在四要件犯罪构成体系中，也不妨碍要求故意具有规范色彩。

故意如何定位关系到最终的归责问题。故意属于心理内容还是规范内容，不仅是犯罪构造体系不同造成的，还跟其上位概念的定位有关。事实存在与责任归属是不同的过程，规范性、评价性内容无论如何都是要融入犯罪判断中的。无论如何确定故意的体系性地位，都不能影响故意作为心理要素与归责本身加以区隔这一理论架构。[1] 在阶层式犯罪论体系中，如果将故意的认识因素与意志因素分离，认识因素是心理事实，属于主观的构成要件要素（违法要素），意志因素由于表明行为人的反规范态度，则属于责任要素，最终故意的规范内容就会被违法性意识、动机所取代。与此不同，认识因素与意志因素仍然是构成要件故意内容的观点不会导致两种因素分离，它们作为完整的心理事实与构成要件的客观要素相对应，都属于构成要件的一个阶层，但是，要完成最终的归责目标，规范期待内容仍然不能缺少，只不过其变成了最后一个阶层判断的内容而已。也就是说，阶层式犯罪论体系的可分性与层次性决定了心理事实与规范内容可以分离，但无论如何，这两部分对于归责都必不可少。如果故意不包含规范内容，单独的违法性意识可能性、期待可能性这些规范性因素也必然存在，只不过它们分属于不同的阶层而已。与此类似，英美法系国家的犯罪论体系虽没有这么复杂，但通过"可谴责性"概念的规定和分析，各种心态类

---

[1] 陈兴良：《教义刑法学》（第3版），中国人民大学出版社2017年版，第455页。

型统统须具备这种刑法上的可非难性，才能成为"犯罪心态"的内容，这就意味着在该体系下，故意、轻率等都含有了规范属性。

心理学对故意概念的探讨着重通过描绘行为人的所思所想，分析个人行为背后的成因。将心理学的故意概念直接运用到刑法中，不能直接完成刑法的任务。许逎曼教授就曾指出，传统的心理学的故意概念有两个致命伤，其中一个是从目的论刑事政策的观点来看，一般的对未必故意和有认识过失的区分是否能决定并且合理说明法律效果上的硬性区别是值得怀疑的，而这种区别从可罚性的范围和刑罚的严厉性的观点来看都存在于故意犯与过失犯之间。[1]在这里，这个致命伤指的是间接故意和有认识过失的区分在心理学层面仅存在意志因素的不同，这种态度的"量差"却导致了二者构成犯罪的范围和处罚的严厉程度差异明显，心理学的描述不能说明这种差异的本质原因。刑法作为规范，必须被遵守；心理态度只有被刑法否定才有规范意义。要解决上述终极难题，没有规范内容就不可能得出合理结论，是规范造成了间接故意与过失的差别"质变"。

犯罪心态是规范内容与心理内容的统一，缺少任何一层含义，都不能构成犯罪心态。[2]间接故意的内容必须包含心理事实和规范评价两方面的内容。从事实描述到归责判断，这个过程是动态的、有层次的，事实内容与规范期待在此过程中也要达到最终统一状态。

2. 四要件的体系同样应具有规范层次

四要件的平面式犯罪论体系对犯罪的判断是整体性完成的。

---

〔1〕 [德]许逎曼："刑法上故意与罪责之客观化"，郑昆山、许玉秀译，载许玉秀、陈志辉编：《不移不惑献身法与正义——许逎曼教授刑事法论文选辑》，春风旭日论坛2006年版，第482页。

〔2〕 储槐植、江溯：《美国刑法》（第4版），北京大学出版社2012年版，第46页。

它不同于三阶层体系中的"构成要件该当性",不仅仅是对犯罪的"定型",而是包含了归责内容的系统。四要件清晰地呈现了犯罪构成各要素的主客观关系,为达到"犯罪构成是追究行为人刑事责任的唯一依据"的目标,形式与实质、事实与规范必须是统一的,不能在犯罪构成之外另行寻找其他的规范要素,进行所谓体系外的归责。既然如此,规范评价要素也必须被容纳到四个要件之中,而不是将事实简单拼凑后得出行为人有罪的结论。间接故意作为犯罪主观方面的内容,需要容纳心理事实以外的因素。

体系作为由若干有关事物或某些意识相互联系的系统而构成的一个有特定功能的有机整体,其本身就存在层次性。体系与层次往往存在一衣带水的关系,体系的内在属性就表现为层次,它是体系化的具体形式。我国的四要件犯罪构成理论是一个具有体系要素的知识整合体。[1]既然我国的四要件犯罪构成是在吸收苏联理论的基础上的经验总结,必然包含有人类共通的价值因素,这种犯罪论体系也应有其自身的层次性。

四要件的犯罪论体系表面上遵循平行布局形式,实际上同样可以具有层次。这种层次性首先表现在犯罪判断的先后逻辑顺序上,再表现为同一的犯罪构成要件包含有事实和规范二层次的内容。前者要求犯罪构成要件的排列应尽量符合实践认定规律,坚持从客观到主观的顺序;后者要求从本质上把握犯罪构成要件"主客观相统一"的内涵,坚持在对立的基础上认识统一,有层次地区分事实与规范内容,并找准其对应的主观因素。

四要件犯罪论体系的层次性要求面对客观和主观要件,先把其当作纯粹的可以被观察到的事实存在,然后再从法益的侵

---

[1] 孙道萃:"犯罪构成与正当化事由的体系契合:学说、视角、立场与路径",载赵秉志主编:《刑法论丛》(第29卷),法律出版社2012年版,第53页。

害和规范的违反角度分别判断其反价值性,将他行为可能性作为行为人反规范态度的主要表征。犯罪主观方面作为其中一个要件,它的名称可以坚持,关键问题是犯罪主观方面不仅包括行为人的心态,而且包含规范性、评价性要素。也就是说,除了传统的故意、过失和特定的目的、动机等内容外,犯罪的主观方面还包含选择合法行为可能性(期待可能性)的内容。

三、包含心理和规范双层次的间接故意之提倡

从上文可知,在平面式的犯罪构成中,主客观要素同时齐备,但如果它们只是存在式结构,那么就不能推出"当为"。只有体系要素之间呈现动态关系,以目的为导向,犯罪构成各部分的关系才能逐渐清晰。

间接故意的间接性、放任性决定了其意志因素并不明确、坚决,这种模糊、无所谓的态度与心理学上的意志存在差别,只有从规范角度解释,才能明确其范围。行为人在具有他行为可能性的情况下,却为实现自己的目的执意放任另外的危害后果发生,这种实施动机战胜反对动机的过程破坏了规范诱导和确证功能,值得谴责。

期待可能性内容反映出间接故意的责任归属本质。行为人认识到了危害结果发生的可能性,行为人却为了其他目的仍然放手去做,这时的行为人具有选择避免结果的相对自由,但行为人却宁愿选择导致非法结果,这就具有可谴责的期待可能性。可见,期待可能性内容反映了行为人心理动机冲突的本质,并体现在整个间接故意的生成过程中。在现有体系下,将期待可能性这一规范层次放在间接故意之中,而不作为另外并列的要素安排是合理的。

由此,本书主张,间接故意包含心理层次和规范层次两个

层次，第一个层次指认识因素、情感因素和意志因素三大心理因素，后一个层次主要指规范对其进行的非难评价，它的建立基础仍是间接故意的心理生成过程。这两大层次的关系是顺序前后，主体不同，共同属于犯罪主观方面的构成内容。另外，作为事后评价内容的规范因素，通过间接故意的心理事实就能显现出来，心理与规范内容是统一的。

本章小结

本章对间接故意的体系地位问题进行分析，总体来看，间接故意的地位问题包含两大部分内容：一是间接故意在故意中处于何种地位；二是故意在犯罪论体系中属于哪个要件、处于何种地位。

对于第一个问题，我国传统刑法用"明知故犯"表明故意的内涵，对结果放任的态度原本没有被专门归纳出来；大陆法系刑法中先有直接故意的概念，间接故意的出现较晚；英美法系刑法用"轻率"涵盖了目的和疏忽之间的中间形态。间接故意产生和发展的历史都表明，它不属于最原始的典型的故意类型，而是希望的故意这一形态的扩展和补充。除了直接故意与间接故意，有的国家另有"意图"这样的主观内容（如奥地利、韩国），[1]它比直接故意的程度还高，一般指具有特定主观目的的犯罪类型。但无论将故意分为几类，具体怎样划分，间接故

---

[1] 意图故意是指那种意志因素程度高的故意形态，但它却不考虑认识因素是确定性还是盖然性抑或可能性，认识程度无论高低，都可以与这种强烈的意图组合，成为意图故意。《奥地利刑法》第87条"意图重伤罪"、第108条"诈欺"等都要求意图故意。在韩国刑法中，"以……为目的""为了……"的用语一般均表明意图故意。[韩]金日秀、徐辅鹤，《韩国刑法总论》（第11版），郑军男译，武汉大学出版社2008年版，第182页。

意均属于低度的故意,在故意类型中属于最后一级。

　　间接故意之所以会出现,是由于针对危害结果的这种心态用疏忽大意的过失和直接故意认定都不合适。处罚间接故意是为了实现保护法益的目的,并且表现出不同主观不法、不同制裁的理性,区隔间接故意与有认识过失的处罚也是同样的道理。[1]因此,间接故意可以说是一种拟制的故意,这种拟制指的是它扩张了故意的范围,这种非典型的故意是被"发现"的。间接故意这种"后发现"的故意类型是程度较低的故意,也是故意的底线,为主观内容起到了分界作用。

　　关于第二个问题,本章重点分析了当今世界几种代表性的主要犯罪论体系,由于这些体系产生的哲学基础、历史背景等都存在差异,因而各种体系都有地方特色,关于这些体系各自的优劣分析,不属于本书关心的问题。针对故意来说,阶层式犯罪论体系、双层次犯罪论体系与四要件犯罪论体系对故意的定位有差别,这和体系各自的构成要素分布有关。对比来看,在三阶层犯罪论体系下,无论将间接故意定位于构成要件该当性还是责任,抑或二者兼有,最终其都要担负起责任归属与显示责任程度的作用。只从心理事实探讨间接故意的责任性,欠缺了价值蕴含,无法从刑事政策角度说明目前规定和分类的依据,从哲学基础看就有问题。在双层次犯罪论体系中,由于"可谴责性"这一上位概念的存在,各种犯罪心态也同样包含评价内容。在四要件的犯罪构成中,主客观相统一的四个要件呈现了"你中有我,我中有你"的样态,四个要件一旦判断结束,行为人是否承担责任以及责任程度大小的结论也会同时得出,如果犯罪主观方面不含有规范评价概念,则无法说明心态与刑

---

[1] 许玉秀:《主观与客观之间——主观理论与客观归责》,法律出版社2008年版,第117页。

法归责的联系，因此，该体系下的故意同样应该是心理事实与规范评价的统一体。另一方面，如果故意概念仅从规范层面理解，则存在更大的隐患。规范的依据依然是活灵活现的生活，抽离了心理事实的规范评价，会充满恣意性。正如有学者所述，规范虽然提供社会沟通准则，但是，若不问社会的沟通内容应该是什么，所谓规范的现实性不过就是规范的形式存在而已。[1]如果说规范评价是责任论的核心，那么心理事实就是责任的基础，没有了基础，概念也只能是一具"空壳"。因此，无论在上述哪种犯罪论体系下，片面强调间接故意的心理事实与规范评价的任一方面都是不合理的。作为故意成立底线的间接故意，是心理事实与规范评价的统一体。

---

[1] 许玉秀：《当代刑法思潮》，中国民主法制出版社2005年版，第25页。

第三章
间接故意的构造

上一章提到,间接故意是心理事实与规范评价的统一体。作为主观心态的间接故意,要坚持责任主义原则,体现其与客观构成要件要素的对应关系;而间接故意的规范评价内容主要通过其心理内容反映出的可非难性体现,并最终服务于归责。本章主要分析间接故意的心理构造和规范构造,由于心理与规范在犯罪认定中处于统一关系,在间接故意心理构造的分析中已可反映其规范的内容,因此,本章在间接故意的规范构造部分,只重点谈一下期待可能性这一内容,其他内容不再详述。

在心理学上,人的心理现象是以结构形式存在的。这种结构是行为人内在的心理因素经过一定原理组成的相对稳定的组合。俄罗斯心理学家列维托夫把人的心理现象分为心理过程、心理状态、个性心理三个方面。具体来说,心理过程包含认识过程、情感过程和意志过程三方面内容,它具有暂时性,与具体行为的发生过程紧密相连,是对客观行为的控制和反应。个性心理主要包括个性倾向性、自我意识和个性心理特征等内容,系统相对稳定,展示了行为人的个体特质,专属性较强。而心理状态是介于上述二者之间的状态,是上述二者的表现形式。

人的心理过程和个性是相互密切联系的。一方面,个性是通过心理过程形成的,如果没有对客观事物的认识,没有对客观事物产生的情绪和情感，没有对客观事物的积极发生的意志过程，个性是无法形成的。另一方面，已经形成的个性又会制约心理过程的进行，并在心理活动过程中得到表现，从而对心理过程产生重要影响，使之带有个人色彩。

刑法学中的间接故意是一类具体犯罪主观内容的概括，与犯罪行为过程相对应。间接故意属于上述心理现象中的心理过程，认识因素、情感因素和意志因素是其必不可少的内容。我国刑法理论上有关犯罪故意与犯罪过失的描述只涉及人的认识过程和意志过程，不能以此否定犯罪故意与犯罪过失是知、情、意三个心理过程的结合。[1]心理学研究为刑法学中归责的判断提供了技术支持，只有综合心理学知识与刑法学知识，才能找准间接故意的真正本质。

总体来说，间接故意的生成过程是动态、连续、交错的过程，下面，本章对其认识、情感和意志三大心理因素进行专门分析。

第一节　间接故意的心理构造之一：认识因素

人对客观世界的认识是进一步产生行动的基础。在心理学上，一般使用"意识"这一概念。意识是指人以感觉、知觉、记忆和思维等心理活动过程为基础的系统整体，是对自己身心状态与外界环境变化的觉知和认识。[2]人类认识世界从感觉开始，然后产生知觉。感觉是人脑对事物个别属性的认识，它提

---

〔1〕　袁彬：《刑法的心理学分析》，中国人民公安大学出版社2009年版，第121页。

〔2〕　叶奕乾、何存道、梁宁建主编：《普通心理学》（第4版），华东师范大学出版社2010年版，第37页。

供了内外环境的信息,是人的心理现象的基础;知觉是对事物整体性的认识,是对信息的进一步加工。[1]以盗窃他人的钱包行为为例,对钱包的外观、大小、位置、颜色和硬度等的认知属于感觉,而对钱包整体印象和钱包放在他人兜中的认识就属于知觉范畴,它们共同构成了行为人对犯罪对象、规范属性以及所反映的客体的认识。从感觉到知觉是认识事物的两个步骤,在现实中却是迅速完成的。

认识是人的头脑对客观世界的反映,属于主观层面的内容。认识的内容包括对行为人自身的认识和对周围环境的认识。认识因素在故意中是意志因素的基础,没有认识因素就不可能有接下来的意志行动,更不可能成立故意。《刑法》第 14 条的规定中,"明知自己的行为会发生危害社会的结果"就是对犯罪故意的认识因素的描述。关于间接故意的认识问题,既要体现出故意"认识"的共性,也要着重体现出与众不同的地方。对认识问题的考察,离不开对认识内容和认识程度的分析。

一、认识的内容

认识内容指间接故意犯罪中,行为人需要对哪些具体因素有所认识。间接故意与直接故意都属于故意,二者在认识因素上具有共通的认识内容,二者的差别主要体现在在此认识基础上产生不同的情绪,进行不同的动机斗争,最后做出不同意志程度的选择行为。因此,间接故意的认识内容也是整个犯罪故意应当具有的认识内容。

刑法中故意的认识内容分为事实性认识和法律性认识两大部分,当然,对于违法性认识是否必要,具体内容指什么还有

---

[1] 彭聃龄主编:《普通心理学》(修订版),北京师范大学出版社 2004 年版,第 78~79、129 页。

争议,但这些都不妨碍法律性认识在归责体系中的重要地位,这些都留待下文详细论述。

(一) 事实性认识内容

对于故意的事实性认识包含哪些内容,学界存在不同的看法。责任主义原则要求"行为与责任同在",也就是说,对行为人归责必须保证在行为时责任存在,而且其与行为相互对应。贝林就认为:"为了确定故意,行为人必须认识到属于法定构成要件的事实情节。即是说,必须考虑到一些重要的具体事实状况,即认识内容在法律上基本与构成要件要素相一致。"[1]山口厚教授认为,存在故意,必须要有认识、预见的犯罪事实,实质地说来,就是为行为的违法性奠定基础的事实。[2]在四要件犯罪论体系中,犯罪主观方面是对行为人主观心态和可非难性的描述,不能要求行为人认识。在其余三个要件中,犯罪客体和客观方面属于行为的外在表现,犯罪主体是应当负刑事责任的个人和单位,它们是否均属于间接故意的认识内容值得进一步探讨。

1. 犯罪客体

犯罪客体是指刑事法律所保护而为犯罪行为所侵害的社会关系。犯罪行为所直接针对的是犯罪对象,隐藏在其后的社会关系才是犯罪客体。生命健康权、社会管理秩序、国家职务行为的不可收买性、国家安全等都是犯罪客体。犯罪客体是对具体犯罪影响利益的抽象概括,是犯罪带来的本质社会危害性。因此,犯罪客体具有抽象性、类别性,并不呈现为具体的物理

---

[1] [德]恩施特·贝林:《构成要件理论》,王安异译,中国人民公安大学出版社2006年版,第104页。

[2] [日]山口厚:《刑法总论》(第3版),付立庆译,中国人民大学出版社2018年版,第198页。

状态。

有观点认为,危害结果的发生是判断犯罪性质的最主要内容,行为人如果认识到了危害结果,自然也就能认识到危害结果所表现的犯罪客体、性质等深层次内容。根据现行《刑法》第 14 条的规定,故意最主要的认识内容便是危害结果,行为人认识到危害结果,似乎自然就认识到了该结果所破坏的社会关系。问题是,对社会关系的准确认识需要专业知识,对每类犯罪客体的概括即便是法学专业学生也不能做到准确无误。刑法作为社会行为规范,为了对全社会起到引导、预测的作用,要求行为人准确认识到犯罪客体是不现实的。如果这样要求,真正能进入犯罪圈的个人会很少,从而会造成刑法适用不平等,刑法预想的作用也无法发挥。

由于四要件的犯罪论体系坚持形式与实质的统一,我国刑法中的间接故意概念又采用实质性的规定,因而,行为人的认识内容应当与所有客观面内容相对应。在不要求认识到准确犯罪客体的情况下,对犯罪客体的概括性认识是构成该类犯罪的应有之义。至于对其具体违法的认识要求,则是以下违法性认识部分讨论的内容。

犯罪客体的外在表现是行为对象,它是指犯罪行为所指向的具体的人或者物。故意杀人罪的对象是人,而不是动物、植物或者尸体;盗窃罪的对象是他人的财物,而不是无主物或者自己的钱财,这些都是对犯罪对象的具体描述。行为对象是客观存在,既属于客观方面包含的内容,同时又反映了犯罪客体的内涵。在存在犯罪对象的案件中,行为人需对行为对象的属性、状态等有正确认识。行为人完全缺乏对行为对象的认识的,不能成立间接故意。

在间接故意犯罪中,行为人为了实施一定的目的行为,伴随发生犯罪结果,并对此不管不顾,任其发生。在这种情况下,行为人对其行为的侵害对象有认识,对具体的损害范围有概括性认知。也就是说,具有间接故意心态的行为人对其行为的社会意义是有认识的,这种认识就是对刑法所禁止损害的社会关系的实体认知。因此,从行为人角度出发,不能要求犯罪行为实施人认识到其所侵犯的具体社会关系内容。行为人通过对犯罪对象、行为的性质和影响的认识,间接认识到了犯罪客体的实际内容,这就足够了。

2. 犯罪客观方面

犯罪客观方面包括危害行为、危害结果、因果关系,部分犯罪的客观方面还包括特定的时间、地点、方式等内容。在每类犯罪中,主客观要素具有动态统一对应的关系。但概括来看,不是每类犯罪都要求行为人认识到上述所有客观要件要素。

(1) 危害行为与危害结果。在大陆法系国家,构成要件具有故意的规制机能,作为故意的认识内容的行为与结果要以该类犯罪的具体构成为限,非属于构成要件的结果不属于故意的认识内容。

因此,构成要件的行为是故意必须认识的内容。日本学者一般认为,"故意的成立,要求行为者对符合构成要件的客观事实必须有认识"。[1]结果由行为产生,行为由故意心态控制,行为作为故意的具体表现,与故意始终同在。行为人只有在认识到自己在做什么,做的这件事是好是坏时,才能进一步产生情感体验,并决定行动方向。同时,结合我国刑法采用的实质的故意概念,对行为的认识具体指对该行为的内容和性质的认识。

行为结果是否是所有间接故意犯罪必须认识的内容这一问

---

[1] [日] 木村龟二主编:《刑法学词典》,顾肖荣、郑树周译,上海翻译出版公司1991年版,第241页。

题尚存在争议。我国立法中明确规定故意犯罪指"明知会发生危害社会的结果",因此,我国很多学者认为,结果一定属于故意的必要认识内容,并进而认为,"犯罪故意的认识内容中最根本的内容是对行为的危害后果的认识,行为人对其行为的性质等客观情况的认识,都是由对危害结果有认识这一点中派生出来的"。[1]

在故意犯罪中,对危害结果是否需要认识,关键看对"结果"怎样理解。我国刑法对不同类型的犯罪设定了不同的犯罪构成,以犯罪既遂形态划分,结果犯和行为犯、危险犯、举动犯相对应。结果犯是指以法定的犯罪结果的发生作为犯罪既遂标志的犯罪;而行为犯是指"只要实施了刑法分则规定的某种基本构成要件行为就为既遂,而无需发生特定的犯罪结果或有该犯罪结果发生的法定危险的犯罪类型"。[2]在这里,"结果"应作广义理解,除了有形的、物理性的损害结果外,对法益侵害的危险也属于结果,于是,(具体)危险犯也被包含进了结果犯的范畴中。

在这种广义的结果犯中,结果属于法定的构成要件要素,是犯罪客观方面的内容,需要行为人认识。如在间接故意杀人案件中,他人死亡的后果属于行为人认识的内容;在破坏交通工具罪中,足以使火车、汽车、电车、船只、航空器发生倾覆、毁坏的危险是行为人认识的内容。

但一些犯罪在既遂时是没有特定的结果的(如行为犯)。此时,对该类犯罪的"危害后果"又该如何认知呢?

故意认识的客观事实应完全视构成要件的内容而定,行为

---

[1] 马克昌主编:《犯罪通论》(根据1997年刑法修订),武汉大学出版社1999年版,第330页。

[2] 史卫忠:"论我国刑法中行为犯的概念",载《法学家》2000年第3期。

人对构成要件以外的事实是否认识，不影响故意的成立。行为犯的构成要件中，不包含具体结果的内容，也就是说，不需要行为人认识。行为犯造成的广义后果蕴含多种结果的可能性，而这些都不属于本罪评价的对象。将罪名要求以外的内容作为行为人的认识对象加以证明，不仅会徒增证明的困难和工作负担，而且也违背罪刑法定原则。我国有学者认为，既然故意的认识内容定位于危害结果，没有区分结果犯和行为犯的不同情况，实际上就是要求一切故意犯罪都需要对危害结果有认识，行为犯也不例外。这种观点是不合适的。至于在行为犯中不要求对结果的认识是否与《刑法》第14条规定的要求，即故意犯罪"明知会造成危害社会的结果"不符的问题，应全面看待。行为犯的犯罪构成中，其行为本身就蕴含着对法益的侵害，已彰显了危害社会的性质，可对该条文做广义理解，这时，矛盾就不再存在。

行为犯不同于举动犯，[1]在举动犯中，行为人一经着手实施犯罪，犯罪构成要件就已齐备，达到既遂。举动犯不包含结果，它的犯罪主观方面不能包含间接故意，关于这一点下文会予以讨论。

立法中"危害社会的结果"一词表明了行为后果的法律性质，行为人须对此有认识。对这种行为结果的认识不要求很具体，只需要认识到后果的总体内容和性质即可。也就是说，行为人认识到自己开枪射击的行为会导致他人死亡即可，不需要认识到具体的被害人是哪个、何时会让他人死亡。

综上，对刑法条文不能进行教条解释，在所有故意犯罪中，行为人需对自己的行为内容和属性有认识，而对于结果，行为

---

[1] 叶高峰主编：《故意犯罪过程中的犯罪形态论》，河南大学出版社1989年版，第34页。

犯不要求其有认识。

（2）因果关系。在日本，因果关系是否需要故意犯认识，有以下几种学说：第一种认为，不仅对于行为和结果，连从行为到结果之间的因果进程（因果关系）也必须要有认识，这被称为必要说（通说）；第二种认为，对因果关系不需要有认识，这是不要说；第三种认为，对于故意来说，必须对因果关系有认识，但对因果关系的认识错误不影响故意的成立，这是折中说的观点。[1]前两种观点是要与不要认识的对立，最后一种观点从反面也就是错误的角度进行了评析，是一种不彻底的因果关系必要说。大谷实教授坚持因果关系认识不要说，反对通说的观点。他认为，犯罪论体系以实行行为为中心，通过实行行为的判断可以解决部分因果关系认识错误的问题，从根本上说，未包含因果关系认识的故意不影响对行为人最终的归责。而大塚仁教授则主张认识因果关系的主要部分。他认为应该是预见自己的实行行为与构成要件性结果的发生之间存在相当因果关系，不需要预见因果关系的细节。[2]这种观点得到了较多支持。

在我国，同样有类似争论。肯定说认为，因果关系属于明知的内容。大多数学者并不主张行为人要认识到因果关系的完整进程和详细内容，而是认为行为人对因果关系的认识核心表现在其行为指向的目标会发生某种特定的客观变化，不宜要求行为人详细认识因果关系发展的具体过程和全部情况。[3]至于理由，有学者认为，行为人只有主观上认识了因果关系，才可

---

[1] [日]大谷实：《刑法总论》（新版第2版），黎宏译，中国人民大学出版社2008年版，第152~153页。

[2] [日]大塚仁：《刑法概说（总论）》，冯军译，中国人民大学出版社2003年版，第180页。

[3] 陈兴良：《刑法适用总论》（上卷），中国人民大学出版社2006年版，第133页。

能有意识地支配自己实施某种造成危害结果的行为。[1]否定说认为，明知的内容不包括因果关系的内容。一些论著对此问题虽没有明说，但他们在列举故意的事实性认识内容时，都没有把因果关系包含进去。张明楷教授在其第4版《刑法学》中认为由于故意的成立要求行为人对行为的内容与社会意义以及危害结果的认识，故行为人对自己的行为与危害结果之间的因果关系的认识不是故意的独立认识内容。[2]黎宏教授从因果关系错误的角度论证，实际上支持否定说。他认为，肯定因果关系是故意认识对象的见解，在属于事实错误的因果关系错误是否排除犯罪故意的认识问题上，存在着模棱两可、互相矛盾的认识。[3]因此，他主张直接按照《刑法》第14条的规定确定故意的认识内容，不需要添加其他内容。

笔者认为，因果关系属于故意犯罪的认识内容，但对因果关系的认识不需要达到准确、清晰的程度。作为完整的客观事实内容，因果关系必不可少。但现实中的因果关系发展受到环境、社会等各方面情况的制约，极易发生因果关系偏离的情况。黎宏教授从错误论这一故意论的反面进行论证，其思路具有很大的启发性。

间接故意的因果关系具有不确定性。[4]行为人在犯罪时对主行为一味追求，对伴随而来的损害结果不管不顾或纵容发生，行为是否导致结果发生以及经过怎样的过程发生他本人并不确定。突发性犯罪中的间接故意更是如此，比如，在持械斗殴过

---

[1] 黄荣坚："故意的定义与定位"，载黄荣坚：《刑罚的极限》，元照图书出版公司1999年版，第372页。
[2] 张明楷：《刑法学》（第4版），法律出版社2011年版，第238页。
[3] 黎宏：《刑法总论问题思考》，中国人民大学出版社2007年版，第47页。
[4] 李兰英：《间接故意研究》，武汉大学出版社2006年版，第46页。

程中，参与人突然用刀猛扎对方参与者，然后扬长而去，致对方伤势严重而死亡的，行为人往往对死亡结果持间接故意态度。为了追求斗殴中的"血性"，自己要千方百计地逞能，狠狠教训对方，至于究竟使对方受伤还是死亡则在所不问，因为他在行为当时已不考虑后果。这种情况下，行为人对自己行为能导致何种具体结果，怎样导致的结果已不关心，其对因果关系的具体流程并没有明显的确认，但这并非表明行为人完全不需要对因果关系有认识。因为这种不计后果已概括包含行为人用刀扎人并导致他人损害的各种情况，在伤害和杀人的构成要件范围内，行为人对自己行为能够造成他人损害有认识，正是这种认识控制了因果进程。因此，因果关系属于行为与结果间的关系范畴，包含在客观方面当中，只有行为人认识到因果关系的基本部分，才能构成故意。

从反面看，因果关系认识错误有时不阻却故意的观点并不能说明故意中完全不需要因果关系的认识。而且，理论中经常论及的因果关系错误案例多属直接故意情况，与间接故意的实际不相符。在间接故意犯罪中，行为人对行为会伴随产生其他危害结果的因果进程有认识即可，这种认识已表现出反社会态度。因此，间接故意的认识内容包含因果关系的基本部分，行为人不需要认识到因果关系的每个准确流程。

（3）特定犯罪行为的伴随情况。特定犯罪的客观方面不仅包括行为、结果和其间的因果关系，还包括刑法分则所专门规定的，针对个罪的特殊的客观构成要件要素。犯罪的时间、地点、方法等内容就是这样，它们不属于所有间接故意犯罪的认识内容，在一些犯罪中，如果上述内容构成了该罪的客观要件要素，则需要行为人有认识。如现行《刑法》第341条第2款对非法狩猎罪的客观方面的规定是"违反狩猎法规，在禁猎区、禁猎期或者使用禁用的工具、方法进行狩猎，破坏野生动物资源，情节严重的"行为，这明确了本罪的归罪前提，对行为的地点、时间、方法等有特殊的要求。在这种情况下，行为人若对上述内容没有认识，就意味着对该罪的客观构成要件要素认识不齐备，自然不构成犯罪。因此，行为的特定地点、时间、方法等要素也是一些犯罪的认识内容，他们能否属于间接故意的要素，要根据各类犯罪的客观要件要素内容而定。

3. 犯罪主体

传统认知一般将"犯罪主体"作为主观内容看待。犯罪主体的要素一般包括行为人的年龄、精神状态、身份、职务等内容，它们共同反映了行为人是否具有完备的刑事责任能力，是否能够成为某些犯罪的特殊主体。犯罪构成要件的名称虽然有一个"主"字，但这并不能说明该要件包含的内容就是主观内容。

主观，是人的一种意识、精神，与"客观"相对，所谓"主观"，就是观察者为"主"，参与到被观察事物当中。对犯罪构成来说，行为人自身的所思、所想这些内在的东西是"主观"的，能被外界明确认识、不以他人的意志为转移的内容就是客观的。

犯罪主体明显具有两种属性：一是自然属性，这是由犯罪必须有"人"这个主体要求而产生的；二是规范属性，这是由承担刑事责任的人必须具有刑法所规定的条件所产生的。[1] 犯罪主体的地位经历了发展变化。在古典行为论下，犯罪主体中的刑事责任能力是行为人产生主观心态故意、过失的前提，主体与行为人个人状况密切相关，因此，主体属于"主观因素"

---

[1] 王世洲：《现代刑法学（总论）》（第2版），北京大学出版社2018年版，第163页。

的范畴；根据目的行为论，构成要件是主客观统一体，主体仍属于"罪责"部分，但"罪责"不再是主观心态的归宿，而是对行为人是否具有非难可能性的评价。犯罪主体中所包含的刑事责任年龄及单位承担刑事责任能力的条件都是客观存在的，不能被任意改变，是确实的物质条件，能通过现有技术和证据材料查明。与犯罪的客观方面一样，上述内容同样表露于外，应属于"客观"的内容。就特殊主体来说，行为人的身份、职业一旦被确定，在行为时也不能被更改，它只是能否实施特定犯罪行为的"资格"。因此，特殊主体的内容其实应当与构成要件要素中的其他客观内容一起作为犯罪客观方面的内容。

由此可见，既然犯罪主体的内容大多属于客观的内容，要求行为人在主观上认识到这些内容是理所当然的。如果行为人根本就没有认识到自己是已满16周岁的人，他的辨识控制能力呈现明显减弱趋势，他自然也不会对自己的行为意义有所认识，这种情况下要追究行为人的刑事责任也没有必要。

特殊主体是指具有特定身份的具有刑事责任能力的自然人，由特殊主体才能构成的犯罪在刑法分则中会有明确规定。特殊主体之"特"主要体现在行为人在犯罪前就已具有的身份、资格以及特定状态。

特殊主体在刑法典中的设定主要是因为某些犯罪只有具备某种职务、地位才能构成，行为人具备这样的身份就构成该种犯罪。作为呈现于外的主体属性，特殊身份为裁判者提供了是否构罪、区分此罪与彼罪的基础。身份的有无直接影响到行为的社会危害性有无及大小，属于客观的构成要件。正如有学者所述，传统学说中的犯罪主体的内容应被拆分为行为主体和责任能力两方面的内容。其中，和行为主体有关的内容，特别是行为人的身份,应被归入客观的犯罪构成要件内容。[1]根据各要件的实际属性归类划分故意的认识内容,符合认识论的原理。由此,对特殊主体的内容,行为人应当认识到。

4. 规范的构成要件要素

规范的构成要件要素是需要根据法律法规、经验法则或者一般人的价值观念做出判断的要素,行为人的价值观不同于法律法规的价值取向或者不同于一般人时,就可能得出不同结论。[2]如"文书""淫秽物品""他人的"等,这些构成要素只有通过精神理解才能把握。法律的适用具有平等性,在犯罪的认定中,不能因为个人的思想差异而适用不同的处理方法,因此,明确标准非常重要。

"只要构成要件中包含的是法学概念,则应当归因于概念所涉及的生活中的具体名词,以及归因于立法者与之有关的社会、文化评价。"[3]既然规范的构成要件要素包含了立法者的价值判断内容,有学者认为,其实际上属于违法性认识部分。因为,"这种规范的概念重点在于评价而不在于认知,因此对于需要评价的事实的认识,应当属于违法性认识"。[4]诚然,规范的构成要件要素通过对行为事实内容的描述反映出行为的性质,进而表明行为的实质违法性,因此,它与违法性认识密切相关。所不同的是,规范的构成要件要素仍属于对事实内容和意义的概括,可以根据一般人的观念做出判断,并不直接对应于对行为性质是否违法的评价。因此,本书仍将其列为事实性认识内容部分。

---

[1] 黎宏:《刑法学总论》(第2版),法律出版社2016年版,第66页。
[2] 张明楷:《刑法学》(第5版),法律出版社2016年版,第259页。
[3] [德]李斯特:《德国刑法教科书》,徐久生译,法律出版社2000年版,第286页。
[4] 冯军:《刑事责任论》,法律出版社1996年版,第153~154页。

日本部分判例要求行为人对规范性构成要件要素的认识。某人误解了县相应机关所制定的规则，误认为凡脖子上并未挂上证牌的狗，即便是他人所饲养的狗也属于无主狗而予以捕杀。对此，日本最高裁判所判定行为人对"他人性"并无认识，因而并不存在损坏器物的故意。[1]我国学者一般将规范的构成要件要素作为整体客观构成要件的一部分，不单独论述其是否需要认识。也就是说，与其他记述的构成要件要素一样，规范的构成要件要素在我国是需要认识的。但问题是，对于一些专有名词，如"淫秽""猥亵性"的认识，由于不同群体的认识存在差异，具体应认识到什么便存在争议。

规范的构成要件要素属于构成要件的事实客观面的内容，需要行为人的认识。一般来说，行为人认识到事实本身，就能认识到行为的事实属性。在特殊情况下，规范的构成要件要素需要专门认识，这时只要具有一般人能够了解的意义或性质的认识就足够了。[2]对规范的构成要件要素，行为人不需要有准确的认识，即不需要对其定义、范围有具体认识，否则便只有法律专业人士才能构成故意犯罪了。

具体来说，行为人是否具有认识，应以其所属的外行人领域的平行评价为依据。其所属领域的人认识到行为的社会意义暨该意义所指示的与犯罪性相关的意义即可，那么行为人作为社会中特定领域的一般人，就应当也有所认识。在贩卖淫秽物品罪中，行为人只要认识到其所贩卖的是不好的、黄色的内容即可，不需要对"淫秽"一词有明确的认识和定性。行为人同行业的人使用"片儿"来形容这种淫秽物品，行为人只要认识

---

〔1〕 日本最判昭和 26·8·17 刑集 5 卷 9 号第 1789 页 [213]。
〔2〕 [日] 大谷实：《刑法总论》（新版第 2 版），黎宏译，中国人民大学出版社 2008 年版，第 152 页。

到自己卖的是"片儿",就构成故意。

(二) 法律性认识内容

1. 大陆法系刑法中关于违法性认识要与不要的争论

关于间接故意是否应包含违法性认识的问题,理论界争议颇多,更为复杂。大陆法系国家主要通过制定法对此予以明确规定。一般来说,立法不要求行为人认识到其行为的具体违法性。在三阶层犯罪论体系中,违法性认识的地位经历了从无到有的过程。

违法性认识不要说认为,故意只具有事实性认识即可,不必要包含违法性认识及其可能性。该观点也是日本刑法判例的主流见解。该观点的主要理由是:对法的认识是公民的义务,法律一旦制定颁布,就应当得到遵守,公民不应当以自己不知道法律内容而实施犯罪行为,并规避法律适用。此外,"不允许不知法"是古罗马时期就有的谚语,在世界各国基本已成通例。如果认为故意的内容包含违法性认识,则会造成处罚范围的缩小,刑法的规制社会机能减弱。

违法性认识必要说认为:"故意责任的本质在于,行为人意识到了自己的行为是法律上所不许可的,但是并没有因此而形成反对动机,决意实施行为的直接的反规范的意思或人格态度,所以,为成立故意或故意责任,就必须具有违法性意识。"[1] 该观点坚持故意是事实与规范的统一体,认为违法性意识是反映行为人规范态度的重要内容,缺少了该部分内容的故意是不完整的,无法起到归责的作用。

违法性认识可能性说则认为,要成立故意,至少需要存在违法性认识的可能性,与前面的学说相比,它已不要求行为人

---

[1] [日] 大塚仁:《刑法概说(总论)》(第3版),有斐阁1995年版,第444页。

具有确定的违法性认识了,因而属于更宽松的学说。所谓违法性认识的可能性是指,行为人在实施符合构成要件的违法行为时,能够认识到自己的行为是违法的。[1]该说又有限制故意说与责任说的区分。"限制故意说认为,违法性认识的可能性是故意的要素,缺乏违法性认识可能性的违法性的错误阻却故意。责任说认为,故意是对犯罪事实的认识,违法性意识的可能性是独立于故意之外的责任要素,在缺乏违法性意识可能性、存在所谓违法性的错误时,仍然成立故意,但阻却责任。"[2]可见,该说既反对上述不要说,认为违法性认识可能性应当属于构成犯罪的必备要素,又不是一味地肯定必要说,因为要求行为人完全认识到行为的违法性难免强人所难,会造成实质上的不公。违法性意识的可能性,不要求行为人在每个案件中都认识到行为的违法性,但这种认识可能性必须存在,否则便会与责任主义原则不符。该说的两种具体区分依据在于违法性认识可能性的体系地位,如果其不是故意的要素,那么当然不需要在故意中探讨此内容。

　　上述观点均受到了一定程度的批判。违法性认识不要说的主要问题是,先入为主地认为法律一经颁布,全体国民都应当了解的观点显然不符合实际。对于法律颁布频繁、内容广泛、国土面积广大的国家来说,要求全体国民都及时知道法律规定是一种强人所难的做法,即便是法律专业人员也难以第一时间理解法律的全部内容。传统的法律格言是对国民知法的拟制,不完全符合现实社会的发展状况。如果行为人确实没有认识到法律的内容,且其没有认识可能性,对其归责便会违背责任主

---

[1] 张明楷:《刑法学》(第5版),法律出版社2016年版,第317页。
[2] 冯军:"刑事归责的基础和要素",载赵秉志主编:《刑法基础理论探索》,法律出版社2002年版,第574页。

义原则,造成刑法的恣意性。此外,该说不区分不知法的原因,违反规范的责任原理,导致一些过失行为被当作故意处理。违法性认识必要说的主要批判理由是,将违法性认识作为故意的必备要素,当行为人由于过失欠缺违法性认识时,故意被阻却,同时如果刑法典没有处罚过失犯的规定时,该行为就不可罚了,这就导致处罚内容被遗漏,无法体现刑事政策的要求。另外,要求故意中必须包含违法性认识的观点实际上限缩了故意的成立范围,造成证明的困难;在确信犯等领域,违法性认识必要说也难以做出合理解释。违法性认识的可能性说看似是上述两说的中间状态,但实际上却涉及违法性认识的体系地位问题。认识可能性说将违法性认识定位于责任阻却事由,无法说清行为人究竟对行为违法性有没有认识,在判断时不是依据行为人的自身情况而定,而是根据规范的期待进行。

针对违法性认识究竟是故意的要素还是责任要素,不同学者给出了不同观点。传统观点认为,违法性意识是故意的必备要素,而且这种意识必须是现实存在的。缓和的观点认为,虽然故意的成立以违法性意识为必要,但当行为人因为过失而欠缺违法性意识时,可以与故意犯作出同样的处罚,这被称为违法性过失准故意说或修正说。后种观点混淆了故意与过失的界限,削弱了二者的区分意义却又将它们同等处罚,违反了刑法原理,受到了较多批判。

在立法中,关于违法性认识是否影响故意成立的各国规定千差万别。《法国刑法》第122-3条规定:"证明自己是由于不可避免的法律认识错误而认为可以合法完成其行为的人,不负刑事责任。"这属于有限制承认违法性认识必要说的观点。《意大利刑法》第5条坚持不知法律不免责的原则。该条规定:"不得因不知法律而免除刑事责任。"更多国家则将二者折中,规定欠缺法律认识不免责，但在一定情况下免责，一定情况下减轻处罚。如《德国刑法》第 17 条规定："行为人与行为之际，欠缺为违法行为之认识，且此认识错误系不可避免者，其行为无责任。如系可避免者，得依第 49 条第 1 项减轻其刑。"

2. 英美法系刑法中关于违法性认识地位的争论

普通法国家的立法机关在具体的犯罪定义中经常会有意无意地不予提及犯意要素。即使明确规定了具体的犯意要素，也往往会对违法性认识是否包含于犯意之内不置可否。这就为法院的积极介入提供了机会。[1] 英美法国家不仅设立了大量的严格责任犯罪，而且在实际归责过程中，经常不进行专门的犯意判断，而是促进刑法的规制与行为人的公正间的平衡。

《美国模范刑法典》第 2.02（9）条规定，对行为的违法性认识不应被解读为犯罪成立要素，除非有明示的规定。但从各州的实践来看，一些判决已要求行为人具有违法性认识。也就是说，在美国，传统上仍然坚持不知法律不免责的原则，但承认一些例外。这些例外主要被限定在基于相当理由完全不知法律存在的场合，以及信赖有关权威机关的意见的场合。不知法律也仅限于不知行政刑罚法规。而且，能否成为抗辩事由，还取决于法院具体的、实质的认定。[2] 与此不同，英国仍然严格遵守不知法律不免责的传统，实务也是如此，例外较少。

英美法系国家之所以基本不考虑故意中的违法性认识问题，与其归责传统有关。因为法律一经制定，就需要得到遵守，为了贯彻公共政策，保障公共利益，就应当要求行为人懂法、守法。且英美法系国家责任的归属具有广泛的抗辩事由，不承认

---

[1] 劳东燕：《刑法基础的理论展开》，北京大学出版社 2008 年版，第 82 页。
[2] ［日］木村光江：《主观的犯罪要素的研究》，东京大学出版会 1992 年版，第 82 页，转引自张明楷：《刑法学》（第 5 版），法律出版社 2016 年版，第 319 页。

违法性认识的地位不会从实质上剥夺辩方的权利。值得注意的是，美国关于不知法不免责的传统已有更多例外，该原则已有所松动。

3. 我国刑法中的法律性认识内容

（1）法律性认识要与不要。我国的通说坚持，通常情况下不要求行为人具有法律性的认识内容。该观点认为："认识行为的违法性一般说来并不是犯罪故意的内容……但是在这个问题上，也不能绝对化，不能排除个别例外的情况。如果原来并非法律所禁止的行为，一旦用特别法规定为犯罪，在这个法律实施的初期，行为人不知还有这种法律，从而没有认识自己行为的违法性，是可能发生的。这种情况下就不应认为行为人具有犯罪故意。"[1] 通说的基本立足点是"不知法不免责"。在我国这样一个地域广阔、人口众多的国家，要求所有人都认识到法律的规定是不现实的，但是，例外情况同样存在，不能绝对化否定违法性认识。也就是说，对于实定法上的违法性，一般不属于犯罪故意的认识内容，只有在法令变迁、社会危害性变化等极特殊情况下，违法性认识内容才属于故意。

我国台湾地区也有学者持此观点。其理由是："刑法规范是客观存在的，是超越实际上不理解、不能理解或不想理解规范的人而客观存在的，无论人是否理解规范、是否不想理解规范，或者是否不能理解规范，刑法都依然客观存在，因此，违反刑法规范也应该从客观上加以认定。"[2] 可是，违法行为的认定自然是裁判者的事后价值评价，在适用上是平等的。但归责确是针对个人的，"罪责自负"原则的现代内涵要求根据行为人对犯

---

[1] 高铭暄主编：《中国刑法学》，中国人民大学出版社1989年版，第127页。
[2] 陈子平：《刑法总论》（2008年增修版），中国人民大学出版社2009年版，第163页。

罪的实际态度来进行合理非难。同时,作为行为规范的刑法,只有起到规范指引作用,增强行为的预测可能性,才能更好地预防犯罪。因此,违法性认识完全不具备的归责无法实现刑罚的目的,也违背了现代责任主义的精神。

对于法律性认识内容,笔者认为,无论如何,对行为人来说,都是必要的。上述通说观点并没有完全否认违法性认识的作用,大陆法系国家存在的争论也主要围绕着违法性认识内容属于故意还是属于专门的责任要素展开,完全不考虑法律性认识内容对行为人进行的归责是没有正当性的。立足于我国通说的四要件犯罪构成,故意的内容是实质性的,认识到自己的行为会发生"危害社会的结果"的规定表明行为人须对行为的法律性质有所认识。为了事实与规范的整体性判断,事实性内容应与行为人的主观认知相对应,而法律性内容应与行为人的整体态度相对应。如果犯罪的主观方面不包含法律性认识内容,那么行为人的主观可非难性就难以体现。当然,法律性认识内容作为行为人的认识对象抽象地存在,在认定中并不需专门考虑,只在例外情况下才否定行为人具有法律性认识的可能性。

(2)社会危害性认识还是违法性认识。根据我国刑法学通说,犯罪的本质是严重的社会危害性。社会危害性是从社会角度对行为的客观危害与主观恶性的综合评价,在程度上具有量差。严重的社会危害性概念是对各类犯罪造成损害的抽象概括,体现了犯罪行为与一般违法行为的差别。社会危害性与一般意义上的违法性具有不同含义,后者指违反实定法规范内容本身,有具体性,不能脱离规范规定本身。社会危害性认识与违法性认识的区分构成了我国违法性认识的特色。

要求行为人同时具备社会危害性认识和违法性认识的做法超越了一般人的认识能力,使得犯罪成立标准提高,不利于对犯罪行为的规制，是不可取的。既然如此，故意的认识因素到底应含有社会危害性认识还是违法性认识则是需要进一步讨论的问题。

　　回顾历史，苏联学者认为，认识到行为的社会危害性是构成故意的条件之一，但认为认识违法性对认定行为是否故意并无意义，理由是法律并没有把认识违法性包括在故意的定义之中。[1]现行《俄罗斯联邦刑法典》第25条第3款规定了间接故意，其第一个认识因素便是行为人意识到自己行为（包括作为和不作为）的社会危害性。这种认识属于犯罪故意共通的认识因素的内容，而且被直接规定在立法中。对于社会危害性认识的观点，在我国也较受支持。这是因为，《刑法》第14条要求行为人明知自己的行为会发生危害社会的结果，这里的规定显示出行为的性质是"危害社会的"，将社会危害性认识作为故意的法律性认识因素符合立法规定。社会危害性认识是对违法性认识的本质概括，违反刑事法律规定的实质反映的是背后的对社会利益的侵犯。相较于违法性认识，社会危害性认识具有抽象性，更易被社会大众感知到，故不会超出一般人的认识范围。社会危害性全面反映了行为的客观危害后果，内容科学，要求故意中包含社会危害性认识，符合我国当前国民法律素质实际。

　　与此不同，少数观点认为，社会危害性认识不是犯罪故意的认识内容，犯罪故意的认识内容只能是违法性认识。理由主要是：①刑法没有规定不能成为否定违法性认识的借口。②刑法生效之后，并不是每个公民都知道刑法的内容，其有一个认识、熟知的过程，否则就不会有普法教育了。③违法性认识不会成为犯罪人逃避惩罚的借口。"不知法"的诡辩仅仅是犯罪人

---

[1] [苏]H. A. 别利亚耶夫等主编：《苏维埃刑法总论》，马改秀、张广贤译，群众出版社1987年版，第148~149页。

的口供,口供不是定案的唯一依据,在有其他证据证明犯罪人的"不知法"口供不成立时,依然可以成立犯罪人有罪。④违法性认识不会造成司法繁琐的不便,而且还会鼓励人们知法、守法。⑤"法盲多于文盲"的论断不符合事实。文盲未必都是法盲,法盲未必一定是文盲。⑥违法性认识说遵循了罪刑法定原则,有助于立法的完善和司法的公正,是司法实践的需要。[1]

少数说的理由充分,几乎条条都针对上述社会危害性认识的观点,进行了较有力的反驳。问题是,对故意构造的分析要立足于最终的归责,故意的法律性认识内容包含哪些直接影响到构成故意犯罪的行为人的范围,如果对认识内容要求过高显然限缩了处罚范围,不利于法益保护。就少数观点的理由看,除第1条和第6条立足于对刑法规范的分析外,其他几条理由都来源于对我国社会和公民意识发展状况的认识。诚然,要求行为人具有违法性认识固然可以鼓励人们学法,但是,刑法的目的是坚守最后一道防线,归责的目的不是提高全社会的道德水准。对公民来说,权利保障优于社会防卫,法律体系的完善和变动不能要求所有公民立马做出反应,否则生活就会陷入恐慌之中。社会需要普法,但总是需要一个逐渐认识的过程,违法性认识一旦超越社会危害性认识成为故意的认识内容,表面上看是为了严密法网、加大打击,实际上却会放过更多的确没有确切违法性认识的行为人,与其目的相悖。

关于故意的法律性认识因素,究竟是指社会危害性认识还是违法性认识?对此,还要明确这里的违法性认识究竟是什么?有观点认为,违法性认识就是"违反前法律规范认识说",即违反先于法律规范而存在的规范的意识。那么,具有违反伦理道

---

[1] 马松建、史卫忠主编:《刑法理论与司法认定问题研究》,中国检察出版社2001年版,第174页。

德的意识的话,就可以说行为人具有违法性认识。[1]另有观点认为,违法性认识指的是认识到违反任何法律规定的认识,只要该行为被法律所禁止,行为人能够认识到这一点,就具有违法性认识,至于该法律的属性在所不问。还有观点认为,违法性认识一定是指对行为违反刑法的认识,即认识到自己的行为可能违反刑法规范。还有观点进一步认为,刑事违法性认识要求行为人认识到自己的行为达到刑事可罚性程度。

上述第一种观点虽然名为"违法性认识",但由于其根据是伦理道德意识,实际上已经偏离了刑法规范本身,与规范的内容并无直接关联。在很多情况下,违反伦理道德也会同时触犯法律,但近代社会以来,法律与道德的分离导致违法性认识并不完全等同于违反伦理道德的认识。法律与道德规制着社会的不同领域,发生机理存在差别,如果说在自然犯占据主导的刑法时代,认识到行为违反伦理道德就意味着认识到行为的违法性,那么在走向法定犯的时代,这种理由已缺乏科学性。更不用说在"情法冲突"的情况下,不具有违反道德的认识同样可以具有违法性认识。第二种和第三种观点都认为行为的违法性认识就是对违反法规范本身的认识,至于法规范的范围是任何法规范还是刑事法规范则有不同看法。在现实中,如果行为人能够认识到行为的刑事违法性,当然可以对其归责,问题是法律处在变动之中,刑事法与其他法律的界限就连专业人员也很难明确说清。要求行为人必须认识到行为的刑事违法性,显然不利于法益保护。日本有学者就认为:"违法性的意识,因为是只要能够使人形成反对动机就够了,所以,行为人只要具有为法律所不许可的意识就够了,不要求其具有会受到刑法处罚的

---

[1] 赵秉志主编:《刑法争议问题研究》(上卷),河南人民出版社1996年版,第302页。

'可罚的违反刑法意识'的意识。"[1]这种观点是中肯的。而可罚的违法性认识的观点对行为人提出的要求更高,这种要求已经不切实际。在现实中,行为人只要具有一般的概括的违法性认识就能够形成遵守规范的反对动机,他仍然决意行动表明了其行为的反规范性,这时对其加以非难已具备正当性。

在我国语境下,犯罪的本质是社会危害性,它与大陆法系刑法学中的"实质的违法性"理论类似。笔者认为,行为人只要具有笼统的违法性认识,即我国刑法中的社会危害性认识,就具备故意中的法律性认识要素,上述第二种观点是合适的。一般情况下,行为人具有社会危害性认识,就具有违法性认识。否则,行为人认识到行为具有抽象的社会危害性即可,不需要对行为的违法属性、内容等有明确认识。

综上,故意中包含的法律性认识要素以社会危害性认识为主,不排除个别情况下的违法性认识。在现实生活中,不仅存在着行为人主观上同时具备社会危害性认识和违法性认识的情况,而且,更大量地存在着行为人主观上或者仅具有违法性认识而不具有社会危害性认识,或者仅具有社会危害性认识而不具有违法性认识的情况。对于后者,同样应以犯罪处理。[2]如果二者不一致,只要具备其中之一,行为人就具备故意中的法律性认识内容。就证据而言,由于法律推定任何人都知道法律,不能要求起诉人在起诉时证明被告人知道法律。[3]也就是说,被告方如果有特殊情况,应主动提出不具备法律认识的情况和

---

[1] [日]大谷实:《刑法总论》(新版第2版),黎宏译,中国人民大学出版社2008年版,第309页。

[2] 赵秉志主编:《刑法基本理论专题研究》,法律出版社2005年版,第369~370页。

[3] 张明楷:《刑法格言的展开》(第3版),北京大学出版社2013年版,第392页。

证据。

关于认识的内容,还有学者认为这个问题在故意的认定中并不重要。因为"在故意中,行为人主观上是否已经认识结果可能发生是不重要的。故意是一种理性社会对行为人负责领域的评价。故意是行为人应该认识到破坏与避免结果的发生具有直接联系的实在法规范,并且,行为人在'没有认识'上不具有任何理性依据"。[1]这种纯粹规范性的故意概念固然走出了传统研究中将故意完全看作心理事实的弊端,厘清了"存在"与"当为"的不同,但却走向了另一极端。间接故意的概念如果完全依靠社会评价来定,抽离故意的合理化主观内涵,则又走向了"客观归罪"的时代,是对责任主义原则的直接背离。上述观点不顾行为人的实际认知,以刑法的目的设定各要件的内容,忽略了法实际运行中的社会基础。认识内容作为整个心理事实的基础,必不可少,地位非常重要,认为故意可以脱离认识而存在的观点在现有犯罪构造中并不合适。

二、认识的程度

间接故意与其他种类的故意的认识内容基本相同,这属于故意的共通性内容,因此,在本书各章节对间接故意认识内容的分析中,有部分学说观点并没有展开论述,这主要是因为上述内容并不能凸显间接故意的特殊性。在间接故意的认识程度部分,间接故意是否具有明显的不同在理论中一直存在争议,这需要从历史角度出发,进行专门分析。

(一) 立法草案的表述变化

1954年中央人民政府法制委员会通过的《中华人民共和国

---

〔1〕 冯军:"刑法的规范化诠释",载《法商研究》2005年第6期。

刑法指导原则草案（初稿）》第 2 条曾规定："犯罪必须出于故意或者过失　犯罪的故意有两种：（一）明知自己的行为会发生某种危害结果，并且希望这种结果发生。（二）明知自己的行为可能发生某种危害结果，并且有意识地放任这种结果发生。"[1] 该条文是新中国成立以后能找到的唯一一个对直接故意和间接故意分开规定的立法例，具有历史文献学的研究价值。从该规定中我们可以看出，立法者不仅直接规定了犯罪故意的概念，而且从认识因素和意志因素两方面区分了两种故意类型。值得注意的是，在第一种故意中，行为人的认识程度是"会发生"，而在第二种故意中，认识程度是"可能发生"。这似乎表明前者的认识程度高于后者，间接故意不包括认识到结果发生必然性的情况。

　　在此之后，在1957年6月28日全国人民代表大会常务委员会办公厅发给各位代表征求意见的《中华人民共和国刑法草案（初稿）》第22次稿中，故意概念又恢复到将直接故意与间接故意规定在一起的状态，而且，其内容与现行刑法一致。[2] 该草案稿影响很大，在此之后，从1979年《刑法》到1997年《刑法》，我国刑法关于故意犯罪的规定没有变化，之后通过的几个刑法修正案也没有修改这一规定，这种表述一直被沿用。立法将两种故意类型规定在一起，体现了立法经济性的考量。立法最终没有采纳从认识因素上区分两种故意类型的方案，这表明立法者并没有排除认识到结果发生必然性而放任的情况存在，这也说明我国坚持以意志为本位来界定行为人的主观心态。

---

[1] 高铭暄、赵秉志编：《中国刑法规范与立法资料精选》（第2版），法律出版社2013年版，第286页。

[2] 具体参见高铭暄、赵秉志编：《中国刑法规范与立法资料精选》（第2版），法律出版社2013年版，第302页。

(二) 理论观点的争议

间接故意的认识内容到底是危害结果的可能发生还是包括必然发生，在理论界存在争论。传统观点认为，在认识因素部分，明知自己的行为"会"发生危害社会的结果，这里的"会"对间接故意而言，只能是可能的意思。也就是说，行为人只能认识到结果的可能性，而非必然性。因为认识因素是意志因素的前提，为了与意志要素中的"放任"相对应，行为人对这一危害结果的看法只能是不希望的，结果是否发生就行为人看来应存在多样可能性。如果认识到危害结果的发生必然性，行为人已有确定的认知，便不存在"放任"一说，只能是任其发生了。从认识因素和意志因素的关系来看，间接故意的认识程度不应包括直接故意的所有情况，只有直接故意才存在认识到结果发生的必然性的情况。在域外，该观点也得到了一定认同。如意大利将间接故意称为可能故意，具体指"主体在追求某一具体目的时，只预见到自己的行为引起另一结果的可能性"。[1]这就排除了间接故意包含认识到结果发生必然性的情况。

也有学者反对这种观点。我国有学者把间接故意分为两种类型：①积极的放任。当行为人认识到自己的行为一定（必然）会发生某种危害社会的结果，而仍放任这种结果发生时，其便是积极放任的心理态度。②消极的放任。当行为人认识到自己的行为可能会发生危害的结果，而放任这种结果发生时，便是消极放任的心理态度。[2]根据该种观点，明知行为必然发生危

---

〔1〕 [意] 杜里奥·帕多瓦尼：《意大利刑法学原理》（注评版），陈忠林译评，中国人民大学出版社2004年版，第190页。

〔2〕 姜伟：《犯罪故意与犯罪过失》，群众出版社1992年版，第176页；马克昌主编：《犯罪通论》，武汉大学出版社1999年版，第339页。

害结果的，属于积极的放任，也可构成间接故意。还有学者将间接故意定义为"行为人为了追求某种行为目的，而容忍或放任该行为必然或可能产生的伴随结果即本罪构成要件的结果的心理态度"。[1]这就表明，间接故意的认识程度包含认识到结果发生的必然性的情况。在具体案件中，决定故意类型的只能是意志要素，不应对行为人的认识要素做过多限制。

还有学者虽不承认认识到结果必然发生而放任结果发生这种情况的普遍性，却认为在某几类犯罪中，这种情况是存在的。如综合性的观点认为，在所有以作为方式以及绝大多数以不作为形式实施的间接故意犯罪中，行为人在认识程度上都只能表现为明知危害结果可能发生；只有在极少数特殊的以不作为形式实施的间接故意犯罪中，行为人在认识程度上才可能表现为明知危害结果必然发生。[2]也就是说，少数不作为故意犯罪中，存在认识到结果必然发生且放任的情况，这种情况应被归入间接故意犯罪。

另有学者认为，在行为时，结果尚未发生，行为人对于将来会发生结果的预见，无论在何种情况下，都只能是一种可能性的认识，而不可能是必然性的认识。否则，在直接故意犯罪的场合，就不可能出现未遂犯的形态。因此，在直接故意的场合，行为人能够认识到结果发生的可能性和必然性，而在间接故意的场合，行为人只是认识到结果发生的可能性的说法是欠妥当的。[3]这种观点既不同于通说，也不同于上述任何一种观点。根据此观点，无论是直接故意还是间接故意，行为人对危害结果的认识程度都只能是"认识到可能发生"，在这一点上是

---

[1] 贾宇："犯罪故意类型新论"，载《法律科学》2002年第3期。
[2] 赵秉志主编：《当代刑法学》，中国政法大学出版社2009年版，第134页。
[3] 黎宏：《刑法总论问题思考》，中国人民大学出版社2007年版，第254页。

相同的。

(三) 对争议的评析

上述问题其实可进一步引申出两个小问题，一个是认识到结果必然发生还放任结果发生的情况能否存在，另一个问题是如果上述情况存在，那么这种情况是否应被评价为间接故意。这两个问题都涉及间接故意的构造，后一个问题还涉及间接故意与直接故意的区别，在本书的第四章中还会详细论述。

对第一个问题，笔者认为，对于行为人故意类型的判断，应当以行为人行为当时的主观心理实际情况为依据，而不能仅仅以客观事实尤其是结果为依据。[1]也就是说，故意类型判断的立足点在于行为人自身，而不能事后进行纯逻辑的推演，以结果定行为的性质。

间接故意的意志因素是放任，由于"放任"体现出了左右摇摆的对结果不确定的状态，因此只有在结果发生存在多种可能性时，行为人才能放任。如果其认为结果是单一的，就没有选择余地了，就无法放任它实施。但在实际生活中，我们无法否认这种情况，有人为了看明星的演唱会而不请假也不去上班，而该单位考勤制度极其严格，有全面的刷指纹签到系统。在这种情况下，行为人知道自己不去上班一定会被发现，被记考勤扣钱，但是为了实现自己的"追星"目的，不管不顾这种结果。行为人的本意当然是"不希望"扣钱，同时，其也没有采取任何措施避免该结果发生，但其为了去看演唱会仍然放任其发生，这种情况就是"认识到结果必然发生而放任"的情况。

在刑事领域也存在这样的例子，苏联学者就曾发现这种情况，"罗曼诺夫杀人案"这一经典案例经常被拿来探讨。该案案

---

[1] 赵秉志、肖中华、左坚卫：《刑法问题对谈录》，北京大学出版社2007年版，第121~22页。

情是:有一座楼房正在修建,依万诺夫和谢敏诺夫两个工人同在一个用粗麻绳系在十层楼的房顶旁的脚手架上工作。公民罗曼诺夫(依万诺夫的仇人)企图杀死依万诺夫,为了这个目的而割断了捆着脚手架的绳索,结果两个工人都跌下来摔死了。[1]在该案中,行为人企图杀死的只有他的仇人一人,但在这种高空作业的情况下,仇人和另一个工人系在一起工作,他为了实现自己杀害仇人的目的而不管其他人死活,割断绳索导致两人都死亡的结果发生。行为人以杀害明确仇人为目的指引,迫切希望仇人死亡,而对恰巧遇到与仇人在一起工作不可分割的人的死亡持放任心态。在这里,行为人对谢敏诺夫的死亡结果很难说持希望心理。但从行为人的认识看,他对两人一起摔死的后果是有明确认识的,这便是认识到结果发生的必然性而放任的情况。

在某些不作为犯罪中,这种情况同样可能出现。行为人明知自己如果不采取积极措施,某种危害结果就必然发生,却因为其他原因而没有采取积极措施防止危害结果的发生,而是放任结果的发生。[2]与作为犯罪不同,不作为犯罪的本质在于违背作为义务,应当做而不去做。行为人认识到这种作为义务而不去做,放任了结果发生,有时就可以说是认识到了结果发生的必然性。例如,妻子不小心跌入河流中,而且她不会游泳,丈夫不仅会游泳,而且当时可以通过其他方法喊人救助,但是他不采取任何措施,只在旁边观望,对妻子是否会被淹死不管不问。在这时,可以说,丈夫就认识到了妻子死亡的必然性,而且他有救助妻子的作为义务,他的不救助行为就是不履行救

---

[1] [苏] А. Н. 特拉伊宁:《犯罪构成的一般学说》,薛秉忠等译,中国人民大学出版社1958年版,第167页。

[2] 赵秉志主编:《当代刑法学》,中国政法大学出版社2009年版,第134页。

助义务的行为,如果的确导致妻子死亡,就属于明知结果必然发生的间接故意杀人犯罪。

作为正向的心理过程,认识到结果发生的必然性仍然放任结果发生是可能存在的,从理论上分析主要有以下理由:第一,正如上文有观点所述,放任虽没有希望那么积极主动,但放任也不只有消极中立这一种类型。根据放任意志所体现出的与希望、反对意志的距离远近,放任存在着消极中立和相对积极两种类型。[1]而且,在某些不作为犯罪中,行为人不履行其义务就是积极的放任,在这种情况下,需要进行刑法评价。第二,认识因素和意志因素虽然有关联性,但分属不同范畴,又各有其独立性,不能根据认识因素限制意志因素的范围。我国刑法坚持将意志因素作为各类主观罪过的核心内容,可以说找准了各类心态的本质。以认识的程度限定意志的内容,是人为地将主观方面的本质前移至认识的做法,并不合适。第三,"放任"的本质是对因果流程认识的控制,而认识到结果是否发生,是行为人纯心理认识的内容。认识怎么样不代表行为人接下来一定会怎么做,更何况,主观心理都以行为人自身为立足点,主观与客观可能存在不一致的情况。行为人认识到结果发生的必然性,也许现实中只存在着结果发生的可能性,在这种情况下更有放任的存在空间。第四,刑事立法并没有限制间接故意的认识程度,现实的多样性决定了可以对刑法条文做出不超过文义的符合客观要求的解释。

对于第二个问题,从立法来看,我国《刑法》第14条用一个条文规定了故意的概念与类型,并没有区分直接故意和间接故意的具体因素。这两类故意共用相同的认识要素表述形式,

---

[1] 关于这个问题,在本书的"间接故意的心理构造之三:意志因素"部分还会进行专门分析。

为多样化的解释预留了空间。根据立法,直接故意和间接故意的区分主要在于意志因素,因此,只要最后体现出放任心态,就是间接故意,即便这种放任建立在认识到结果发生的必然性基础上也是如此。

有反对者认为,认识到危害结果必然发生又放任结果发生,如果把该情况还当作间接故意,就限缩了直接故意的范围。在上述"罗曼诺夫杀人案"中,特拉伊宁教授也将其定性为直接故意,并表示"只要不希望发生、但有意识放任发生的结果必然要发生,就不能再说是可能的故意"。[1]他这里的"可能的故意"就是我们所说的间接故意。但是,这样的论述存在问题。首先,既然都不希望结果发生,又怎能说该种心态为直接故意。直接故意的意志态度非常明确,就是希望,这种态度包含着目的要求,而不是希望的意志没有这种目的指引,二者在坚决程度、指向上都存在差异,将不是希望的态度说成直接故意难以说通。其次,"有意识放任发生的结果必然要发生"属于客观的判断,客观上必然要发生或者从旁观者角度看必然要发生不代表行为人也认为必然要发生,以这个判断排除行为人构成间接故意欠缺说服力。

事实上,认识到结果发生的情况只是行为人的预估,不代表具有现实法益危险性。刑法处罚的根据在于行为人的决意,将作为基础的认识内容作为处罚的主要目标,会不当扩大故意的范围。特别是在我国现行刑法的规定下,故意的概念是意志本位的实质概念,构成故意关键的不是行为人如何认识,这种认识能力的可非难性不强;重要的是行为人如何去做,这种去做是建立在意志决意基础上的,所以认识到结果发生的必然性,

---

[1] [苏]A.H.特拉伊宁:《犯罪构成的一般学说》,蔡秉忠等译,中国人民大学出版社1958年版,第167页。

仍然放任结果发生的，应以"放任"为基点，定性为间接故意更为合适。当然，在现实中，这种情况虽然被定性为间接故意，但它所体现出的主观恶性并不一定比直接故意小，所以，在处罚上不一定要有差别。

在上述几种观点中，传统观点否定了明知结果必然性而放任情况存在的可能性，这是不合适的。而第四种观点认为所有的结果在尚未发生时都只能是可能发生的，而不能是必然发生的。这种观点将主观认识与客观状况相混合，对主观心态的把握存在偏差。而第二种和第三种承认明知结果发生的必然性而仍能放任的观点是合适的。综上所述，间接故意中的认识程度包括认识到结果发生的可能性与必然性，在这一点上，其与直接故意没有明显区别。

第二节 间接故意的心理构造之二：情感因素

情感因素不属于传统刑法中间接故意应包含的内容，但是在心理学上，情感因素却是心理过程不可缺少的内容。[1]分析间接故意的心理构造，少不了对情感因素作用的分析。

一、情感因素在心理构造中的必要性

根据心理学原理，一个完整的心理过程包括认知、情感和意志三个部分。认知因素又称意识因素，是后两部分心理内容

---

[1] 一些心理学研究并不区分情绪和情感，但实际上，二者存在差别，情感是情绪过程的主观体验，是情绪发生过程中的一部分，而情绪由外在的表情、行为和内部的情感三成分构成。二者的比较可参见袁彬：《情绪犯原理》，中国人民大学出版社2014年版，第6~7页。故意中的情感因素都侧重于行为人对客观事物的主观态度体验，在这个意义上，本书不对情感和情绪作出区分，即以下的情感因素也可称为情绪因素。

的基础，是产生行动的前提。弗洛伊德将人的心灵划分为三个层次，即意识（conscious）、前意识（preconscious）和潜意识（subconscious）。前意识和潜意识共同构成了人的无意识（unconscious）。意识是可觉察到的心理活动；前意识是通过集中注意或记忆、联想而能浮现于意识领域的心理事件、过程和内容，是无意识中可召回的部分。[1]认识过程是一个对信息进行感知和加工的过程，在主观心态中，它是产生其他心理要素的前提，因而是存在的，属于意识范畴。至于无意识范畴的心理事实，因为连行为人本人都难以察觉，因此刑法学一般不能将其作为归责依据。情感指的是一个人对当前所面临的事物与自己正在进行的活动或已形成的思想意识之间的关系的切身体验或反映。作为"体验"的情感虽不直接产生决意，但却影响着意志因素的有无和内容。情绪和情感具有独特的主观体验形式（如喜、怒、哀、惧等感受色彩）和外部表现形式（如面部表情），具有极为复杂的神经生理基础（如大脑皮层下各部位的特定活动）和生化机制，并包括有机体在心理和生理诸多水平上的整合。它们在人的生活和认识活动中起着十分重要的作用。[2]意志因素不是被动受情感因素控制，而是能够控制、调节情感，既可以跟随情感产生直接行动，也能抑制不良情感，排除不当干扰。

情感因素与认识因素存在双向互动作用。认识因素是情感因素产生的基础，人在有认识的基础上才会诱发情感，触景生情。而情感因素也会影响人的认识，各种情感可能会影响人的正常思维，改变认知过程。情感因素对于感觉和知觉的影响还

---

[1] 叶浩生：《西方心理学理论与流派》，广东高等教育出版社2004年版，第284~85页。

[2] 张浩："情绪和情感及其在认识中的功能——主体认识结构中的非理性要素研究"，载《广东社会科学》2006年第6期。

表现在情绪可以左右知觉的选择。[1]人们根据自己的情感喜好会主动选择接近某类事物，而对其他的事物不予关注，从而忽视它的影响。此外，情绪对认知决策的影响也为许多心理学研究所证实，[2]这种影响会进而作用于行为的实施。

情感因素能影响意志因素。"耶克斯－多德森定律"（The Yerkes-Dobson Law）就表明，人只有在中度的焦虑状态中，才有可能取得最好的学习成绩，而高度和低度的焦虑水平均不会有这种效果。这种影响主要表现在两个方面：其一，情感对意志行动具有推动作用。积极的情感对人的意志活动具有支持作用，使意志行动在遭受挫折时变得坚强，支持意志行动的完成。其二，消极的情感会对人的意志活动具有削弱甚至阻碍作用。[3]无论是情感推动还是削弱人的意志活动，意志因素都离不开情感的力量。在积极情感的影响下，人做事就会更有信心，朝着目标努力，促进意志转化为现实；在消极情感的影响下，挫折、懈怠、忧虑这些情感因素都会阻碍意志行动，有些人如果不能自控，就会陷入烦恼，难以进行合理的行动。

近几十年的心理学研究还表明，情绪（情感）具有特殊的动机功能：它能以一种与生物动机或生理动机相同的方式激发和指导行为。它能作为一种特殊的心理背景影响行为的动机状态。更有甚者，它本身就构成一种基本的动机系统。[4]当情感因素强大到一定程度时，它会直接削弱理智对行为的控制，生成新动机，直接推动行为转向。情感、动机与最终决意的形成

---

[1] 李永升、张超："论情感因素在犯罪故意构造中的地位及运行机制"，载赵秉志主编：《刑法论丛》（第35卷），法律出版社2013年版，第213页。

[2] 袁彬：《情绪犯原理》，中国人民大学出版社2014年版，第14页。

[3] 冯鸿滔：《普通心理学》，中国人民公安大学出版社2006年版，第270页。

[4] 乔建中："情绪与动机——情绪心理学家的动机理论"，载《南京师大学报（社会科学版）》1993年第3期。

有千丝万缕的关系，没有情感内容就无法从动态上展现心理过程的全部细节。

刑法学理论借鉴了上述心理学的部分研究成果，认为认识因素和意志因素都是犯罪主观方面要件的必备要素，情感因素状态不稳定，并且与最终的决意没有必然联系，因此不具备刑法意义，被排除出了研究范畴。在各主观心态的区分中，意志因素占据主导地位，是犯罪成立的关键。

其实，"人的心理活动并不都像演电影那样可以用一张张胶片把它们分割开来。现代心理学对心理的动态研究将逐步揭示人类心理活动的深层机制。因此，刑法上的罪过概念将来终究要反映现代行为科学的研究成果"。[1]长期忽视情感因素的作用导致对行为人心理过程的不完整描述，对于间接故意这样"中间状态"的主观心态，其意志态度不坚决，传统的定义难以概括其准确特征。随着自然科学研究成果的不断丰富，刑法学的心理认定也要向更精细、更全面的方向发展。作为对间接故意心理构造的完整分析，我们不能忽视情感因素的作用。

二、情感因素的内容

由上文可知，情感因素是主体对客观事物的认可、赞成或者拒绝、否定，表现于外的喜、怒、哀、乐通常都属于情感内容。情感因素与认识因素、意志因素相互影响，从而影响最后对行为模式的选择。

间接故意的心理构造也应由认识、情感和意志因素组成，而且，其情感因素具有与众不同之处，具有辨别性。有学者认为："放任不具有意志品格，因而不属于意志因素。放任是一个

---

[1] 储槐植、江溯：《美国刑法》（第4版），北京大学出版社2012年版，第52页。

人对有认识的可能（或者必然）发生结果事实的态度体验说明了放任是一种情感因素。"[1]该种观点打破了以往的认知，直接将情感因素作为间接故意的本质，采用"认识-情感模式"认定间接故意。该观点的预设前提是，意志必须具有目的指向性，放任由于不能和目的相容，就不是意志。实际上，刑法中的意志指的是对危害结果的最终决意态度，放任也是一种经过选择的态度，属于意志。但同时，这种意志包含了行为人的情感体验，具有反映情感因素的作用。

"情感因素在人的心理活动中对于意志因素具有能动的调节和定向作用……由于某种状况的出现，可能会刺激行为人的情感和情绪，导致行为人决意铤而走险或者犯罪意念突然爆发而实施了犯罪。"[2]作为刑法概念的间接故意，放任是其本质特征。放任这一意志因素反映了在其之前的情感因素的推动，行为人虽然不主动，但也不反对，在情感体验上是从模棱两可到推动意志发展。另一方面，在行为人本希望结果发生的情况下，由于情感因素的参与，主观上可以由希望变为放任。比如，在实施行为过程中，被害人已经求饶，行为人产生消极的情感体验，但又不解气，于是弱化意志内容，将心态从直接故意转向间接故意。

英国学者格兰维尔·威廉斯教授曾说："间接故意，就是指你能清楚地看到某种事情，但你视而不见。形象地说，其结果不是你直接追求的目标，但你把它作为你的直接故意（希望-故意）的不可避免的和'必然'伴随的副产品而予以接受。行为产生一对孪生的结果，甲和乙；行为人所要的是甲，并准备接

---

[1] 刘为波、牛克乾："放任的心理定性"，载《政治与法律》2002年第4期。
[2] 李永升、张超："论情感因素在犯罪故意构造中的地位及运行机制"，载赵秉志主编：《刑法论丛》（第35卷），法律出版社2013年版，第233页。

受那不是所希望的孪生的乙。"[1]上述这段话清晰地揭示了直接故意与间接故意的区别，更重要的是将间接故意心态的多样性、伴随性、非直接性阐释得淋漓尽致。在认识到自己行为目的和可能产生附属产品的基础上，行为人产生了放弃行动避免副产品的消极情感体验和仍然行动不在意副产品的相对积极情感体验，最终相对积极的情感体验占据上风，行为人选择行动，不管不顾危害结果是否发生。

总之，情感在间接故意中的作用是双重的，它能从反面影响行为人的认识能力和意志选择，改变行为人的决定；也可以从正面强化行为人的意志。行为人最终构成间接故意，说明强化意志的情感体验是主导内容。

第三节　间接故意的心理构造之三：意志因素

刑法中的意志与心理学上的意志内涵不完全相同。根据心理学知识，只有有目的性的行动才有意志，因为这种意志要求明确的目的指向性和支配性，只有如此，行为人才能坚决行动。如果按照这种理解，只有直接故意才有意志因素，间接故意不可能具备。但刑法中的意志因素指行为人对行为可能导致的危害结果的态度，这种态度或积极或消极，或直接指向或伴随发生，只要它是针对危害结果的，就是允许的。我国《刑法》第14条用"放任"一词描绘间接故意的意志因素，这也是在刑事立法中体现间接故意不同点的唯一一处表述。间接故意之所以具有间接性、附属性和派生性，大多也与放任这一意志因素有关。可以说，间接故意的意志因素作为心理生成机制中的最重

---

〔1〕［英］格兰维尔·威廉斯："论间接故意"，周叶谦译，载《法学译丛》1988年第6期。

要一环,不仅决定着故意类型的定性,而且直接联系着上述认识因素与情感因素的程度,决定它们具体的差别和走向。因此,对间接故意的意志因素的分析非常重要。

一、放任意志的内涵

通过语言描述的类型化概念很难涵盖该事物的所有范围。何为放任,似乎很难有一个精确的概念。间接故意的放任到底具有何种意味?对其应如何定位?这是本节要讨论的主要问题。

(一)放任的本质解读

根据《现代汉语词典》,"放任"共有两个意思:一是不加约束,听其自然;二是不干涉。这两种含义对应不同的语境,但都含有按事物原本发展规律发展,顺其自然发展的意蕴。作为外在的行为人,事物一旦进入预定轨道,不人为操纵,不改变其发展方向,既不积极加速推动又不阻挠即为放任。

间接故意的放任除了应包含上述原本含义外,还应当体现其规范属性,明确与希望、轻信避免这样的意志因素相区别。间接故意的心理学生成机制告诉我们,其意志不坚决,动机冲突较明显,整个心理生成过程与有认识过失有极大相似性。另一方面,从规范上看,间接故意仍然属于故意的类型,在现行刑法中,故意犯罪与过失犯罪不仅分别对应不同的个罪类型,即便是造成同样危害结果的行为,因为其主观内容的差异,故意犯罪比过失犯罪的量刑也要重得多。因此,从规范上分析,间接故意应与直接故意有更多的相似性,放任结果发生的心态与希望结果发生的态度不存在本质差别,即这种模棱两可的态度并非没有态度,而是偏向于结果发生而非反对发生,这种态度离直接故意的距离较近。

作为直接故意和有认识过失之间的"过渡",间接故意的心理特征与规范要求似乎出现了紧张,这种紧张关系恰恰表明放任这一因素有时会游走于两种心态之间,具有模糊性与不稳定性。对放任的理解,要能将故意的范围涵盖全面,将过失的内容排除出去,不能出现游离于故意和过失之间的心态无法归类的情况。

间接故意作为故意的"底线",对放任的范围理解过大,就会使一部分主观内容被纳入故意的范围。反之,对放任的范围理解过小,一些本应以故意犯罪论处的行为将变成有认识过失犯罪,这都会直接关系到罪与非罪、量刑差异的处理。放任到底是什么,涉及对故意本质的理解。关于间接故意的放任到底指什么,在我国主要有以下一些代表性观点:

第一种观点将"放任"理解为"不希望"。这种观点认为放任当然不是希望,不是积极的追求,而是行为人在明知自己的行为可能发生特定危害结果的情况下,为了达到自己的既定目标,仍然决意实施行为,对阻碍危害结果发生的障碍不去排除,也不设法阻止危害结果的发生。[1]根据这种理解,间接故意与直接故意相对,它们的意志因素一个为"不希望",一个为"希望",在这一点上正好相反。

第二种观点将"放任"理解为"听之任之"。这种观点认为放任就是对结果的一种听之任之的态度。行为人既不是希望结果发生,也不是希望结果不发生,但仍然实施该行为,也不采取措施防止结果发生,即行为人在心理上接受、认可结果的发生。[2]还如,"放任是指为了实现某种目的而积极实施行为,明知这种行为必然或可能伴随发生某种危害结果,却决意实施

---

[1] 高铭暄、马克昌主编:《刑法学》(第8版),高等教育出版社、北京大学出版社2017年版,第110页。

[2] 张明楷:《刑法学》(第5版),法律出版社2016年版,第263页。

预定行为，而对伴随结果的发生所采取的一种听之任之、顺其自然的态度"。[1]听之任之表明行为人对结果的认可和接受，但程度上和"满不在乎，怎么样都可以"类似，所以，笔者将其归入不在乎这一类。

第三种观点将"放任"理解为"纵容"。这种观点认为放任不等于行为人对结果完全漠视，不是在希望与不希望两种可能性之间采取中立态度，而是在这种态度中倾向于"接受结果"这一极，纵容结果的发生。[2]还有学者明确指出："应当从规范意义上、超越词义学含义解释放任，在规范意义上要讨论的是处于希望和不希望两极之间的放任心态，与过失的罪过有相当的距离，是更接近于希望的意志因素。将放任在总体上解释为'纵容结果发生'，既符合《刑法》第14条的规定，也遵守了刑法的实质解释规则。"[3]

第四种观点将"放任"理解为"不计后果"。该观点认为放任是一种介于希望与不希望之间的心理态度，是为了追求某种目的而不计后果地有意放任危害结果发生，而不是希望、不希望或听之任之。[4]

上述第一种观点与直接故意的概念相对，"希望"的反面的确是"不希望"。但作为人的主观心态，并不是只有非此即彼的关系，而且不希望的范围很广。放任心态经常处于希望和不希

---

[1] 石慧、周铭川："论间接故意中的放任"，载《江西财经大学学报》2007年第1期。

[2] 何秉松主编：《刑法教科书》（修订版·上），中国法制出版社2000年版，第314页；曲新久主编：《刑法学》（第4版），中国政法大学出版社2011年版，第105页。

[3] 陈兴良、周光权：《刑法学的现代展开》，中国人民大学出版社2006年版，第177页。

[4] 姜伟："论间接故意"，载《烟台大学学报（哲学社会科学版）》1995年第2期。

望之间,行为人的意志态度不是斩钉截铁般的果断、明显,将间接故意的核心设定为不希望,可能将反对结果发生的有认识过失也包含进来。王作富教授曾指出,放任并不是对结果的发生持半斤八两的态度,间接故意是放任结果发生,而非"放任结果不发生"。[1]既然间接故意属于故意的下位概念,那么对它进行定义既要体现出与直接故意的不同点,又要涵盖直接故意所不能包含的情况,还要和过失心理相区分。将不希望心态融入间接故意中,就无法将其与希望能够避免结果发生的有认识过失相区别。

上述第二种观点所采用的"不在乎""听之任之"的描述反映出行为人对危害结果持相对中立的漠然态度,它也不能概括放任的所有情况。不在乎表明行为人对什么样的结果都能接受,听之任之表明行为人的无所谓心态,这些心态在情感上的反映是模糊、不积极、难以察觉的。而事实上,放任包含积极的放任。行为人为毒害其妻而在饭中投毒,当他看到其子正在吃有毒的饭时,也不加制止,就属于积极的放任。积极的放任表明行为人具有追求某种危害意图而毫不顾忌其他结果的心理状态,因而主观恶性较大,反社会的倾向也比较明显。[2]"不在乎""听之任之"无法准确包含上述积极放任的情况,因为这种情感具有一定的倾向性,而非中立。

上述第三种观点的"纵容说"对放任的描述明显提高了层次。笔者认为,这种说法的立论依据是正确的,规范层面的放任的确不能完全等同于词语意义的放任,中立态度无法体现放任的故意属性。而纵容一词含有放纵,该制止也不制止的内容,应当制止而没有制止反映出行为人的可非难性,这种违背义务

---

[1] 王作富:《中国刑法研究》,中国人民大学出版社1988年版,第163页。
[2] 姜伟:《罪过形式论》,北京大学出版社2008年版,第140页。

的行为属于间接故意的内容，且这种心态与希望很类似，只是在情感上没希望那么积极、强烈罢了。所以，这种规范上理解的努力是值得认可的。但是，这不意味着放任就是纵容，只存在这一种表现形式。除此以外，那种认识到结果可能发生，就是不想办法去避免结果发生，而是漠不关心、无所谓，不改变原有的发生可能任其发生的行为当然也属于"放任"。它没有纵容的情感态度那么强烈，更接近中间状态，同时也与过失保持较大距离。如果用强度较大的纵容来概括这种心态，显然不合适。如果将放任解释为纵容，自然会使得这种处于不在乎状态的心理被排除出间接故意的范围。

第四种观点将"放任"理解为"不计后果"，表现出这种心态对结果的明确态度。但是，不是所有的间接故意都是"不计"后果的，很多时候，行为人在认识到危害结果发生可能性的情况下经过考虑和计算，之后才决定不阻止也不积极推动结果发生。也就是说，结果的发生经过其考虑，属于其可接受的范围，这时才进一步放任。不计后果的表述似乎表明，行为人没有经过思维选择，这是不准确的。

既然上述四种表述都有一定程度的缺陷，那么间接故意的主干因素到底该如何解读，便仍值得进一步思考。域外的经验或许可以为我们带来启示。与我国不同，大陆法系国家的通说没有直接采用放任这一词汇，而是将间接故意的意志因素描述为容认。德国学者认为，当行为人认真算计了一种行为构成实现的可能性，但是为了追求自己的目标仍然继续行为，因此容认了一种——管他是好是坏——可能的犯罪性实现，忍受了这种行为构成的实现的，就必须肯定为有条件的故意（间接故意）。[1]

---

[1] [德] 克劳斯·罗克辛：《德国刑法学　总论》（第1卷：犯罪原理的基础结构），王世洲译，法律出版社2005年版，第293页。

在这里，认真算计对应的是行为人对危害结果发生可能性高低的估计，容忍暗含了不管结果性质如何，都不管不顾地让其发生的态度。这告诉我们，容认建立在认识因素基础上，意志倾向较消极。笔者认为，再精确的语言都难以完整描述间接故意的心理本质，容认说作为大陆法系刑法长期坚持的通说，具有一定的合理性，它的优势在于概括出了行为人追求自身行为目标时对附随结果的不管不顾状态，而且体现出了行为人面对好结果与坏结果发生可能性时的选择，即不管结果价值如何都径直继续行动。我国刑法将放任作为间接故意的主干因素，从语词看，放任与容认的本质类似，都属于对那种不积极的心理态度的描述，只不过，容认二字包含的范围似乎更为广阔，容纳接受、消极认可都属于容认。这启示我们，对放任的本质解读也要体现出其包含的多重内容，并分清放任的不同类型。

值得注意的是，苏联刑法学也将间接故意的意志因素规定为"放任"，但修订的《俄罗斯刑法》第 25 条第 2 款却对间接故意做出了如下定义：如果犯罪人认识到自己的作为（不作为）的社会危害性，预见到可能发生危害社会的后果，虽不希望但却有意识地放任这种后果的发生或者对这种后果采取漠不关心的态度的，就认为是间接故意。在这里，间接故意的意志因素被他们定义为两种：有意识地放任和漠不关心。有俄罗斯学者认为："对后果的这两种认识态度是同一心理过程的不同程度的表现，放任比漠不关心含义更广，后者只是前者的局部情形。因为漠不关心的特点是对危害后果没有积极的情绪感受，发生后果的现实可能由犯罪人超前意识反映出来。在这种情况下，主体对社会关系造成损害，而不考虑所实施行为的后果，尽管他觉得造成后果的可能性是现实的。"[1]以此推知，漠不关心这种不积极、模糊、不明确的心态比放任的程度要轻，但它属于放任的一种类型。对放任的细化研究，要求划分出放任的不同类型，把放任的本质涵盖全。

再看我国学者的相关表述：第一种观点将放任理解为"不希望"使间接故意的范围较广，包含了过失的情况。第四种观点将放任理解为"不计后果"，表现方式狭窄，未包含行为人经考虑后决定放任的情况，因而都具有片面性。第二种观点的"不在乎"和第三种观点的"纵容"分别从不同角度和程度对放任进行解读，努力方向是值得认可的。间接故意中的放任不只包含一种情况，也有程度之分。为了体现其最终的故意属性，结合俄罗斯刑法的有益区分，放任应包含不在乎和纵容两大类情况，不在乎表明行为人对危害结果没有积极的态度，对结果的考虑程度不够；而纵容相对积极，属于接受结果发生的情况。只有将上述第二种观点和第三种观点综合起来，将放任的本质解读为不在乎和纵容结果发生的情况的综合体，才能全面涵盖放任的所有情况。

（二）放任的定位

放任在间接故意的心理构造中占据着重要地位，正是因为放任心态的存在，行为整体才具备更高的可非难性。放任既然是针对危害结果的不在乎和纵容发生的态度，它就不具备坚定的意志性。与心理学上的意志要求相比，放任心态不能包含明确的目的要求，那么它到底是否属于一种意志就存在争议了。

传统刑法学理论将放任作为间接故意的意志因素，与认识因素相对。这主要是因为情感因素具有不稳定性，对行为的最

---

[1] ［俄］库兹涅佐娃、佳日科娃主编：《俄罗斯刑法教程（总论）》（上卷），黄道秀译，中国法制出版社2002年版，第312页。

终影响有限,且通常认为"法不管情",因而情感因素不能单独作为刑法上犯罪主观方面的构成因素。从世界主要国家的刑法立法和理论分析来看,一般也认为故意由认识和意志两大因素构成,而间接故意的意志因素"容认"与我国的放任类似。

但有学者不同意这种看法,认为放任不是意志因素,而属于一种情感体验。这主要是因为放任心理具有依附性,放任心理过程具有不完整性,放任具有他行为性。[1]还有观点认为,放任是包含意志因素和情感因素的心理综合描述,放任表现出了模糊、复杂的情感,同时影响着意志决定,所以可以被称为"意欲要素"。[2]可以看出,不同意传统观点的学说又分为两大类,一种认为放任属于情感因素,另一种认为放任是情感和意志因素的综合体。

本书认为:首先,放任的确包含了情感的内容。在行为人认识到结果可能发生的情况下,他曾犹豫不决,进而思考。与直接故意不同,行为人既然对附属产生的危害结果没有明确的希望,那么就不会主动追求发生。在行为人追求主行为目的的过程中,他发现了可能伴随发生其他危害结果,而这原本不属于他想推动的,他便产生了是放弃行为还是继续行为但可能产生危害结果的思想斗争。这种对危害结果的态度表现的是一种消极或相对中立的情感体验,不愿接受、无所谓还是勉强接受、认可,都属于对这种情感体验的描述,是它们最终推动了意志决定。

其次,对放任如何定位要从厘清意志态度与行为结果的关系入手,并综合考虑刑法规范的评价要求。间接故意具有附属性、伴随性。这就意味着行为人在追求自己的主行为目的的过

---

[1] 刘为波、牛克乾:"放任的心理定性",载《政治与法律》2002年第4期。
[2] 尹东华:《刑法中的放任论研究》,中国人民公安大学出版社2013年版,第172~173页。

程中，认识到了会造成其他另外的伴随结果，而这种结果是危害社会的，但行为人在趋避动机冲突后，仍决定继续实施行为，对另外的危害结果任其发生，这才是行为的完整过程。在这里，存在一个主行为，主行为以明确目的为指引，同时还存在一个行为附带产生的危害结果，而我们所说的放任针对的是后一个结果。同时，对主行为进行支配的态度是行为人的意志，因为它有明确的指向，具有目的性。在这个主意志的支配下，目的内容和危害结果都一起发生了，只不过行为人对危害结果的态度没有目的性，顺其发生罢了。

从上述过程来看，行为人的意志支配的是主行为，放任一词描述的只是对于附属危害结果的态度，以心理学的意志概念观之，具有不坚定性、不完整性。放任这种态度不是直接针对主行为的态度，不具有对主行为的支配力。从行为支配的角度看，放任不完全属于意志内容。但是，行为人放任决定的做出过程表现出了其对危害结果的态度变化。"这种需要和欲望，外在表现为情绪，沉淀为喜欢与厌恶的情感，最终又推动实现这一欲望和需求",[1]成为行为最终的决定力量。放任态度是情感内容的进一步深化，而不再是单纯的情感流露。

从刑法规范评价的角度看，不能完全套用心理学上的意志概念来描绘犯罪主观方面的意志。按照心理学对意志的描述，只有直接故意才存在意志，而间接故意、有认识过失和无认识过失都不存在意志因素。但刑法学和心理学的调整范围不一样，刑法的规定是为了从规范角度评价行为人的心理属性，并最终完成归责目标。这就要求刑法中规定的心理因素都含有规范属性，能反映行为整体的主观控制力和可谴责性。间接故意的可

---

[1] 李兰英：《间接故意研究》，武汉大学出版社2006年版，第62页。

非难性就在于对危害结果虽不积极推动，但持不管不顾、漠不关心的态度。在这种情况下，行为人能选择放弃行为而使行为性质合法，他却仍然坚持行动选择接受非法，这种反规范意识值得刑法非难。也就是说，尽管行为人针对附属结果没有明确的目的，但由于这种放任仍然控制了行为进程，所以应被刑法评价。

笔者认为，间接故意中的放任是一个包含情感和意志内容的综合体，它具有情感的模糊多变性和意志的不完整性，但同时它仍然属于行为人对危害结果的明确态度，推动了主行为的意志决定，因此，将放任作为单独某一因素都有欠妥当性。由于刑法已习惯将故意和过失分为认识因素和意志因素两大类，对意志因素的评价可以包含情感的内容，且最终的意志决定仍然是最重要的，所以，本书仍把放任内容放入意志因素中探讨，接下来的部分对间接故意的相关分析仍以认识和意志两大部分展开。

(三) 放任意志的特征

放任作为间接故意的意志因素，包含了行为人的情感体验，这种意志建立在行为人的认识基础上，内容具有复杂性和多样性。总体来说，放任应具有以下特点：

(1) 放任的前提是行为人对结果发生的可能性有认识，这种认识不能仅具有较低的盖然性。认识因素是意志因素的基础，认识的范围和程度会影响意志的内容和程度。间接故意的属性要求其认识程度高于有认识的过失，认识到的是现实可能性，认识的较低盖然性难以产生放任的心态。

(2) 放任针对的对象是本罪的危害结果，它附属于行为人所追求的行为结果。行为具有意志性，间接故意犯罪行为人具有对主行为的明确意志性，对于危害结果发生的部分，属于不管不问的状态，意志性不强烈。为了实施一个合法行为或一般违法行为或另一个犯罪行为，行为人排除干扰，"一心一意"去干，对于其他后果，任其发生，尽管这个后果其实不属他的本意。放任心态的这种附属性表明，就整个行为过程来看，行为人对主行为的关注超过附属行为，放任心态的倾向性不会干涉到主行为的意志性。

（3）放任的核心是行为人最终接受结果，对结果的发生不反对、不追求避免。虽然危害结果不是行为人所积极推动的，但他经过斗争，考虑决定继续行动，接受这个结果，不采取行动阻止结果的发生。因此，在放任心态的支配下，行为人不会凭借客观条件避免结果发生，也不会采取任何阻止结果发生的措施，无论这种措施是否有效。

二、放任意志的类型

意志变化呈现动态过程，放任意志的形成也不例外。放任意志往往出现在行为人实施本来目的行为的过程中，他发现自己的行为可能发生危害结果，同时认识到停止实施行为就能阻止这一结果发生，但他还想继续实施行为，以实现原定目的。在这个过程中，想继续实行行为的态度和不想危害结果发生的态度产生斗争，在反复摇摆后，行为人决定还是要完成主行为，那么"原有的不希望意志形态自行消失，转化为对危害结果的发生抱听之任之的放任意志形态"。[1]根据这一心理转化原理，在行为人的意志因素中，不希望的意志并不坚决，该种伴随意志在更坚决的目的追求中逐渐成为弱势，并最终消失。"放任"可以说是介于希望与反对之间的中间状态。

有学者表示，行为人认为构成要件结果有发生的高度可能性，通过认真的估算，对结果的实现毫不在意，认可、接受这

---

[1] 赵国强："论刑法中的故意"，载赵秉志等主编：《全国刑法硕士论文荟萃（1981届~1988届）》，中国人民公安大学出版社1989年版，第229页。

一结果的，就属于放任。[1]该观点基本涵盖了放任应包含的所有情况，可惜的是没有对其中的包含情况进行明确归类。与直接故意类似，放任意味着行为人可以接受结果发生，这种接受代表行为人对危害结果发生的认可、纵容，呈现出一种虽不明确希望但发生也无所谓的态度。与有认识过失不同，放任虽建立在认识到危害结果发生的基础上，但却不希望阻止结果发生，那种漠不关心、发生与不发生都无所谓的态度也属于放任。

俄罗斯刑法认为，在间接故意中，行为人对后果所持的态度有两种情况：①行为人不希望但有意识地放任结果产生。这里放任的范围非常宽泛，包括清楚地了解后果可能产生或希望侥幸避免后果的产生等。②行为人对其实施的行为可能附带产生的社会危害后果采取漠不关心的态度，具体表现为对他人、社会或国家利益的完全漠不关心。[2]这两种分类还被规定在俄罗斯立法中。第一种类型的主要特征是任其发生，甚至希望侥幸避免后果产生，离直接故意的距离较远；第二种类型的特征是漠不关心，距离相对处于直接故意和过失的中间，但倾向于故意。

受上述观点的启发，结合上文的分析，笔者认为，放任这一意志因素介于希望和轻信避免之间，中间范围广阔。对放任的定性涵盖了直接故意和有认识过失之间的所有中间形态，不能有遗漏，否则便会造成该罚的不罚这种局面。只要不是希望，但也不反对的，都属于放任的包含范围。

传统上对放任的描述有很多种方式，例如听之任之、容认、漠不关心、接受等，放任似乎只有一种类型，实则却有不同的幅度，上述语词表达的倾向也存在差异。间接故意具有附属性

---

[1] 周光权："论放任"，载《政法论坛》2005年第5期。
[2] 参见［俄］Л.В.伊诺加莫娃-海格主编：《俄罗斯联邦刑法（总论）》（第2版），黄芳、刘阳、冯坤译，中国人民大学出版社2010年版，第87页。

特征，结果发生有不确定性。按照事情的发展顺序，行为人在行为时的意志态度并不坚决明确，对这种不积极追求附属结果又相对模糊的态度，用认可、容认形容并不合适，这种相对处于中间状态的心理必须在间接故意中有所归宿。

因此，根据放任与希望、反对结果发生的心理的关系，间接故意的意志因素包含不在乎（漠然）、纵容两种心态，它们的程度从中立走向消极，最终实现了损害结果。也就是说，放任属于不强烈、不坚决的意志因素，它的内容既包含纵容结果发生的一面，也包含对结果发生与否态度不明确、反正不反对的漠不关心的一面。二者存在程度上的细微差别，前者与希望的意志态度距离更近，后者相对靠近希望与反对结果发生态度的中间状态。具体如图所示：

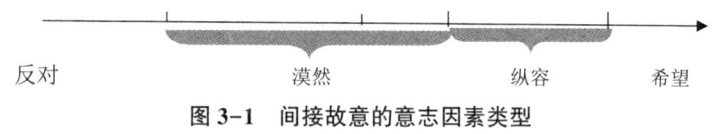

图 3-1　间接故意的意志因素类型

具体来说，漠然表示行为人对危害结果的发生持冷淡、不关心的态度，发生与不发生都无所谓，用语言可以表述为"不管了，与我无关"。纵容表示行为人对危害结果不加拘束和控制，宁愿发生也无所谓，用语言可以表述为"发生了也无妨"。这两种类型都属于放任的下位概念，都建立在行为人认识到结果发生的可能性基础上，认识因素仍是放任的基础。

第四节　间接故意的规范构造

正如本书第二章所述，从对世界各国故意理论的考察看，犯罪故意是心理事实与规范评价的统一体。间接故意的心理构造由上述认识、意志和情感三大因素组成，在动态上有前后相接的心理生成过程；间接故意的规范构造主要是指从规范评价角度对其进行的分析，着眼于对这种心理内容进行规范上的可非难性的分析。

间接故意作为规范概念，心理事实是规范评价的对象。在大陆法系三阶层体系中，构成要件和责任的分立就体现了这一点，因为前者的故意心态与客观的构成要件要素相对应，而后者主要包括违法性意识的可能性、期待可能性等规范评价内容。如果是在四要件犯罪论体系下，"犯罪主观方面"这一个要件就要承担起对主观事实进行描述与规范评价的综合作用，而规范评价的内容又不能游离于各要件之外，那么故意的规范评价内容就要包含在故意构造之中。

间接故意的规范构造指的是对上述间接故意的各心理构造因素的规范评价内容。对认识因素的规范评价内容主要是法律性认识要与不要的问题，因为行为人在具有规范意识的情况下却选择实施违反规范，充分体现出了其对规范的敌对和轻视态度，这就具有了刑法的可谴责性。关于这部分内容，本章"认识的内容"部分已有讨论，[1]在此不再赘述。对意志因素（含情感因素）的规范分析主要体现在行为的期待可能性上，这集中体现了行为人主观心理的可非难性。

期待可能性是指，行为人在当时能实施合法的行为，而不

---

[1] 具体详见本书"第三章第一节 认识的内容"部分。本书之所以将法律性认识内容放在上部分探讨，一是因为对故意认识内容的探讨，理论上习惯于先讨论故意的事实性认识内容，再讨论法律性认识内容，事实性认识与法律性认识相对应，放在这里探讨逻辑上更顺畅。二是因为行为人对法律性内容有没有认识仍属于行为人心理事实中认识的内容，属于行为人自身。但是，法律性认识内容同样反映出行为人在规范上的可非难性，行为人完全不可能认识法律性内容的，不应受到谴责。所以，法律性认识内容又属于故意的规范构造部分，在此就不再详述。

选择实施非法的行为,而这是可以期待的。期待可能性是规范责任论的核心内容。规范责任论认为,所谓责任不只是单纯的心理事实,而是在此基础上可否期待行为人实施合法行为的规范判断。[1]本书主张规范责任论,是因为对主观内容探讨的最终目的是归责,纯粹的心理事实难以承担起刑法归责的任务,这也是通过上一章对各法系故意地位进行比较得出的共通性结论。在间接故意的几大因素中,行为人是否能认识依据的是行为人的认识能力,而是否行动、是否接受坏的结果依靠的是行为人的决意。认识到了会有不好的结果发生仍然坚持去做,最值得谴责的便是这种决意的态度。行为人放任的意志态度之所以需要非难,就在于在这种冲突和选择之后,本可实施合法行为的行为人却非得选择非法行为,导致规范遭到破坏,而这与期待可能性的内核完全相通。

间接故意的规范构造是期待可能性。放任的意志态度在规范上反映出行为人具有期待可能性,但他却辜负期待执意行为。无论行为人对危害结果的态度是不在乎(漠然)还是纵容,都表明其已接受与规范作对,已对遵守规范毫不在意,在此支配下的行动当然具有较大的可非难性。

直接故意的可非难性相比间接故意更高,这是因为直接故意包含针对结果的明确意向,这种与规范作对的态度自始至终都是明确的,行为人一直都能选择实施合法行为但其却一开始就决意实施非法行为。间接故意与此不同,放任意志的不坚决性、相对模糊性决定了其不是自始至终都对危害结果的发生有明确的意向,但是,行为人仍然一直有实施合法行为的可期待性,尤其是在其具备认识因素的情况下,行为人没有停下行为

---

[1] 参见[日]松宫孝明:《刑法总论讲义》(第4版补正版),钱叶六译,中国人民大学出版社2013年版,第127页。

而是选择对抗规范。这在规范上当然具有非难性,将其归入故意之列也是合理的。

对行为人是否具有期待可能性的判断已不属于本书的研究内容。在这里需说明的是,作为间接故意规范构造的期待可能性,就体现在其放任意志所表现出的可非难性上。因此,通常无需对此进行专门分析,只在例外情况下,将行为人没有期待可能性的情况作为排除成立间接故意的事由即可。

本章小结

本章主要探讨了间接故意的构造问题,根据心理学理论,故意心理机制包含认识、情感和意志三大因素,而传统的刑法学理论未将情感因素单独列出。作为心理事实的间接故意,其生成过程不能缺少这三大因素,只不过在不同的情况下,每个因素所占的比例不同而已。间接故意的认识内容与直接故意类似,都是客观方面的构成要件要素,认识的程度包含认识到自己的行为可能或必然造成危害社会的结果的情况,将认识到结果发生必然性而放任的情况排除出间接故意是不合适的。间接故意的情感因素具有模糊性、多样性,且其放任的意志因素包含情感的内容,在刑法意义上,情感因素无需专门评价。间接故意的意志因素是放任,放任意志涵盖了希望和反对之间的所有中间情况。根据其意志强度的差异,可以分为纵容结果发生和对结果发生不在乎(漠然)这两大类,以单一语词描述放任不能准确表达放任的本质。

动态上,间接故意的几大心理因素之间存在互动关系。认识因素是间接故意生成的基础,在原始刺激后,行为人对事物的状况有知觉、感觉等认识后,才能进一步判断,产生不同的情感体验。这种情感或积极或消极,或喜或悲,从而使自己陷入思考。在此之后,行为人产生动机,进行选择。

动机的产生可以说是内外综合影响的结果。行为人最初往往具有多个动机,有的指向犯罪,有的指向其他,希望都能实现。在不能兼顾时,行为人只能学会舍弃,调整目标,进行选择。犯罪人动机冲突的主要形式有:①双趋冲突。这是指个体在有目的的活动中同时存在着两个并列的目标,而且,这两个目标对其具有同样的吸引力,引起同样强度的动机。当个人因条件限制无法兼得目标时,往往会产生一种两个并存的目标难作取舍的矛盾、冲突心境。②双避冲突。它是指同时有两个目标对个人具有威胁性,虽然都想回避,但由于利益驱动等原因,个人只有接受其一才能避免另一,在抉择时便会遇到双避冲突的心理困扰。③趋避冲突。在这种情境下,个体对同一目标同时具有趋近与躲避两种动机,对行为人来说,既有获利又有受到刑罚惩罚的两重性。④双重趋避冲突。这是指遇到多种趋避冲突的情况,而且这些情况处于并存状态。[1]动机产生决意,在真实的案件中,行为人遇到两个"同方向"的冲突情况并不多见,更多的时候是遇到两重性的冲突,即上述第三、四种情况。动机冲突充分反映了行为人在犯罪发生前和发生时的心理变化过程,这种变化最终被主导动机所确立,产生犯罪意志,并付诸行动。动机变化连接着心理内容与规范期待,是考察间接故意要素不可或缺的内容。

行为人在动机冲突后决定继续行为,不管伴随的危害结果是否发生,都表明行为人已做出选择。这种不管不顾的模糊态度属于刑法上的意志内容,也是被非难的主要内容。动静结合

---

[1] 参见罗大华、马皑主编:《犯罪心理学》,中国人民大学出版社2012年版,第106~107页。

地综合分析间接故意的生成，具有实践意义。

  间接故意的规范评价内容应体现其心理因素反映出的总体可非难性，因而其规范构造主要包含法律性认识内容和期待可能性内容。在行为人认识到结果会发生的情况下，能期待其放弃行为选择合法行为，但其却仍然坚持原有行为动机，放任结果发生，选择接受危害结果，这便具有较大的可非难性。

  总体来说，间接故意的构造包括心理构造和规范构造两大部分，只有从静态和动态两个角度综合分析其构造，才能把握它的真正本质。

第四章
间接故意与直接故意

间接故意与其他犯罪的主观方面的关系问题是本书的重点内容。只有在比较中划定范围，才能更准确地认识自己，对间接故意的研究就是如此。由于间接故意属于相对中间类型的主观心态，离无认识过失较远，在实践中也相对较好区分，因而本书重点探讨间接故意与其相邻的两大心态，即与直接故意和有认识过失之间的关系问题，不再探讨其与无认识过失的关系。

将故意分为直接故意和间接故意两类，并不是世界各国刑法的通例。德国刑法划分的故意类型有意图、直接故意和间接故意三类；日本刑法中，也有学者将故意分为上述三类，并将间接故意称作未必的故意。[1]在三种故意类型的分类中，意图是第一等级的故意，它与直接故意结合在一起，才构成我国刑法所称的直接故意。

由于我国立法明确规定了故意的定义，因而学界对故意类型的分析都以该规定为依据。《刑法》第14条第1款用一个条文定义了故意犯罪。根据该条存在"或者"的转折，一般认为，该词语之前与之后规定的是两种不同的故意类型，分别是直接故意和间接故意。

---

[1] 参见［日］山口厚：《刑法总论》（第3版），付立庆译，中国人民大学出版社2018年版，第211~212页。

第四章 间接故意与直接故意

直接故意与间接故意是故意的两种基本类型,它们的组合形成了完整的犯罪故意圈,它们的区分呈现出不同的犯罪状态。厘清二者的关系,能够对现实犯罪的生成过程有更强的解释力,也能划清不同的责任范围,更好地进行归责。

第一节 直接故意理论概述

作为心理状态的直接故意有独特的心理生成机制,其形成过程少不了完整的前后相连的阶段;作为犯罪主观方面的直接故意同时应具备规范属性,能被刑法评价,并最终服务于归责。因此,对直接故意特征的分析,应立足于心理学基础,并体现出规范内容,不能偏离现行刑法的规定。

一、直接故意的心理生成机制

直接故意是最典型的故意,因为它的意志最坚决、指向最明确。"希望"是其主要意志态度,意志因素在行为实施过程中起主导作用。在心理学上,一般把意志行动分成准备和执行两个阶段。在准备阶段,包括在思想上权衡行为的动机、确定行动的目标、选择行动的方法并做出行动的决定。而在执行阶段,就是执行所采取的决定。[1]关于直接故意的生成,大概要经历以下几个阶段:

(1)意志态度形成阶段。意志态度之所以会形成,是因为其首先有了行动目的。在直接故意犯罪中,行为人有相对明确的目的,希望自己的行动造成损害,使他人、社会或国家遭受损失。例如,准备得到他人的财物、期望他人身体受到伤害等。

---

[1] 参见彭聃龄主编:《普通心理学》(修订版),北京师范大学出版社2004年版,第351~352页。

抽象目的的确立建立在行为人对事物存在认知的基础上，只有行为人自己认为其对事物的特征、性质、范围等存在认知，了解到现实，才能初步形成意志。这个阶段主要存在于行为人的心理，尚没有外化的行动。针对不同的个人，这个阶段的时间长短不同，属于直接故意生成的准备阶段。

（2）意志选择阶段。有时，行为人虽然有行动的目的，但是行动后果造成的不利影响和其他附随结果也会同时出现在其脑海中，这时就需要进行选择，产生动机斗争。在直接故意犯罪行为中，行为人的动机斗争主要表现为趋避冲突。也就是说，在同一目的支配下，行为人一方面想实施犯罪完成行动，另一方面又想回避刑法惩罚，产生矛盾冲突。这种冲突表现为内心斗争，一时犹豫不决。最终，行为人仍然产生动机、选择实施行动，回避动机被抑制。这个动机一旦确定，其意志就更坚决，目的就更明确。上个阶段中的概括、抽象的目的就会转化为针对具体对象的目标，在此意志支配下选择行为的方法和手段，期望结果实现。

（3）意志努力发展阶段。在此阶段，行为人进一步强化意志，朝向目标努力。在确定目标之后，他将意志转化为外在行动，作用于对象，形成控制力。从行为着手到结束，行为人会在意志支配下，稳定行动，直到达到目的。

（4）执行决定的过程。在这个阶段，行为人首先进行犯罪方法和策略的谋划选择，然后付诸行动，同时尽一切办法克服困难，直到实现目标。犯罪方法和策略的谋划属于犯罪手段的必要组成部分，这个过程伴随着意志的持续努力，体现出行为人的态度强烈程度和谋划用心程度，从而影响到直接故意的定性。

在以上整个过程中，动机冲突阶段几乎是犯罪直接故意产生的核心阶段,在这个时候,犯罪行为人内心的趋避冲突可能十分明显与激烈。[1]这个阶段控制的好坏会直接影响到下一步的行动是否会发生、危害结果是否会出现。直接故意的意志坚决,行为人对结果的追求较积极,这就意味着相比其他主观类型,其情绪控制较好,表现出"劲往一处使"的状态,从而展现出了较高的主观恶性。

二、直接故意的构成因素

直接故意,是指行为人明知自己的行为会发生危害社会的结果,并且希望这种结果发生的心理态度。通说认为,直接故意有两种表现形式:第一,行为人明知自己的行为必然发生危害社会的结果,并且希望这种结果发生的心理态度。第二,行为人明知自己的行为可能发生危害社会的结果,并且希望这种结果发生的心理态度。[2]这两种形式是根据它们的认识程度不同划分的,在意志程度上,二者都持"希望"态度。以静态的要素分析模式分析,直接故意的心理构造也分为认识因素、情感因素和意志因素三大类,只不过这种情感因素不需要刑法专门评价罢了。

(一) 认识因素

根据刑法学通说,直接故意的认识因素是对危害结果有认识,这种认识达到可能性程度即可,不限于对结果发生必然性的认识。所谓可能性,是指行为人对结果的发生有一个抽象认知即可,即只要了解到危害结果的发生有现实的可能就可构成,

---

[1] 袁彬:《刑法的心理学分析》,中国人民公安大学出版社2009年版,第139页。

[2] 参见赵秉志主编:《当代刑法学》,中国政法大学出版社2009年版,第135页。

不要求存在高概率认识。既然行为人存在对结果的可能性认识就能构成直接故意，那么其存在必然性认识时更能构成。从面向实践的角度看，单独确定行为人的必然性认识不仅困难，而且意义有限。作为对结果必然性的高程度的认识，不需要进行专门判断，因为故意类型的划分依据主要在意志因素上。

（二）情感因素

根据上述对直接故意心理生成机制的分析，情感因素不能被排除出直接故意的心理构造。"情意相随"，因为直接故意最显著的特征是"希望"，因此，其情感因素也围绕着希望展开。美国心理学家弗朗克曾认为，希望与信心和勇气等特质相似……希望是一种动态的心理状态，为个体对未来方向之正向评估或者美好的期待。还有心理学家将希望定义为：希望就是表达欲望与需求的一种情感、思想与期待。[1]如果将上述观点做进一步延伸，就意味着希望这种因素既体现了行为人意志的指向性，也体现了其情感上的美好期待。

希望作为行为人对结果的积极追求，表明了其期待行为实践、乐意结果发生的态度，在情感上是积极主动的，是朝向结果的，是乐观的。这种正向的情感建立在对危害结果发生的可能性或必然性的认识基础上，作为连接认识和意志的桥梁，它对最后的意志决定、实践转化具有推动作用。

（三）意志因素

直接故意的意志因素是希望，即积极追求。日常生活中的"希望"，是指心里想着达到某种目的或出现某种情况。[2]刑法中的希望是行为人对结果所持的一种有目的地追求的主观心理

---

[1] 李选：《情绪护理》，五南图书出版公司2003年版，第205页。

[2] 中国社会科学院语言研究所词典编辑室编：《现代汉语词典》（第6版），商务印书馆2012年版，第1390页。

态度。[1]在行为犯中，行为人认识到自己的行为内容和性质仍然坚持去做就足够了，因为这种行为已经蕴含对法益侵害的危险。在结果犯中，这种希望所针对的对象是构成要件的结果，属于刑法评价的范围。例如，在故意伤害罪中，行为人所积极追求的结果是他人身体受到轻伤以上的伤害，因此可以说，行为人对结果持希望发生的心态。对结果的界定不能离开各罪的构成要件，不能将所有结果都作为希望的对象。

希望这种意志具有显著的特征：首先，希望表明行为人的行为指向明确，对危害结果的态度积极，这种积极态度是促使其实施犯罪行为的支配力量；其次，希望与直接故意犯罪的"直接性"相关，表明行为人主观上直接朝向犯罪对象，不是为了实现其他目的而伴随发生该结果；最后，在意志程度上，希望非常坚决、明确，且行为的意志只有一个。

与希望密切相连的是目的。俄罗斯刑法学认为，希望是动员实现目的的意志，是以犯罪人有目的的活动为前提的。[2]因为行为人对结果的发生积极追求，即显示其行动明确的目的性。目的具有指向性，行为人在目的支配下，通过指向结果的行动完成犯罪。这种目的不同于"目的犯"中的目的，后者的目的属于刑法分则的特殊要求，不是所有的直接故意犯罪都须具备。

三、直接故意的程度

程度指人或事物发展到的状况，具有量上的差别。直接故意的程度不同，显示出的客观危害性与主观恶性就不同，最终影响到对行为的社会危害性评价。刑事司法必须考虑具体案件

---

[1] 陈兴良：《教义刑法学》（第3版），中国人民大学出版社2017年版，第480页。

[2] 薛瑞麟：《俄罗斯刑法研究》，中国政法大学出版社2000年版，第183页。

中直接故意的程度差别,只有这样,才能实现实质正义,达到刑罚公正、公平的效果。

现行刑事立法没有对直接故意的程度做出区分,仅有的针对直接故意的规定就是"希望"这一意志因素。在认识因素、法定刑设置等方面,似乎没有明确区分直接故意的程度。这样规定不代表界定直接故意的程度没有意义,只是刑事立法的概括性、稳定性决定了其不可能对任何内容都作出符合时代要求的、事无巨细的规定。有论者指出,判断直接故意的程度,应以行为人的事实年龄、被害人的同意、由于被害人过错而引起的行为人的情绪状况、预谋时间的长短和行为人对因果关系认识的确定性程度来决定。[1]可以说,这样的归纳很有实践意义。

在直接故意犯罪中,行为人需对因果关系的进程有所认识,而且,这种认识越明确,反映出的行为人的主观责任就越大。在现实中,对因果关系的认识控制着整个行为进程,对行为对象、时间、地点、方式、方法等内容的认识可以作为认定因果关系认识的佐证因素,因为因果关系的内容是通过其他个别要素体现出来的。此外,其他行为人的个人情况也会影响到直接故意的程度。

在行为人方面,直接故意的认识因素是对发生危害后果的认识,认识到发生危害后果的可能性还是必然性反映了行为人不同的认识程度,这也决定了直接故意的程度差别。根据行为人的认识程度,直接故意又可以被分为两种:第一种是明知自己的行为必然引发危害社会的结果,而希望结果发生;另一种是明知自己的行为可能会引发危害社会的结果,而希望结果发生。后者如行为人准备举枪射杀仇人,其明知自己的枪法不好、

---

[1] 李希慧、林卫星:"论直接故意的程度——刑法若干条款的展开",载《当代法学》2008年第4期。

没有经验,但却非常希望尽快射准,完成目标,这种心态也是直接故意。总的来说,认识程度也是反映直接故意整体程度的一项指标。

直接故意的程度不仅表明行为的主观恶性和可非难性,而且可能影响行为的决意,进而影响到行为的客观危害。客观危害和主观恶性共同决定了行为整体的社会危害性,这些都应分层次体现出来。

第二节 间接故意与直接故意的相同点

间接故意与直接故意同属于故意的下位概念,是故意呈现的两种表现形式。无论是在心理事实上还是在规范评价上,它们都具有很多相同点。既然两种主观心态都符合故意的本质,那么它们的相同点便是故意所呈现的最核心内容。

一、均具备认识、情感和意志因素

在认识因素中,行为人都对最后的危害结果有认识,这种认识是确定的认识,而不是只有认识可能性。缺乏认识的情况被排除在外。这就意味着,对行为人认识的判断要立足于行为人的个体情况。二者的认识内容范围是相同的,具体指行为的客观方面的内容,无论是哪种形式的故意,都需要认识到这些内容,只有如此才能进一步归责。关于认识的内容,笔者已在本书的第三章中予以阐述。

从情感因素看,在产生决意的过程中,故意的情感相对稳定、持续,态度相对积极。无论是哪种故意,虽然经过动机斗争,但最终都没有产生反对力量,并没有阻碍行为人进一步行动。对于发生的危害结果,二者都不持消极情感,均对最终的危害结果予以接受。

由于间接故意和直接故意的整体可非难性要高于过失,因而在意志因素中,二者的意志态度都相对倾向于结果发生,对危害结果不完全反对。无论是希望还是放任,他们都没有坚决反对结果发生,表现在外就是不采取措施避免结果发生。同时,从行为人的角度看,两种故意的意志因素有强弱之分,但都靠近实现结果那一边,与反对结果的态度有很大距离。故意的本质是要能反映出故意最内在的共通的内容,对结果的不反对、认可就构成故意。

二、可非难性都比较大

故意和过失都是规范评价的对象,体现出行为人的可非难性。与过失相比,间接故意和直接故意都是行为人在认真考虑后果前提下的行为选择,他们明知道有可能发生更坏的情况,却执意去做。虽然它们的意志强弱不同,但最后的决意都表明了行为人明确的反规范态度。这种态度充分表明行为人选择与规范作对,并破坏规范,因而具有较大的非难性。而在过失中,无论是哪种过失类型,行为人都想避免结果发生,在本意上都不具有和规范直接对抗的态度,因此可非难性较小。

正因为间接故意与直接故意具有心理构成和规范评价上的诸多相同点,二者不存在"质"的差异,所以,将它们都归入故意符合它们的本质表现。在现实中,大部分故意犯罪既能由直接故意构成,也能由间接故意构成,这也是由二者的共同点决定的。

第三节 间接故意与直接故意的差异

曾有观点认为,如果法律要求具备故意,那么,只要具备故意的两种形式——直接故意和间接故意——当中的任何一种即可。就这一点而言，区分直接故意与间接故意没有任何实际意义。[1]对故意犯罪的定罪，似乎只要证明行为人具备故意心态就够了，不需要再做出具体的区分，更何况，判决书中的罪名也不标明故意的类型。但是，区分间接故意和直接故意不仅能够促进理论深化，同时也有利于实践的认定。

分清行为人的主观内容到底是间接故意还是直接故意具有重要的意义：首先，这两种故意的构成因素不同，通过对案件具体的情况分析，能够分清两种故意的存在范围。其次，间接故意与直接故意的主观恶性存在差别，规范敌对意识不同，因此在量刑上应有所区分。最后，区分两种故意形式有时还会影响到对犯罪的准确定性，比如，是间接故意杀人还是直接故意伤害致人死亡在实践中就纷繁复杂，需要根据各种主客观因素予以明确。

具体来说，间接故意和直接故意同作为故意的类型，在构成因素、主观恶性、存在范围上都存在差异，对二者加以区分有助于准确定罪量刑，有利于罪责刑相适应原则的贯彻。下文中，笔者将对这些差异予以具体分析。

一、构成因素的差异

在静态上，两种故意形态在认识因素、情感因素和意志因素上都有差别，这类差别体现出了它们不同的心理构造和生成模式。

（一）认识因素上的差异

认识因素是主观构成要件的前提，直接故意与间接故意在

---

[1] [德] 冈特·施特拉腾韦特、洛塔尔·库伦：《刑法总论Ⅰ——犯罪论》(2004年第5版)，杨萌译，法律出版社2006年版，第135页。

认识因素上是否有差异,在我国刑法学以往的研究中还存在争论。

第一种观点认为,从直接故意与间接故意的概念我们可以看出,两者的认识因素是相同的,都是明知自己的行为可能或必然会发生危害社会的结果,区别的关键在于两者的意志因素不同。[1]该观点以我国《刑法》第14条的定义为依据,认为"明知会"包含明知自己的行为可能会发生危害社会的结果与明知自己的行为必然会发生危害社会的结果两种情况,间接故意内部也分为上述两种情况,限制间接故意的认识因素的范围没有必要。近年来,有学者指出:"在行为时,结果尚未发生,行为人对于将来会发生结果的预见,无论在何种情况下,都只能是一种可能性的认识,而不可能是必然性的认识。"[2]该观点不是从文本出发,而是从客观后果出发往前看,认为结果没发生就不存在对结果的必然性认识。但是,结果尚未发生是行为时的客观情况,行为人存在什么样的认知是行为人的内心所想,内心认知与客观情况存在偏差还时有发生,怎能以客观结果还未出现就否认行为人有必然性的认知的情况呢?

第二种观点认为,直接故意与间接故意在认识因素、意志因素和主观恶性等方面都有明显区别。从认识因素上看,二者对行为导致危害结果发生的认识程度有所不同。从意志因素上看,直接故意是希望即积极追求危害结果的发生,间接故意对危害结果持放任的心理态度,而不是希望。另外,直接故意的主观恶性比间接故意更严重,因而处罚也相对更重。该观点除了从故意的构成要素角度分析外,还指出了二者的本质差异,

---

[1] 马克昌主编:《犯罪通论》(根据1997年刑法修订),武汉大学出版社1999年版,第340~341页。

[2] 黎宏:《刑法学总论》(第2版),法律出版社2016年版,第190页。

并对处罚进行了区分,已成为通说。

该观点与传统理论一脉相承,俄罗斯刑法学至今也认为直接故意与间接故意在认识因素上有区别。"在直接故意时,主体预见的一般是发生后果的必然性,而在间接故意时,主体预见的是发生犯罪后果的现实可能性。直接故意与间接故意的基本区别根植于意志因素之中。"[1] 总体来说,这种观点虽然主张直接故意与间接故意在认识因素和意志因素上都应作出区分,但也不否认意志因素才是区分二者的关键。

第三种观点认为,直接故意与间接故意在认识因素上没有明显差别,但间接故意的意志因素不仅包括放任,还包括容忍的内容。根据这种观点,直接故意又称希望故意,间接故意包括放任故意和容忍故意,前者指认识到危害结果发生的可能性下的意志因素,后者指认识到结果发生的必然性的意志因素。该论者指出,明知必然性又并非是希望的情形,自然应归入间接故意。问题应当从根本上去解决,即承认确实存在一种既非希望,又非放任,介乎二者之间的意志态度——容忍。容是完全肯定的,不是放任;忍又是不得已的、被动的,不是希望。[2] 这种观点认可间接故意中存在两种不同程度的认识内容,将二者综合在一起后,其与直接故意的区分标准就只能从意志因素上去找寻。

以上几种观点的分歧在认识因素上表现为,能否以行为人的认识程度区分直接故意与间接故意,间接故意能否包含行为人认识到危害结果发生必然性的情况。对此问题的解析依赖于

---

[1] 俄罗斯联邦总检察院编:《俄罗斯联邦刑法典释义》(上册),黄道秀译,中国政法大学出版社 2000 年版,第 49 页。

[2] 贾宇:"犯罪故意类型新论",载《法律科学(西北政法大学学报)》2002 年第 3 期。

心理学的分析，特别要关注认识因素与意志因素的互动关系。

认识因素是意志因素的基础，只有对事实具有一定的认识，才能进一步产生情感体验，做出决定。认识到了结果的必然发生，似乎不再有对结果选择的可能性，没有办法放任其发生，只能等待其发生。在通常情况下，明知自己的行为必然发生危害社会的结果，仍然放任结果发生的情况的确难以存在。但是，正如在本书间接故意的构造部分所探讨的，认识到结果发生的必然性仍然放任结果的发生作为一种心理事实是可能存在的，我们不能以对事实的归纳推演来否定这种现象的存在。

人的行为具有意向性，从行为人本人出发，其可能会有多个行为目标，产生多个实际结果。在追求一个目标的进程中，可能伴随产生多个附随结果，这些结果按照日常逻辑是必然发生的，行为人对此也有所认识，但为了追求自己的目的，他不得已对这些必然发生的结果不管不顾，放任其发生，这是完全可能的。刑法意义的危害结果是行为人认识内容的核心，对危害结果的态度要么是积极的追求，要么是消极的放任。即便认识到危害结果的必然发生，也不代表行为人就希望其发生，在希望与反对之间，行为人完全可以有不同的第三种心态。正如有英国学者所述："按照'双重结果'的道德学说，当一个人不希望他的行为产生某种结果时，尽管他明显地认识到这种结果必将发生，也比他寻求达到这种结果要少受责备。"[1]因此，认识到结果发生的必然性之后，行为人同样可以放任结果发生。关于这一点，本书在上一章已经用了较大篇幅予以论述。

接下来的问题是，如果承认明知危害结果必然发生却仍然放任其发生的心态存在，那么这种心态应被评价为直接故意还

---

[1] [英]鲁珀特·克罗斯、菲利普·A. 琼斯：《英国刑法导论》，赵秉志等译，中国人民大学出版社1991年版，第31~32页。

是间接故意？有观点认为，如果我们不去究明行为人的心理是希望还是放任，而根据行为人对结果发生的必然性的认识及他的行为是其意志支配、控制的结果就认定为确定性故意犯罪，不是更合理些吗？[1]也就是说，论者主张仅从认识程度上区分两种故意类型，行为人对结果发生有必然性认识的是直接故意。还有论者认为，从心理事实上看，明知自己的行为必然发生危害社会的结果，行为人是可以对该结果持放任心态的。但是，从法律评价上看，它应当归属于直接故意。这是一对法律评价与法律事实的矛盾。[2]该论者的主要理由是，在这种情况下，行为人为实施行为实现目的而对必然发生的危害结果不管不顾，任其发生，其危害性与直接故意中的追求发生的危害性一样。故意的概念应呈现非难程度的区别，对上述情况应以直接故意定性。况且，这种观点已体现在部分地区的立法中。

但是，上述观点忽略了我国现行立法的内容，有逾越罪刑法定原则的嫌疑。现行立法条文表述并未对故意的认识因素作出区分，而是用"希望"或者"放任"这样的意志因素区分两种故意类型。将明显具有放任心态的主观内容归为直接故意，恣意扩大了直接故意的范围，在解释论上是行不通的。

除此以外，将明知危害结果必然发生的心态统一定性为直接故意，排斥了间接故意的适用可能，是事实上仅从认识因素层面区分故意类型的做法。该做法放弃了故意的本质，置意志因素的具体内容于不顾，无法说明犯罪主观心态的本质。诚然，故意中存在着认识、情感、意志三种心理因素，但这三种因素间存在互相联系又彼此独立的特点，认识因素不必然决定意志因素的内容，更何况归类的基点还在于最终的意志。以认识因

---

[1] 冯军：《刑事责任论》，法律出版社1996年版，第165页。
[2] 王雨田："明知必然发生能否放任？"，载《中国刑事法杂志》2004年第4期。

素代替意志因素，不符合实际的心理运行机制，违背了认识因素与意志因素关系的原理。

笔者认为，认识到自己的行为必然发生危害社会的结果，而放任这种结果发生的，仍属间接故意。这种解释并没有超出现行立法文本，又符合现实中的实际情况。既然如此，间接故意与直接故意的认识因素都可以包含认识到结果发生的可能性或必然性，在此意义上区分故意的类型意义不大，上述第一种和第三种观点在此问题上的分析都值得认可。

(二) 情感因素上的差异

我国现行刑法中并没有关于故意情感因素的规定。这是因为，情感因素作为心理过程的重要部分，联结知与意，其状态却不稳定。它在认识因素产生之后，可能肯定或否定认识因素的内容，也可能模棱两可，不置可否。它不像最终的意志因素那样具有决定性，对事态的控制力较弱，因此，它在刑法学上的意义有限。不可否认的是，心理上的情感因素仍然影响故意的内容，直接故意与间接故意的情感因素具有差异。

意大利刑法较早开始关注故意的情感因素问题，其理论认为，故意的强度取决于主体的情感态度：犯罪时，主体实施越冷静，越没有感情，故意的强度就越高。另外的理论从刑事政策的角度入手，认为故意的强度决定于犯罪决意的持续时间，因为这能表明行为人背离法律规定的程度。按照这种观点，故意的强度可以被分为三级：突发故意、成熟故意、预谋故意。[1]这些理论说明了情感因素与故意强度的关系，从而有助于在定罪量刑上对故意作出区分。作为故意中的非必备要素的情感要素，理应在故意类型的区分中得到重视。

---

[1] [意] 杜里奥·帕多瓦尼：《意大利刑法学原理》（注评版），陈忠林译评，中国人民大学出版社2004年版，第192~193页。

人的情绪情感经常变化，积极的情感能促进行为发生，助力积极行动；消极的情感能阻碍行为发生，降低活动的主动性。不同的情感因素影响行为最后的效果。人的情感因素可以被分为三类：消极的情感、中性的情感和积极的情感。直接故意中的"希望"、间接故意中的"放任"既是它们的意志因素，也反映出不同的情感趋势，在情感因素上有区别。

　　有学者指出："直接故意对于危害结果持肯定态度（肯定性情感），间接故意对危害结果呈中间（两可）态度，即模糊性情感。"[1]套用上述对情感因素的分类，直接故意体现出了积极的情感，而间接故意的情感不能说是完全的消极和中性，而是模棱两可、有一定摇摆的。这种情感因素直接影响到了最终的意志选择和决定。

（三）意志因素上的差异

　　意志，是人的心理活动中具有支配力的因素。意志带有强烈的主观能动性，使主观意识转化为外部动作，从而对人的行为起调节（发动和制止）作用。[2]决定故意类型的关键因素是意志，因为它直接联系了行为人的心理与实际行动。直接故意的意志因素是希望，间接故意的意志因素是放任，这两种意志有明显区别。希望意志下的行为往往有明确的目的，为了实现目的，行为人会积极筹划、行动，朝着目标努力。而在放任中，即便发生了危害结果，行为人也是不在意的，因为这在他的意料之中，对他来说是能接受的。正因为如此，间接故意的行为人在行动中面对危害结果时不会积极追求，其指向性不明显。

　　对放任内涵的解读，不同词汇表现出了不同的程度差异。

---

[1] 储槐植："论刑法学若干重大问题"，载储槐植：《刑事一体化与关系刑法论》，北京大学出版社1997年版，第389页。

[2] 周光权：《刑法总论》（第3版），中国人民大学出版社2016年版，第156页。

同样来源于我国《刑法》第 14 条的规定，学者们给出了形形色色的"放任"定义。这些定义程度由轻到重，涉及的心理范围越来越广。根据上文对间接故意的意志因素的分析，笔者已指出，放任包含两大类情况，即倾向于接受结果、态度相对积极的纵容地放任和态度相对模糊中立的漠然地放任。"放任"与"容认""漠不关心"（漠然）这些单一语词并不能完全画等号。不在乎（漠然）、纵容、希望这三种心态在意志方面的程度不断加深，共同完成了对故意内容的描绘。因此，间接故意与直接故意在意志因素上的差别主要体现在意志态度和强度上。

具体来看，间接故意的意志因素放任与直接故意的意志因素希望主要有以下一些区别：首先，二者对危害结果的态度指向性明显不同。间接故意没有明确的指向性，行为并未直接指向本罪的危害结果，该结果的出现是主行为伴随而来的。而直接故意有明确的指向性，"希望"指向的是行为人所追求的结果。虽然这种指向性不要求具体到对象个体的确定性，但是这种针对对象侵害的意志是明确的、一贯的。在间接故意中，行为人仍然有直接指向的希望心态，只不过这种心态不是本罪的组成部分。其次，二者对危害结果的情感态度不同。意志因素包含了对行为人情感内容的评价，间接故意的放任性决定了行为人情感模糊、多变，对行为结果的发生往往是顺势推动的。而直接故意的希望性决定了行为人积极追求结果发生，于是行为人会进一步坚定意志，排除困难，直到实现目标。再次，二者在意志是否唯一上不同。间接故意中，行为人行为的意志针对的是主行为，对伴随发生的危害结果存在放任的意志；而直接故意中，行为人的希望态度唯一，这种意志对行为具有较强的控制力。最后，二者与目的的关系不同。间接故意的特性决定了其意志的伴随性、附属性、派生性，这些都不能和直接针对结果的目的相容，如果行为人具有明确的目的，就只能是希望结果发生了；而直接故意的希望特性表明行为人具有目的，在目的指引下坚持行动。总之，前者不如后者态度积极，强度也不坚决，凸显出了模棱两可的一面。

笔者在此以"李某编造虚假恐怖信息案"来说明上述区分，该案案情如下：

被告人李某因嫉妒开发区 A 酒吧的生意比其亲戚经营的 B 酒吧红火，出于扰乱 A 酒吧正常经营之目的，于 2007 年 1 月 20 日 20 时许，在酒后拨打 110 报警电话，向公安机关谎报自己在 A 酒吧内安放了定时炸弹。警方接警后立即出动 37 名警员、3 名排爆警察、6 辆警车、1 辆安检排爆车，并携带全部安检排爆器材，赶赴现场，开展侦破、排爆工作，并疏散 A 酒吧及其周围的生活购物公司、电子商城、小吃店等商铺内的人员，封锁现场近 3 个小时，最终发现 A 酒吧内无任何爆炸物。后公安机关将被告人李某抓获归案。

在本案中，行为人随意拨打 110 电话，报假警谎称在公共场所安放炸弹，导致大量警力被用于排爆和疏散人员，严重影响了社会公共秩序，行为的性质已属于编造虚假恐怖信息。本案在审理中存在的争议之一是辩护人认为被告人实际上持有间接故意心态，但公诉方认为被告人是直接故意。该案中行为人的主观方面该如何认定？

在实践中，对间接故意与直接故意的区分主要依据法律的规定，对行为人的认识因素和意志因素的内容分别作出认定。在认识方面，被告人在晚间拨打报警电话，谎称自己在酒吧这样的公共场所放置了炸弹，这种行为作为社会一般人都能认识到其可能造成的后果和严重的社会危害性，行为人本人也应能认识到。在公共场所放置炸弹的情况如果是真实的，那么当地安全就会受到严重威胁。警察的职能之一就是保护公共安全，从最大限度保护公共安全出发，警方接到报警电话称放置有炸弹一定会出动警力排查，并从最谨慎的角度出发疏散人群。只要接到这样的电话，警方宁愿先相信有炸弹而不会相信无炸弹，而这不仅会耗费大量的人力、物力，而且会对社会秩序造成影响。行为人正是想到了这一点，他因为嫉妒别家酒吧的生意好，为了表达不满，影响人家的生意才做了上述行为。从因果链的角度出发，行为人想通过自己拨打报警电话达到上述效果，警察的后续举动可以说是其行为达到目的的其中一个环节。所以行为人对此是明知的，不仅如此，行为人对结果发生的认识已达到必然性的程度。虽然本书主张，认识到结果发生的必然性仍能对结果持放任态度，但这种情况毕竟只是少数。具体到本案，李某的行为具有明确的指向性，他选择打报警电话的方式制造恐慌，目标对象直指 A 酒吧及其周边，这个指向从行为一开始就是明确的；他的情感态度更积极，行为步骤明确，在此影响下坚定了意志；他有明确的目的，就是通过制造虚假恐怖信息引起混乱，从而破坏 A 酒吧的正常经营。在这里，行为的目的似乎是破坏 A 酒吧的正常经营，而非破坏社会秩序，但是社会秩序属于刑法保护的法益，酒吧属于公共场所，扰乱酒吧经营其实只属于行为人的做事动机。该动机如何不影响行为人最终扰乱社会秩序的目的实现。综合上述区别点来看，行为人的意志坚决，指向明确，属于希望，行为人构成编造虚假恐怖信息罪，且持直接故意心态。

（四）各种因素动态上的差异

在故意中，认识因素、情感因素和意志因素存在互动关系，各种因素都与其他因素相连，在"关系"中呈现最终的决意。

行为人原始的认识诱发有情感的参与，认识又成了产生进一步的情感体验，并成为意志决定的基础，只有在对结果判断的基础上，行为人才会选择行动。

间接故意的心理生成过程正是呈现了上述各因素的先后关系。无论是追求犯罪目的还是非犯罪目的，行为人为了实现目标伴随产生其他的危害结果，这些都建立在有认识的决定之上。但直接故意有时却存在相反的顺序，直接故意的意欲先于认识，是意欲影响认识。[1]因为直接故意的意志态度较强烈，具有持续性、明确性，在很多情况下，行为人是先产生目的，进行预谋，进而寻找目标，再产生对具体目标内容的明确认识，最后采取行动。在这个过程中，行为人还会根据实际情况调整自己的认识。例如，甲希望杀死仇人，这一目标明确，然后甲准备枪，径直向乙瞄准射击，这个过程就是先有杀人的希望意志，才有对乙存在地点、位置和自己具体行为性质的认识。这并不违背直接故意的正向心理生成原理，只是在直接故意的各因素中，意志因素起到了更为重要的引领作用。

此外，在一些案件中，直接故意比间接故意的持续时间更长，因为预谋故意都属直接故意。也就是说，在预谋犯罪中，直接故意的持续时间从预谋开始，一直延续到行为结束，而间接故意的放任特性决定了其不可能存在预谋。

按照以上的分析，间接故意以认识内容为基础，认识之后才有意志，虽然意志表示行为的可非难性，但是认识非常重要，因为如果认识到结果发生的盖然性程度很低，就没有放任可言；但在直接故意中，可以说意志占据主导，在某些情况下是意志引领认识。因为其意志的强度已足以表现直接故意的性质，所

---

[1] 许玉秀：《当代刑法思潮》，中国民主法制出版社2005年版，第267、274页。

以就直接故意来说，其认识的程度反而没那么重要了。参照截取自哈夫特刑法教科书中对各种故意结构的分析图，[1]间接故意和直接故意的区分如下所示：

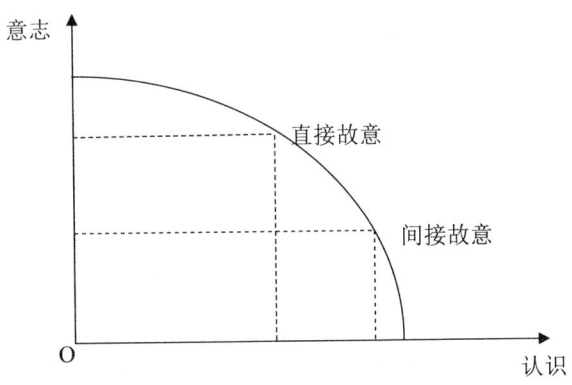

图 4-1 直接故意与间接故意的关系图

在图4-1中，从意志因素的纵轴看，直接故意的意志强度比间接故意高，这并没什么争议。但是，从认识因素的横轴看，间接故意的认识程度似乎要超过直接故意。在这里需说明的是，图4-1在这里的确存在令人费解之处。根据本书的分析，直接故意和间接故意在认识程度上差别不大，更不能将间接故意的认识程度设立得很高。但是，图4-1表示的是一个幅度和区间，只为了说明直接故意以意志为引领，意志强度高。而间接故意更应强调认识的基础作用，且在间接故意与有认识过失的区分中，它的认识程度还是高的。因此，图4-1仍具有不完整之处，

---

〔1〕 Haft, AT, 8. Aufl., S, 153ff, 转引自张丽卿：《刑法总则理论与运用》，五南图书出版公司2011年版，第165页。需要说明的是，本图类似于哈夫特书中的间接故意与意图故意的结构对比图，因为按照他书中所述，直接故意是认知占优势，意图故意才要求行为人出于特定目的。本图表根据我国刑法的间接故意与直接故意的故意二分法所改，强调直接故意的意志作用的决定性，因此如图所示。

还需要进一步的改进。

二、存在范围的差别

间接故意与直接故意存在范围的差别，指的是在刑法分则中，一些犯罪只能由间接故意构成，一些犯罪只能由直接故意构成，在这些犯罪中，不可能有另一种故意类型存在。我国较新的统编刑法学教材认为："从刑事立法上分析，绝大多数故意犯罪都只能由直接故意构成；少数犯罪如故意杀人罪、故意伤害罪，则既可以由直接故意构成，也可以由间接故意构成。法定的罪过要件可以是直接故意也可以是间接故意的那些犯罪，从司法实践中看，也还是表现为直接故意常见多发，间接故意则相对较少。"[1]根据上述说法，直接故意犯罪在实践中较多出现，刑法分则中由故意构成的犯罪基本上都可由直接故意构成，仅由间接故意才能构成的犯罪属于少数。这种说法的确与实务相符，常见类型的犯罪大多也是如此。问题是，"从刑事立法上分析"，是否就能得出上述结论？既然刑法分则条文没有任何一条限定故意的类型，我国的刑事判决书在最后的结论部分，有时也不明确说明该案是直接故意犯罪还是间接故意犯罪，那么区分直接故意与间接故意的存在范围是否还有意义。

总体来看，我国《刑法》第 14 条概括规定了故意的内容，并没有区分两种故意的名称，更没有将不同类型的故意划分为两个条款。这表明，只要是故意犯罪，都应当受到处罚。对于刑法分则明确规定的故意犯罪，只要没有排除一种故意的可能，就存在着直接故意和间接故意都可构成的可能性。但是，各类犯罪的构成存在较大差异，这些客观构成的差异与不同故意类

---

[1] 高铭暄、马克昌主编：《刑法学》（第 8 版），北京大学出版社、高等教育出版社 2017 年版，第 112 页。

型的对接的确会呈现不同的特点，不能忽视各类犯罪的特点而仓促认定其都能由两种故意类型构成。

具体来说，对间接故意的存在范围的讨论，要结合两种故意类型的特性，并结合某类犯罪的具体构成特征进行分析，只有这样，才能明确各类故意犯罪的具体主观方面内容。

由此，该部分的讨论主要包括以下两个问题：首先，所有间接故意能构成的犯罪，是否都能由直接故意构成；其次，所有直接故意能构成的犯罪，是否都能由间接故意构成。

（一）所有间接故意能构成的犯罪，是否直接故意都能构成

关于这个问题，一般认为，既然刑法规定某种犯罪的主观方面是故意，那么间接故意可以构成的，直接故意也可以构成。也就是说，行为人在认识到结果发生可能性的情况下，放任该结果发生能构成犯罪，希望该结果发生更能构成故意犯罪。这主要是因为，刑法对各类故意犯罪罪状作了明确规定，未明确排除某种故意的情况，且各罪名有相对明确的法定刑。从体系协调性来看，间接故意这种主观恶性较轻的类型能构成这种犯罪，那么比它相对更重的直接故意便更能构成，无视这种情况会导致直接故意构成的该类犯罪无法得到处罚的情况。理论上认为只能由间接故意构成，不能由直接故意构成的犯罪主要是那些造成比本罪保护的主法益更为严重的侵害结果的犯罪，如部分生产、销售伪劣产品类的犯罪，滥用职权类的犯罪等。这些犯罪的构造具有特殊性，对其进行分析要着重关注对各罪的"危害结果"如何理解的问题。

以生产、销售不符合安全标准的食品罪为例，该罪是指生产、销售不符合食品安全标准的食品，足以造成严重食物中毒事故或其他严重食源性疾患的行为。一般认为，该罪的主观方面只能是间接故意，即行为人明知是不符合卫生标准的食品而

故意予以生产、销售，对造成严重食物中毒事故或者严重食源性疾患持放任态度。[1]也就是说，行为人对本罪的严重后果只能持放任态度，而不能是希望。因为如果行为人认识到自己的行为足以导致严重食物中毒事故或其他严重食源性疾患，他还希望这样做，那么他就有明确的侵害他人身体健康的故意，就可能构成危害公共安全类的犯罪或者侵犯公民人身权利的犯罪了，用本罪进行评价已不合适。另外，本罪的法定刑起刑点并不高，将本罪的主观方面定为直接故意，会导致罪责刑不相适应。

  要对上述问题进行评析，首先要看对本罪的危害结果如何认定。本罪属于破坏社会主义市场经济秩序的犯罪，侵犯的主要法益是国家的食品卫生监督制度和市场经济秩序，次要法益才是消费者的身体健康。针对主法益的结果是本罪的危害结果，而针对他人身体健康的破坏属于限定本罪处罚范围的结果，可归于"客观的超过要素"，它不需要行为人有专门的主观认识与其相对应。我国刑法对各罪名坚持定性与定量相结合的立法模式，同时，在实践中也重视区分违法与犯罪的区别，只有行为具有严重的社会危害性的才动用刑罚处罚，就算行为表现相似，但是没有达到法律规定的严重程度的，可以以违法处理，但不属于刑法意义的犯罪。客观的超过要素的设定是为了限制处罚范围，表明本罪的刑事可罚性程度。针对本罪来说，行为人生产、销售不符合卫生标准的食品就蕴含了社会危害性，只是一般性的生产、销售行为如果性质不严重，也没造成什么后果的，就不当作犯罪处理，而不是说这样的生成、销售行为是合法的。因此，在本罪中，行为人如果对自己生产、销售不符合卫生标

---

  [1] 参见赵秉志主编：《刑法新教程》（第4版），中国人民大学出版社2012年版，第374页。

准的食品可能导致的破坏食品监管制度和我国的市场经济秩序的后果有所认识，在此认识基础上行为人还希望或者放任这种后果发生的，就可以构成本罪。至于更为严重的足以导致严重食物中毒或者其他严重食源性疾患的后果，行为人不需要有所认识，即便行为人对此有认识，在此基础上的希望或者放任也都不属于本罪的故意内容。

另一方面，正如上述，如果将这类犯罪的主观方面限定为间接故意，那么对行为人持直接故意心态犯罪的，将难以得到处理。当然，与生产、销售不符合安全标准的食品罪衔接的还有危害公共安全类犯罪、故意伤害罪等。但是，在有些情况下，如果刑法没有专门规定针对更为严重后果的直接故意犯罪，那么相关行为就将得不到处理，[1]这在解释论上就存在问题。

因此，从各罪保护法益的角度出发进行分析，承认客观的超过要素的存在，行为人完全可以对本罪的行为及其产生的结果持希望心理，限制直接故意的存在范围是不合适的。也就是说，在刑法中，只要是间接故意能构成的犯罪，直接故意就也能够构成。

（二）所有直接故意能构成的犯罪，是否间接故意都能构成

至于第二个问题，要结合直接故意和间接故意的构造特性，进行分类分析。

有学者认为，依据刑法规定，只有行为人在没有其他意图时才可以实施的犯罪，不可能由间接故意构成。[2]这种观点值

---

〔1〕《刑法》第189条规定的"对违法票据承兑、付款、保证罪"就是如此。也有观点认为，该罪的主观方面只能是间接故意，因为该罪要求造成重大损失。但是，如果行为人对自己的行为持直接故意心态，按照这种观点就无法找到相关的罪名进行处罚，况且，同样性质的行为规定不同的罪名也是不合适的。

〔2〕 赵秉志、肖中华、左坚卫：《刑法问题对谈录》，北京大学出版社2007年版，第120页。

得认可。因为直接故意具有明确的意志指向，这种意志只有一个，行为内容和进程是意志的直接表现；而间接故意往往伴随行为目的而产生，行为目的并不直接指向间接故意的危害结果，这就意味着意志单一、指向明显的犯罪不能由间接故意构成。如在妨害公务罪中，暴力、威胁行为的指向就是阻碍国家机关工作人员依法执行职务，行为整体积极主动，行为人不可能存在其他意图，那么该罪就没有间接故意的存在空间。也就是说，从意图的数量、对象和行为的整体性质判断，可以否定部分犯罪由间接故意构成的可能性。

此外，在理论上，关于目的犯、举动犯能否由间接故意构成，也存在争议。下面，笔者将进行专门分析。

1. 目的犯能否由间接故意构成

通说认为，目的犯只能由直接故意构成，间接故意不能构成。这是因为，目的犯的核心要件"目的"要求行为人的行为具有明确指向，因为目的具备，行为人期待结果发生，并控制行为过程，为实现目的的努力。间接故意的意志因素是"放任"，放任态度的模棱两可性和不明确性无法与明确希望达到的目的相容。直接故意犯罪可以容纳犯罪目的的内容，这并不反对间接故意犯罪可以有其他目的，但不能是指向犯罪结果的、刑法构成要件所要求的目的。

有学者不同意上述观点，认为间接故意犯罪也可以有目的和动机。主要理由是刑法立法并没有限制各种故意犯罪的具体主观类型，理论上说，每类故意犯罪都可以由间接故意构成。[1] 在其教科书分论中，也并未对所有故意犯罪区分具体由哪种故意才能构成。该观点的立论点仍然是刑事立法未明确区分直接

---

[1] 参见张明楷：《刑法学》（第5版），法律出版社2016年版，第264页。

故意和间接故意的类型，从立法考察，不能人为限制目的犯的存在范围。也就是说，即便间接故意构成的目的犯极为少见，目前还难以发现，但不能从根本上否认这种情况。

还有学者认为，在目的犯的构造中，其实存在两种目的，不能混淆。故意中包含的目的属于行为的直接指向，针对对象是危害结果；而目的犯中的目的是特定的目的，属于刑法分则的专门规定，不属于一般故意的内容。[1]即行为人只有具有一般的故意，再具有目的犯要求的特定目的，才能构成目的犯。在这个意义上，特定的目的不在故意当中，应属于"主观的超过要素"。那么，针对危害结果的放任意志与其之外的另一种特定目的便是可以并存的。

对于目的犯能否由间接故意构成的问题，笔者认为，关键是分清目的犯的本质能否和间接故意相容。目的犯是由一种特定目的作为构成要件要素的犯罪，这种特定目的属于该类犯罪的必备要素。根据该类目的是否由法律明确规定，目的犯可以被分为法定目的犯和非法定目的犯，前者如盗窃罪要求"以非法占有为目的"，后者如走私淫秽物品罪要求"以牟利或传播为目的"。无论该目的是否法定，行为人只有具备该目的才能构成。

目的犯的目的不等同于一般直接故意犯罪的目的。直接故意要求行为人对自己可能造成的结果有认识，同时具有希望的意志；直接故意行为在目的指引下进行，这种目的与希望的意志相通。例如，如果行为人希望以用刀砍的方式杀害他人，那么他的目的就是非法剥夺他人生命，这种目的被包括进行为人的希望意志中。而目的犯的目的是故意之外的特殊主观要素，

---

[1] 参见陈兴良："目的犯的法理探究"，载《法学研究》2004年第3期。

行为人除了对结果发生有认识和意志外，还需要具备这一目的。在实践中，对此目的是否具备也需要单独进行判断。以走私淫秽物品罪为例，要构成该罪，行为人需要认识到自己的行为是为了逃避海关监管，而运输、携带、邮寄淫秽物品进出境，同时有意这样做，除此以外，行为人还必须具有牟利或传播的目的。至于这个特定目的是否实现，则不属于本罪的构成要件。也就是说，在这种情况下，特定的主观目的并没有与其相对应的客观构成要件要素存在。

目的犯的目的在犯罪故意之外，即便是直接故意犯罪，行为人要构成目的犯，也需要具备两个目的，一个是直接故意中包含的目的，另一个是特定的目的。间接故意的放任意志固然与目的不相容，但在间接故意之外，行为人存在另外的目的是可能的。间接故意犯罪多发生在行为人追求一个目的而伴随产生危害结果的场合，追求的主目的可以是合法目的，当然也可以是犯罪目的。如果行为人追求特定的犯罪目的，而放任危害结果发生，且这种放任属于间接故意的构成因素，那么这种目的犯就可以由间接故意构成。

仍以上述走私淫秽物品罪为例，行为人为了牟利，而对夹带淫秽物品进境的行为采取放任态度是可能存在的。牟利的目的不需要有专门的牟利行为相对应，有牟利目的不代表行为人对夹带淫秽物品进境持希望心态。在现实中，行为人完全可能一心追求牟利的目的，而对夹带进境物品类型不理不睬、放任不顾，而实际上其夹带的物品也的确有合法的可以用作赚钱的物品，同时，包含淫秽物品。在这里，应区分行为目的和针对本罪的犯罪目的，犯罪目的是行为人希望通过行为以实现对本罪的危害结果，走私淫秽物品罪的犯罪目的是希望通过自己的行为导致海关监管秩序和社会管理秩序遭受破坏，而行为目的可能包括单纯的牟利需求,这种需求明确,但未含有针对法益明确侵害的内容。

特定的主观目的表明行为人具有对结果发生的特别追求,整个意志状态是积极主动的。间接故意的纵容、漠然态度针对的对象是构成要件包含的危害结果,与行为人同时具有的其他行为目的可以相容。从情感体验来看,具有目的的行为积极主动,而间接故意犯罪的行为人完全可以为了一个主观的超过要素——目的,积极主动地坚持去做,而对造成的属于本罪客观要件的其他结果持模糊的态度,由于这两种情感内容针对的对象不同,所以可以共存。因此,如果承认目的犯中的目的是主观的超过要素,那么目的犯也能由间接故意构成。

2. 举动犯能否由间接故意构成

举动犯,是指那种行为一经实施即告完成,构成要件要素就已经齐备的犯罪形态。由于举动犯的既遂标志是行为实施完成,不存在危害结果,因而谈不上对结果发生的"放任",不可能由间接故意构成。举动犯的特征是将原本的非实行行为规定为实行行为,目的是严密犯罪圈,提前进行法益保护。如参加恐怖活动组织罪属于举动犯,行为人只要明知是恐怖活动组织而参加的,本罪就构成既遂,无论其在该组织中有没有发挥作用,有没有实施危害行为。在明知该组织的性质的前提下仍然参加,行为人的意志因素只能由希望构成,属直接故意心态,不存在模棱两可的放任行为,因为行为人无法对这种参加不管不问,任其发生。参加行为一旦确定,犯罪就已既遂。举动犯是预备行为实行化、共犯行为正犯化的典型代表,含有立法者的价值选择,是刑法中为数不多的专门规定。从整体上看,间接故意中的放任结果发生的特征与举动犯中的行为一经实施即告完成的性质不符,二者不能共存。

综上，间接故意与直接故意的存在范围有差异，举动犯、行为人在没有其他意图时才可以实施的犯罪等只能由直接故意构成，其他大多数犯罪两种故意类型都能构成。对某种犯罪是否能由间接故意构成的问题，要结合案件的实际情况来确定。

三、主观恶性的差异

间接故意与直接故意都属于犯罪的主观方面，它们都能反映行为人违反社会规范的态度，通过其支配的行为这种敌对社会的意识表现于外，呈现出一种恶。主观恶性是犯罪人主观上所具有的某种属性。主观恶性的内在结构是心理事实与规范评价的统一。[1]因此，对主观恶性的分析不能脱离行为人的心理状态，要依据认识因素与意志因素所反映的反社会态度而定。

直接故意属于故意的典型形态，在认识到会发生结果的前提下，行为人选择积极行动，希望结果发生，表现出了意志状态的坚决性，这种积极态度说明行为人对社会规范和秩序的明知故犯心态，有较高的主观恶性。

间接故意属于原有故意的扩张形态，这种故意较直接故意表现得不明显、不坚决。在情感因素和意志因素中，放任的心态体现出的是相对消极的态度，其敌对社会的意识没那么强烈，在个别情况下甚至还想依靠没有依据的侥幸，因此他的主观恶性没有直接故意高。

主观恶性不同于客观危害，对一个行为的处罚要综合主客观全部条件认定，主观恶性低不代表客观危害一定就小。有学者曾指出："既然刑法规定了'故意犯罪，应当负刑事责任'，并没有规定间接故意犯罪可以从轻处罚。那么，对直接故意犯

---

[1] 陈兴良：《刑法哲学》（第5版），中国人民大学出版社2015年版，第34页。

罪的处罚必然要重于间接故意犯罪的根据似乎有些缺乏。"[1]这种说法正说明了上述道理，刑罚的量必须与行为的客观危害性以及行为人的主观恶性相适应。实践中有不少间接故意犯罪的情况危害性更大，造成的后果更严重，简单地说间接故意犯罪一定比直接故意犯罪轻并不合理。但是，在案件其他情节相同的情况下，间接故意与直接故意的量刑应体现出差别，这是由二者的主观恶性不同造成的。最高人民法院于1999年10月27日通过的《人民法院维护农村稳定刑事审判工作会议纪要》中指出："在直接故意杀人与间接故意杀人的案件中，犯罪的主观恶性是不同的，在处刑上也应该有所区别。"该司法解释对实践中的差别量刑有指导意义。

间接故意与直接故意的主观恶性差别可能会影响量刑的结果。意大利学者认为，故意的程度是量刑时应当考虑的内容。学者们为此提出了两项衡量标准："第一是犯意的酝酿时间，时间越长，主观恶性越强；第二是行为人对其行为反社会性的认识程度，越是明知故犯，主观恶性就越强。"[2]从我国司法实践的情况来看，将间接故意作为量刑情节考虑，也主要是认为间接故意犯罪行为人相比直接故意，主观恶性较小，进而综合其他因素体现出了行为人的人身危险性较小。

结合对司法实务案例的分析，笔者认为，在量刑中，不同故意类型的主观恶性确实存在差别，但也不能过于夸大这一差别，而否认了其他量刑情节。首先，间接故意犯罪是否从轻处理，要结合其他情节综合认定。一般来说，行为人是间接故意

---

[1] 马克昌主编：《犯罪通论》（根据1997年刑法修订），武汉大学出版社1999年版，第318页。
[2] 黄风："意大利刑法及其新近的发展"，载《最新意大利刑法典》，黄风译，法律出版社2007年版，第17页。

犯罪，同时具有认罪悔罪、坦白、积极赔偿、得到被害方谅解等从轻情节的，综合考虑对其从轻处理。只具备间接故意一项相对从宽的情节的，不必然对被告人从轻处理。量刑所依据的依然是犯罪的总体社会危害性，主观恶性只属于彰显行为总体社会危害性的其中一个指标，不能以它代表社会危害性评价的全部。所以，对间接故意犯罪的量刑并不必然轻于直接故意犯罪。其次，间接故意致人死亡的案件一般不判处死刑立即执行，这是由它的主观恶性而确定的。死刑只适用于罪行极其严重的犯罪分子，罪行是否极其严重应通过行为的客观危害和行为人的主观恶性综合反映。对危害结果的放任毕竟没有希望结果发生的意志强烈，后者直指结果，目标单一，因而间接故意的行为人在主观恶性上还是轻于直接故意。正因为此，间接故意致人死亡的案件一般还不属于罪行最为严重，达不到死刑立即执行的标准。当然，结合具体案情和全部情节的分析仍为必要，如果行为的整体社会危害性程度达到"罪行极其严重"的标准，也可适用死刑立即执行。

综上所述，间接故意与直接故意在主观恶性上存在一定差别，但这种差别是否必然影响量刑，还要结合具体案件专门分析。

本章小结

本章主要从静态和动态两个方面分析间接故意和直接故意的关系，属于本书的关系论范畴。

间接故意与直接故意都属于犯罪故意的类型，在整个犯罪主观方面体系中属于具有较大可非难性的主观类型。因此，对间接故意与直接故意关系的探讨，不能片面强调其区别，而忽视其共通点。在静态上,间接故意与直接故意心态同样具备认识、情感和意志三大因素,只不过情感因素具有不稳定、模糊等特点,而且意志内容往往包含了情感体验,因此,世界多数国家并没有在刑法中对情感因素进行专门评价。在认识与意志两大因素中,持两种故意心态的行为人都认识到了危害结果发生的情况,但他们却选择继续行动,从而导致结果发生。这充分表明了他们的反规范意识,这种主观恶性应受到社会的谴责和反对。它们在构成因素上的不同点主要体现在放任意志与希望意志的差别上,对此,我们从意志的指向性、坚决程度、是否单一等多种迹象中可以发觉。意志态度的强弱会直接影响到两种故意主观恶性的差别,从而可能影响到对行为人的量刑。但是,量刑应综合考虑行为的客观危害和主观恶性所表现出的整体社会危害性,行为人到底构成间接故意犯罪还是直接故意犯罪不是刑罚从宽从严的唯一指标。

在动态上,间接故意与直接故意具有相类似的心理生成过程,所不同的是直接故意犯罪的行为人从行为开始时起,就有针对犯罪对象的目的指引,这种指引贯穿始终,从而强化了行为人的意志。而间接故意犯罪的行为人可以存在行为目的,但不能存在针对伴随危害结果的目的,这种犯罪的非目的性使得行为人的意志态度不是自始至终都是坚决的。受此特性影响,两种故意的存在范围不同,举动犯等不能由间接故意构成,而间接故意能构成的犯罪,直接故意也都能构成。

第五章
间接故意与有认识过失

事物的本质在比较中凸显，事物的构成在关系中运作，离开关系范畴，事物的存在意义和内涵描述便没有了参照的对象。间接故意也是一样，如果不将其与有认识过失放在一起考察，其中心特征和外延范围就不会显得具体、明确。威尔泽尔曾经指出，间接故意和有认识过失的分界问题是刑法学上最困难也最有争议的问题之一，它主要难在意欲是一种原始的、终极的心理现象，它无法从其他感性或者理性的心理流程中探索出来，人们只能尽量去描述它，而无法准确对其进行定义。[1]在间接故意理论研究中，间接故意与有认识过失的关系问题是最核心的问题，只有对其进行深入的类型化分析才能破解这一难题。

第一节 有认识过失理论概述

过失与故意同属于主观构造，它们共同构成了对行为人主观归责的基础。根据我国刑法的规定，过失同样有两种类型，一种指应当认识到自己的行为可能造成危害社会的结果，而因为疏忽大意没有认识到的过失；另一种是认识到自己的行为可

---

[1] 转引自陈兴良、周光权：《刑法学的现代展开》，中国人民大学出版社2006年版，第182页。

能发生危害社会的后果,但轻信可以避免的过失。理论上把前一种过失类型称为疏忽大意的过失,把后一种称为过于自信的过失。以认识因素的区分为依据,前者称为无认识过失,而后者是有认识过失。由于第二种过失形态在认识方面与间接故意具有相似性,为方便比较考察,本书将此种过失形态称为"有认识过失"。

一、有认识过失的心理学构造

有认识过失的心理生成过程与间接故意很类似。过于自信的过失中,行为人的内心会产生动机冲突。这种动机冲突是对附随行为可能造成的危害后果和对主行为的追求中的一种选择,行为人最终都选择了实施行为,并导致了结果发生。有认识过失的总体心理发展过程可以表示为:确定行为目的—发现行为可能会发生危害结果—产生动机冲突(趋避冲突)—协调两种冲突并判断可以回避危害结果—决定执行原来的行为目的—危害结果发生。[1]在上述过程中,最与众不同的就是协调两种冲突并得出判断结论的阶段,行为人正是根据自己的判断结论选择实施行为,但却发生了事与愿违的结果。

从静态上看,有认识过失的心理构造仍然包含认识、情感和意志三大因素。有认识过失的认识因素是行为人已经预见到可能发生危害社会的结果,其中,认识对象是危害社会的结果,认识程度是结果发生的可能性。"已经认识到"表明行为人完全具有预见能力,该能力已转化为现实。这种认识的典型特征是行为人所预见到的可能发生的结果只是一种抽象的结果,或者说不是与行为人所实施的具体行为相联系的结果,而是与行为

---

[1] 参见袁彬:《刑法的心理学分析》,中国人民公安大学出版社2009年版,第144页。

人不遵守一般性规则的行为相联系的结果。[1]从认识程度来看，这种结果发生的确定性并不高，内容也不明确。行为人之后的行动建立在其企图避免结果发生的基础上，也就是说，他最终否认了认识到的结果发生的可能性。在这个意义上，由于行为人后来（或同时）否认了结果的发生，因而从结局或者整体上说，仍然是没有认识结果的发生。[2]所以，这种认识与明确认识到还是有差别的。

有认识过失的心理构造中包括情感因素。与其轻信能够避免的态度相对应，行为人在行为时一般对危害结果持否定情绪，一般表现为担忧、反对、惧怕等。如果行为人持肯定、积极的情感，他又怎会想要避免危害结果的发生呢？正因为有认识过失的情感因素具有相对明显的特征，因此，我们在实际认定时不能忽视这种消极的情感因素的作用。

轻信一词虽属传统的有认识过失意志因素的内容，但它其实与行为人的认识、意志内容都紧密相连。轻信"首先包括对行为人认识内容的判断，其内容是危害结果发生与否。这一部分内容与认识因素相连；其次轻信还包括行为人对于判断的信赖，行为人对于结果不发生是有理由的信赖。这部分与意志因素相连"。[3]轻信态度承前启后，在行动执行前，轻信心理在动机冲突阶段起了决定性作用，最终，该心理占据主导，以致产生最后的行动。

---

〔1〕[意] 杜里奥·帕多瓦尼：《意大利刑法学原理》（注评版），陈忠林译评，中国人民大学出版社2004年版，第191页。

〔2〕张明楷：《刑法学》（第5版），法律出版社2016年版，第291页。

〔3〕参见张纪寒："论有认识犯罪过失的要素及构造"，载《中南大学学报（社会科学版）》2010年第1期。

二、有认识过失的规范内涵

与故意相比,过失概念体现出了更明显的规范属性,因此,对有认识过失的规范内涵需予以专门分析。

(一) 关于过失犯本质的学说

过失理论的发展在刑法发展史上经历了一个从旧过失论、新过失论到新新过失论的演变过程。旧过失论以结果预见义务为核心,认为对危害结果的发生有预见可能性的就是过失。根据此论,在危害结果已发生时,只要考察行为人有无预见可能性即可,过失只属于责任要素,不属于违法要素。在这种情况下,过失犯的范围很大,有认识过失这种类型的划分并未出现,因为既然行为人对结果已有认识,那再评价为过失就不合适。修正的旧过失论基于结果无价值论的立场认为,只有具备发生构成要件结果的一定程度的实质危险的行为,才是符合过失犯构成要件的行为。[1]这种修正结合了对实行行为的构成要件的判断,目的在于限制过失犯的成立范围。

新过失论重视结果回避义务,认为没有预见到结果发生还不是关键,重要的是在预见到后果时行为人是否选择回避、是否坚持符合社会标准的行为。新过失论建立在对危害结果有预见的基础上,将注意义务的重心转变为对结果的回避义务,相比于旧过失论的处罚范围,它更谨慎。但是,怎样判断结果回避义务是个难题。在当时的日本社会,工业、交通等领域高速发展,许多行政法规范对各行业从业人员、普通民众都规定了很多义务,这些义务是否能直接转化为刑法上的回避义务就成了实践中的难题。行政法规的设定目的是控制风险,但如果将

---

[1] 张明楷:《刑法学》(第5版),法律出版社2016年版,第284页。

结果回避义务的范围等同于行政法的限定，过失的范围反而会更加宽泛，与其产生之初的目的相悖。有认识过失的认识因素是对可能发生的危害结果的认识，结果回避义务的内容，"不是去控制作出行为本身，而是只要将行为的危险性降低到通常情况下不可能再导致构成要件结果的程度"。[1]也就是说，行为本身如果不被法律所禁止，行为实施就是自由的，具有积极意义。有认识过失在新过失论下可以成立，行为人对结果有认识但最终没有回避，属于过失的范围。

新新过失论又称畏惧感说，它比旧过失论进一步扩大了过失的成立范围。根据该说，行为人只要对结果发生有模糊的不安感、畏惧感就说明其有预见可能性，成立过失。该说产生的社会背景是20世纪40年代在日本出现的大量公害犯罪，代表性学者是藤木英雄等。新新过失论的建立基础是行为人的预见可能性，它将注意义务的核心仍理解为结果回避义务，与新过失论近似，所以称其为"新新过失论"。由于该说过于扩大了过失的成立范围，对行为人认识内容的判断趋向模糊，难以操作，有结果归责之嫌，因而受到了较多批判，在审判实践中的运用也较少。如果将此说贯彻下去，任何机动车驾驶人在公路上行驶，都会对发生交通事故的可能性有不安感，那么他们都构成过失，这显然不利于社会的正常运转。更重要的问题是，本说放弃了对行为人要求的结果预见可能性，而"采取了一元论的行为无价值"，违反了责任主义。[2]一元的行为无价值论虽然也坚持客观主义刑法立场，但却以行为的社会伦理违反性作为违

---

[1] [日] 山口厚：《刑法总论》（第3版），付立庆译，中国人民大学出版社2018年版，第246页。

[2] [日] 山口厚：《刑法总论》（第3版），付立庆译，中国人民大学出版社2018年版，第242页。

法性的基准，模糊了刑法规范与社会伦理的界限，造成法益保护提前，不当扩张刑罚范围。有认识过失要求认识到危害结果发生的可能性，如果按照新新过失论，认识的内容就扩展到了对危害结果的模糊认知，也就是说，有认识过失同样可以在该论下存在，但其范围已明显扩大。

传统上，过失犯的本质被认为是违反注意义务。过失犯的注意义务与不作为犯的作为义务本质相通，其义务来源类似。所不同的是，作为义务是法律要求行为人在客观上必须保持某种作为的义务，注意义务是法律要求行为人在主观上必须注意自己的行为是否可能造成危害结果的义务。[1]近年来，在德国刑法学中，"制造不被允许的风险"的概念替代了注意义务违反的概念，成了描述有认识过失的核心内容。罗克辛教授认为，"制造不被允许的风险"可以更为精确地描述过失行为。[2]于是，行为人承担过失责任，重要的不是他是否违背注意义务，而是是否制造了不被允许的风险。风险理论的出现与西方社会20世纪以来工业高速发展，社会格局发生巨变有关。面对环境、医疗、生物技术、交通、体育活动等现代产业的发展，社会上对生命、身体造成侵害的威胁显著增多，为了在技术革新与法益保护间做出权衡，被允许的风险理论诞生。该理论的前提是，社会的发展不可避免地会带来一定威胁，我们不能为了一味保护法益，而给行为人设置过多义务，阻碍社会进步。于是，一些危险活动是被允许的，追究行为人过失责任的过程也是一个危险分配的过程。风险理论与日本刑法学中的新过失论有相通之处，关键在于把握好"度"。它不要求行为人回避一切风险，

〔1〕 参见焦阳：《刑法分析与适用》，中国法制出版社2018年版，第104~105页。
〔2〕 参见［德］罗克辛："客观归责理论"，许玉秀译，载《政大法学评论》1994年第50期。

而是要合理行动,采取适当的结果回避措施。在理论上,有认识过失的最大特点是行为人尽管创设了不允许的危险,但是他还是相信这种结果不会发生。[1]也就是说,正是这种相信让行为人决定行动的,误信表明了其可非难性。

(二)有认识过失的概念和构成

一般认为,过失犯中的注意义务包括结果预见义务和结果回避义务。有认识过失的行为人履行了结果预见义务,而违背了结果回避义务。在上述几种过失论中,有认识过失的地位都不相同。坚持新过失论,可以准确为有认识过失定位,同时,由于其反映了过失的规范特征,因此有助于实现心理事实与规范期待有机统一的目的。

我国《刑法》第 15 条规定,应当预见自己的行为可能发生危害社会的结果,因为疏忽大意而没有预见,或者已经预见而轻信能够避免,以致发生这种结果的,是过失犯罪。对于过失犯罪,只有法律有规定的才负刑事责任。据此,有认识过失的内涵是行为人认识到自己的行为可能发生危害社会的后果,但轻信能够避免的心理态度。按照认识因素和意志因素的两分法来分析有认识过失,则其认识因素是对危害后果发生的可能性有预见,意志因素是出于过于自信,相信结果可以避免。也就是说,行为人对危害结果是反对的、希望不发生的,结果的最终发生是违背其意志的。作为和间接故意相对应的概念,这种过失形态建立在对危害结果有预见的基础上,具有相似性。

此外,还有学者认为,这种过失形态的本质是没有对结果的预见。因为在过于自信的过失的场合,行为人对于通常情况下可能发生的结果轻信可以避免,所以,最终还是属于对结果

---

[1] 参见[德]克劳斯·罗克辛:《德国刑法学 总论》(第 1 卷:犯罪原理的基础构造),王世洲译,法律出版社 2005 年版,第 727 页。

的发生没有预见。这样说来，犯罪故意和犯罪过失的差别在于，在故意的场合，行为人对行为可能会发生危害社会的结果这一点有认识，而过失的场合则是没有认识，而不是对发生结果有较低程度的预见。[1]根据这个思路，有认识过失要求对结果"轻信可以避免"，这种"轻信"导致了其认为结果不会发生，正是这种自信促使行为人没有预见到可能发生的结果。"避免"的内涵表现出行为人相信结果不发生的本意，要求其预见便与这一本意矛盾。

有认识过失属于两种过失形态的一种，在另一种过失形态——"疏忽大意的过失"——中，行为人实际上对危害结果已没有预见，对其追责的前提——"应当预见"——属于社会对行为人的规范期待。也就是说，作为刑事归责底线的疏忽大意的过失实际上并不存在明显的认识因素和意志因素，之所以对其进行处罚，目的在于堵塞法益保护漏洞、合理分配社会风险。总体来看，过失的心理强度不如故意，主观恶性更小，因而，世界各国刑法一般都以处罚过失犯罪为例外。

第二节　间接故意与有认识过失的宏观关系

一、心理生成机制的相似性

根据我国刑法学的通说，间接故意与有认识过失都要求行为人认识到危害结果发生的可能性，行为人都不希望结果发生，但结果最终都发生了。在这里，有认识过失与传统的疏忽过失最大的区别就在于，其对危害结果的发生已有认识，对行为人

---

[1] 参见黎宏：《刑法总论问题思考》，中国人民大学出版社2007年版，第255页。

的非难不是仅建立在规范期待的基础上,而是具有心理学基础。间接故意与有认识过失之所以能区别于疏忽过失,就在于它们都对危害结果的发生有认识;它们之所以能区别于直接故意,是因为它们都不希望结果发生。作为非典型的故意形态与过失形态,这两种中间状态具有颇多相似性。

表 5-1　传统上对间接故意与有认识过失的差异的描述

名称	本质	行为人的想法
间接故意	认识到结果发生,放任其发生	发生了又如何
有认识过失	预见结果发生的可能,轻信能够避免	结果不会发生

就心理学生成机制来说,间接故意与有认识过失都是在需求的刺激下,选择行为目标,发现继续行为会产生危害结果,然后产生动机斗争,做出选择。整个过程都不像直接故意那样积极主动,它们都没有以一直控制全局为目的,二者的心理学机制在前期是相同的,不同的只是动机斗争的方向和强度,最终影响到决意的内容。这种心理学生成机制的相似性告诉我们,二者的本质差别应更多地在规范态度上找寻。

二、宏观关系的处理方式

探讨间接故意与有认识过失的关系处理,首先要关注故意和过失在规范上是什么关系这一宏大话题。作为研究的背景,只有明确了故意与过失的关系,才能进一步说明它们的中间形态——间接故意和有认识过失——是什么关系。

(一)总的背景:故意与过失的关系

关于故意与过失到底是什么关系这一问题,我国刑法学界探讨得还较少。根据立法的规定,二者属于两种不同的罪过形态。间接故意是故意的底线,有认识的过失属于高程度的过失,认识因素具有相似性，二者的衔接、界限主要通过意志因素区分。

德国学者对故意和过失的概念进行分析的过程中，产生两种概念是质别或是量别的争执。概括起来，二者的关系主要有以下三种：①异类关系（Aliud）。故意和过失是两种互相对立、彼此相反的概念，它们互相排斥，并不互相包含。②规范的层级关系（normatives Stufenverhltnis）。该观点认为，故意比过失具有较高程度的不法和罪责，不反对故意和过失之间可以进行选择认定。③加减关系（Plus-Minus）。客观归责论者认为，过失是一个一般形态，故意则是过失的特别形态。雅科布斯主张这种观点，认为在程序法上，如果对构成要件的实现有认识可能性，而无法证明行为人有认识时，即可论以过失。[1]下面，笔者将对这三种关系予以具体说明：

1. 关于故意与过失关系的几种学说

（1）排斥关系。刑法学通说坚持排斥关系，即故意与过失是两种完全不同的主观类型，不能在同一种犯罪中共存。故意与过失在认识因素、意志因素方面都存在本质差别，彼此对立、不能包容。这种关系如下图所示：

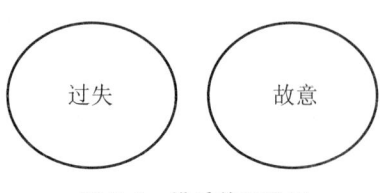

图 5-1 排斥关系图示

（2）规范的层级关系——表面的构成要素说。由于过失是"到达故意这一心理状态的可能性"，所以，其概念也就由故意

---

[1] 许玉秀：《当代刑法思潮》，中国民主法制出版社 2005 年版，第 291~293 页。

概念所规定。[1]故意与过失的概念是相互依存的,从字面含义来看,二者是对立关系,一种犯罪只能由一种罪过形式构成,构成间接故意犯罪的当然不是有认识过失犯罪。故意和过失的认识因素、意志因素都存在差别,从而导致其反映出不同的主观恶性,因而,一种犯罪的主观方面一旦确定,就不可能同时是另一种。世界各国刑法基本以处罚故意犯为原则,以处罚过失犯为例外,也说明故意和过失似乎不能并存。值得注意的是,张明楷教授在其教科书《刑法学》(第3版)中也认为故意和过失是对立关系,但从第4版开始,他将其观点改为位阶关系。他认为,若从规范意义上理解刑法的规定,认识到表面的责任要素的存在,则应认为故意与过失是位阶关系而非对立关系。[2]

表面的构成要素是指刑法明文规定的某些要素并不是为了给违法性、有责性提供依据,而只是为了区分相关犯罪(包括同一犯罪的不同处罚标准)的界限的要素,这些要素也可被称为分界要素。[3]根据张明楷教授的理解,在刑法典中,罪状中的一些规定不是犯罪构成的必备要素,对其进行描述仅是为了区分不同的犯罪类型,没有实质意义,当行为不符合这一罪状时,并不意味着行为就不构成犯罪。这种表面的构成要件要素来源于刑事立法技术的考量,在刑法典中不可或缺。

故意与过失的关系也可以用表面的构成要件要素理论解读。

---

〔1〕 [日]山口厚:《刑法总论》(第3版),付立庆译,中国人民大学出版社2018年版,第249页。

〔2〕 张明楷:《刑法学》(第4版),法律出版社2011年版,第258页。在张明楷教授第5版的教科书中,他延续了这一观点。张明楷:《刑法学》(第5版),法律出版社2016年版,第281页。

〔3〕 参见张明楷:《犯罪构成体系与构成要件要素》,北京大学出版社2010年版,第255~256页。

《刑法》第15条规定了有认识过失的内容，它要求行为人对危害结果有预见，同时轻信能够避免。那么，如果能证明行为人预见到危害结果的发生，但无法证明其轻信能够避免的，是否就一定不构成有认识过失？因为行为人有认识决定了其主观心态不能是疏忽大意的过失，这时的主观方面只能在直接故意、间接故意和有认识过失之间选择。适用排除法才能不使中间状态遗漏，并防止规避处罚。根据表面的构成要件要素的观点，"轻信能够避免"是区分过失类型的规定，并不为违法性、有责性提供依据。也就是说，即便行为人不是轻信能够避免危害结果发生，在已证明行为人认识到危害结果可能性的情况下，如果行为人对危害结果不是出于希望、放任的态度，就只能构成有认识过失，对其意志因素的规定只具有区分意义。

位阶关系附加了规范要素，体现了故意和过失的规范本质。日本学者大塚仁也持此观点。他认为："从规范的观点看，故意与过失作为主导行为人反规范的人格态度的行为的主观要素，具有共同的性质，可以认为，在构成要件性故意和违法性故意之中，规范地包括构成要件过失和违法性过失。"[1]作为反映人格态度的主观要素，故意的反规范性明显强于过失，故意比过失的位阶高，在这个意义上，故意包含过失。

值得注意的是，英美法系刑法中的故意和过失的关系也蕴含了层级关系的特征。《美国模范刑法典》第2.2条第5款"代替过失、轻率或明知之责任认定"的规定，明确了罪过之间按照从重到轻的顺序排列。因此，具有较轻的罪过的行为构成犯罪的，具有较重的罪过的行为也构成。[2]于是，主观罪过与行

---

[1] [日]大塚仁：《刑法概说》，冯军译，中国人民大学出版社2003年版，第462页。

[2] 参见孙明先：《中外刑法比较专论》，法律出版社2011年版，第109页。

为也产生了对应关系,犯罪的意图可以在罪过间进行选择认定。这种关系可以如下图所示:

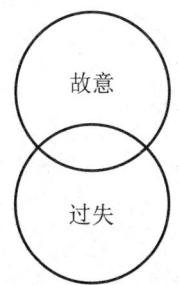

图 5-2 规范的层级关系图示

(3) 一般与特殊关系。该观点认为,故意和过失之间是一般和特殊关系,即上文提到的加减关系。这种观点将客观归责理论引入责任论,以"法不允许的风险"作为概念的核心。简言之,过失是欠缺认识而制造法不允许的风险,而故意则是具有认识而制造法不允许的风险。在这个意义上,过失是一般形态,故意属于特殊形态,需要在过失的基础上增加认识这一条件。日本有学者虽未采用客观归责理论,但根据逻辑推理和反面论证,得出了相似结论。如日本学者高山佳奈子认为:"如果说违反预见义务是过失犯的本质,那么故意犯罪是因为履行了预见义务,责任应当更轻了,但事实上并非如此。所以故意责任的本质是认识到了构成要件事实,过失责任的本质是具有认识构成要件事实的可能性,故意与过失存在着大小或阶段关系。"[1] 一般和特殊关系与上文提到的位阶关系并不相同,因为前者可以适用竞合论的处理方法,而后者需要分层判断,有个位阶选择过程。这种关系可以如下图所示:

---

[1] [日] 高山佳奈子:《故意と违法性の意识》,有斐阁 1999 年版,第 137 页。

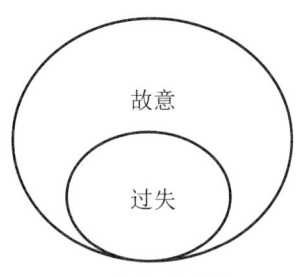

图 5-3　一般与特殊关系图示

2. 规范的层次关系说的支持

（1）对上述三种关系的评述。探讨故意和过失的关系的实质，是为了解决分界的难题。故意和过失的关系确定要紧扣它们的刑法意义，为归责和处罚提供依据。传统观点将故意与过失的关系界定为排斥关系无可厚非，因为心理学对二者的区分就表明二者含有不同的要素。故意与过失的内容各异，各种类型界限"分明"，有认识与无认识、希望与放任、轻信避免与疏忽大意，每部分都表明了心理程度的差异，不同要素不可能同时存在。根据心理层面的差异界定它们的关系，除了可以显示不同的主观恶性，对应不同的法定刑外，还不用改变现有的故意、过失分类标准，并有利于划定间接故意与有认识过失的存在范围。这些当然没错。但问题是，在一些情况下，间接故意和有认识过失的边界并不明确，难以认定。这既有立法论的问题，如滥用职权罪与玩忽职守罪的主观方面认定问题，又有司法上的问题，如实践中交通肇事罪和以危险方法危害公共安全罪的区分问题等。更何况，间接故意和有认识过失之间存在广大的模糊地带，对于认定不了的情况排斥论无法解决问题。所以，单纯根据心理学知识认定故意和过失的关系并不完全符合规范的要求，重新审视该问题会带来新的思考。

无论是规范的层级关系，还是一般与特殊的关系，二者都不反对同一罪的主观方面可以在故意和过失间选择,这就是说,间接故意与有认识过失之间存在交叉内容,并不完全排斥。交叉含有部分相重之意,间接故意与有认识过失存在重合的认识因素和心理过程,这些都为交叉关系说提供了事实依据。

在这当中,关于二者是一般与特殊关系的观点,值得质疑。"制造不被允许的风险"是对行为不法的描述,并不能揭示主观方面的全部内容。一般与特殊的关系意味着故意犯与过失犯之间存在着法条竞合,即所有的故意犯都是过失犯。这不仅会给刑法理论带来困扰,而且还影响着案件的正确定性。单纯的"未避免可能避免的后果"也只描述了实现构成要件行为的反面构造,不加上"有意的"或"未认识应避免的后果"这两个要素,不能认为故意和过失的概念已经完整地表述出来了。雅科布斯所提出的两个要素,只是两个概念的上位概念,并不是其中一个概念的全部要素。[1]行为人能否避免结果只是裁判者参照社会一般人标准作出的事后判断,这种评价无法完全反映行为人的心态,对其认识情况的考察则更显欠缺。这种观点丢掉了故意的原有心理内涵,而且冲击了整个犯罪主观方面的体系,在定罪和量刑上都无法完全贯彻。

而将故意与过失的关系确定为规范的层级(位阶)关系有不少好处。首先,在客观结果发生后,在排除了意外事件的情况后,行为人的主观内容不是故意就是过失。过失的内涵包括不少规范要素,对处于交界处的主观心态很难判断。直接证明一个行为人处于有认识过失心态,即"轻信可以避免"更是需要依靠诸多客观情况。通过排除故意心态和疏忽大意过失的心态,直接认定行为人持有认识过失心态,降低了证明难度,便

---

[1] 许玉秀:《当代刑法思潮》,中国民主法制出版社2005年版,第297页。

于司法实务操作。其次,将故意与过失的关系界定为位阶关系,堵塞了处罚漏洞,整合了完整的犯罪主观方面内容。故意和过失最后要形成完整的"集合"就必须将它们当中的模糊区域予以归类,不能只把位于两头的主观心态归入其中,而使中间部分"无处安放"。对于处于临界状态的中间内容,实行"可下移"位阶的方式,自然完成了归类,使处罚范围周延。最后,将故意和过失的关系定为位阶关系,并未对犯罪构成的体系造成实质影响。当无法证明行为人具有间接故意心态时,认定其系有认识过失并未对行为人造成任何损失,因为其对危害结果发生的可能性存在认识,这并不违反"疑罪从轻、疑罪从无"的政策。间接故意中的"放任"和有认识过失中的"轻信能够避免"都属于区分两种心态的内容,并不属于简单的排斥。位阶关系的提出主要是为了解决刑事诉讼的证明难题,具有程序法意义。

(2)规范的层次关系说体现了故意与过失的位阶性。故意与过失之间如果是规范的层级关系,就意味着它们之间存在位阶,那是否就进一步意味着可以在二者之间来回选择?在内容上,二者的确存在重合部分,关键问题是,一种犯罪只能由一种主观方面构成,间接故意证明不了,行为人就构成过失犯罪,这不是与犯罪主观方面的原本心理内容不符合吗?

黄荣坚教授认为,在探讨概念关系的问题时,应该先厘清概念目的,然后才能找到有意义的评比方向。以考试成绩为例,50分和70分究竟是什么关系?从形式上看,50分就是50分,70分就是70分,当然是不可能吸收的概念。但这个回答并没有目的的考量。如果问问题的目的是为了要发奖品给刚开始上学的小朋友,并且也已经确定了考50分成绩的同学可以有奖品,那么考70分的同学当然更应该有奖品(也是目的思考上更高的需求),因此概念内涵上是 70 分吸收 50 分。[1]这一思考方式带来的启示是,对概念内涵的关系进行评说,离不开目的性的思考方法。同理,故意和过失的关系,从字面含义上说,当然存在很大差异,互不相容,但如果融入规范性目的就是另一回事了。故意和过失的概念设定,是为了对行为人归责,既明确处罚范围,又区分责任程度。从这一目的来看,一个低回避可能性的主观状态(过失)可以跨过入罪的门槛,一个高回避可能性的主观状态(故意)当然也可以跨过入罪的门槛。因此,故意与过失之间是回避可能性的高低度的关系,是主观不法的高低度的关系,也是刑罚意义的高低度的关系。[2]因此,坚持以目的决定思考的方向,将故意与过失的关系理解为上述层级关系并无不妥。

刑法中的规范目的是归责,在故意与过失的层级关系下,故意与过失之间存在选择关系。结合刑法的体系分析,所有能由过失构成的犯罪行为应当都能找到对应的故意犯,反之则不然。这是因为,规范层级下的主观类型坚持从高度到低度排列,从上到下包含的行为类型逐渐减少,部分行为如与低度的主观类型结合便会被筛选出犯罪圈。例如,致人死亡的犯罪行为可以由有认识过失构成,提高层次可以由间接故意构成;而毁坏财物的犯罪行为只能由故意(含间接故意)构成,而过失为之即不为罪。也就是说,应以结果为导向,从结果出发判断行为人是否构成间接故意,如果无法证明,则再看是否构成有认识过失犯罪。这里的位阶建立在对"行为"所持态度的选择顺序

---

〔1〕 参见黄荣坚:《基础刑法学》(第 3 版・上),中国人民大学出版社 2009 年版,第 297 页。

〔2〕 参见黄荣坚:《基础刑法学》(第 4 版・上),元照图书出版公司 2012 年版,第 459~460 页。

上,不是指一个已然成立的犯罪既可以由故意构成,又可以由过失构成。

就司法实务层面而言,认定故意与过失之各自所需证据的充分性,无论在量上还是在质上都存在着一种递减关系。[1]认定过失相对于认定故意,在证明上相对容易。基于此,如果承认间接故意与有认识过失存在着规范的层级关系,那么这种实体法关系与程序法的证据充分性要求相结合,会有利于案件的定性。具体来说,在疑难案件中,如果不能证明行为人持间接故意心态的,只能向下考虑有认识过失,把部分间接故意犯罪当作有认识过失犯罪处理,是贯彻罪刑法定原则和严格证明标准的"代价",也不会必然导致重罪轻罚。

总之,规范的层级关系体现了故意与过失之间的位阶性,这种位阶性与刑事证明的选择性相对应。从刑事证明的角度出发,在具体案件的认定中,可以根据证据的内容和充分程度在故意与过失间进行选择,这更多地体现了刑事程序法的考量。同时需注意的是,虽然故意与过失在认识到结果发生的可能性上存在一定交叉,但这不意味着对二者本体内容的关系考察没有意义。作为心理本体的间接故意与有认识过失毕竟内涵不同,它们二者的关系具体该怎样处理,属于刑事实体法内容,值得深入分析。具体来看,本书将它们的关系处理方式分为分离论和合一论两大类。

(二) 对间接故意与有认识过失关系处理的方案一:分离论

分离论是指主张间接故意和有认识过失有原则区别,应将二者划清界限的学说。在刑法发展史上,由于间接故意属于后发现的非典型的故意类型,因此,通过扩大或限缩故意的范围,

---

[1] 冯亚东、叶睿:"间接故意不明时的过失推定",载《法学》2013年第4期。

即可达到明确概念的底线的目的。总体来说,分离论分为以认识为基础的学说和以意志为基础的学说两大类。

以认识为基础的学说主张以行为人是否认识到构成要件事实作为划分故意和过失的标准,认识到的即为故意,没有认识到或有认识可能性的即为过失。根据认识程度不同,又可分为认识可能性说、盖然性说、危险说等多种学说。

以意志为基础的学说主张通过对实现构成要件的内容是否存在意欲态度划分故意和过失。根据对意志内容的描绘,又可以分为希望说、容认说、客观化的意志说、实现意志形成说等多种学说。

除此以外,在德国和日本,关于故意与过失的区分标准还有很多不同的学说。这些学说争议体现出了不少共同点:第一,以认识因素为基础的学说和以意志因素为基础的学说争论长期存在,贯穿至今。每个具体学说的产生时间不同,差别主要围绕认识多一点还是意志多一点展开,属于对基础学说的修正。第二,学说内部又有偏客观的学说和偏主观的学说,直到后来出现"故意客观化"倾向。但总体来看,没有完全抛弃主观内容的故意概念。第三,有些学说表述用词有异,但判断方法和内容几乎不存在差别,属对原有学说的新表达。

分离论主张在故意和过失间划出一道界限,如果承认间接故意和有认识过失的概念存在,那么以认识为基础的学说就不合适。因为在那里,只要行为人有认识的就是故意,那么我们所承认的有认识过失就属于故意。进而,有认识过失与间接故意就不存在差别了,二者合一了,这便与下述的合一论成了同一种学说。因此,以意志为基础的学说更为合适,关于这几种学说的具体内容和区分标准的分析,笔者将在下一节"间接故意与有认识过失的具体区分"中详细阐述。

(三) 对间接故意与有认识过失关系处理的方案二：合一论

所谓合一论，就是指将间接故意与有认识过失合成一种心态，对二者不加区分。这种介于传统故意和过失之间的第三种罪过形式，在英美法系主要表现为"轻率"，大陆法系国家也有学者主张引进这种观点。我国有学者提出的复合罪过理论是在合理借鉴上述成果的基础上，对现行刑法现象的解读，也可归属于这一类。

1. 大陆法系刑法中的合一论

（1）霍尔的合一论。在德国刑法学上，最早提出间接故意与有认识过失合一观点的是霍尔。他的理由主要有：第一，间接故意和有认识过失的区分问题是虚构、拟制的问题，因为二者存在交叉，将某种心态归入其中一类是法律的拟制。第二，二者其实没有根本的区别。过失只不过是一种轻度的故意，它们之间有色谱关系，最黑的是意图，灰色的是无认识过失，白色的则是意外。第三，在其他法域中可以不区分故意与过失。第四，既未遂在结果不法上有别，却不被分别对待，正犯和帮助犯在行为不法上亦有别，亦不被分别对待。第五，轻率是一种瑕疵态度，但不是另一种责任形态，它是高度的有认识过失或无认识过失，而高度的有认识过失应当作故意处罚，无认识过失则是一种常态。[1]霍尔的根本主张是引入"轻率"（Leichtfertigkeit）这一带有英美刑法色彩的概念来替代二者的区分。

上述五种理由中，前三种都意在强调间接故意和有认识过失之间区分的困难。这些理由在实践中确实存在，但是难以区分不代表就不用区分，将二者合一同样无法回避其归属性与量刑差别相关的问题。第一个理由中，所谓拟制，如果只代表政

---

[1] 参见许玉秀：《主观与客观之间——主观理论与客观归责》，法律出版社2008年版，第86~87页。

策上的选择,似乎是合理的。但是,笔者认为,间接故意和有认识过失在心理构造和主观恶性程度上确实存在差别,并不因刑法的规定而改变。第二个理由认为,间接故意与有认识过失的确不属于色谱的两端,在漫长的色谱中间地带中,模糊在所难免,但这同样无法成为将整个中间地带当作一体看待的"懒省事"的理由。第三个理由关于其他法域不区分的说法已经过时,在民事侵权法、行政法等领域,对故意与过失支配下的行为责任划分已明显不同,更何况法规范的目的决定了刑法归责不完全与其他法域的做法相吻合。

后两种理由希望通过类比,说明不法程度的差别并不必然导致对二者的区分。既未遂问题、正犯与共犯的问题属于纯粹的客观不法内容,而间接故意与有认识过失的区分必然包含行为人的主观心态,它们所反映出的主观不法程度直接与行为的主观恶性和可非难性密切相关。不加区分的后果是将违法性程度和责任程度不同的犯罪等同处罚,违背罪责刑相适应原则的要求。最后的引入"轻率"的结论虽然有建设意义,但是却将高度的有认识过失当作故意,将处罚升格,与其初衷相悖。故意与过失的处罚属于原则和例外的关系,将低位的过失当作故意,直接后果就是导致一些不应被处罚的行为被判处较高的刑罚。当然,其对"无认识过失"持宽容态度,之后的魏根特甚至认为应该只考虑处罚故意犯,那么就此下去,无认识过失将彻底被排除出责任形态,实际又缩小了处罚范围。

(2)魏根特的合一论。在此之后,魏根特教授直接主张效仿英美法系的"轻率"(recklessness)概念,将主观不法分为三类:直接故意、轻率和无认识过失。他认为,目前的四分法流于有问题的故意推定,所谓"认可"结果其实并不是法律用语,而是日常用语,不如由法官就所认定的心理流程加以描述,并直接予以法律评价。另外，德国法上有故意、过失刑罚相同及过失处罚高于故意的刑罚的情形，区别二者意义不大。[1]可见，从四分法到三分法，合并了两种非典型的故意、过失形态，将心理难题交给了裁判者解决，观点比较务实。

魏根特的上述观点希望将心理流程和法律评价统一，减少中间环节，这种努力值得认可。更重要的是，他根据德国法的刑罚设定实例，为自己的观点找到了立法解说，体现了"以刑制罪"的思考方式。问题是，在其他国家，对故意的处罚一般均重于过失，且一种犯罪只能由一种主观心态构成，以刑罚规定的特例反思区分意义，未免显得依据不足。

2. 英美法系刑法中的合一论

无论将犯罪意图三分还是四分，英美法系国家一般都用轻率对应我国语境下的间接故意。近些年来，英美的庭审中也出现了间接故意（oblique intent）的概念，但它与我们所说的间接故意存在不同。一些法庭认为，即使被告人事实上不想让结果发生，但他却知道该结果几乎是确定发生的，那么这种心态也是故意，即间接故意。[2]这种情况根据我国通说，会被评价为直接故意。与此相对，有认识过失这一概念在英美法系国家是不存在的，因为他们认为疏忽（negligence）只能由应当认识而没有认识构成。具体来看，英国和美国关于轻率理论的发展和内涵还有一些不同。

（1）英国刑法中的轻率。英国刑法将犯罪意图分为三类：意图（intention）、轻率（reckless）和疏忽（negligence）。这三

---

[1] 参见许玉秀：《主观与客观之间——主观理论与客观归责》，法律出版社2008年版，第87~88页。

[2] See Richard G. Singer and John Q. La Fond, *Criminal Law* (6th Edition), New York: Wolters Kluwer Law & Business, 2013, pp. 62~63.

种意图按照主观恶性的程度大小，由高到低排列。其中，关于轻率的实务理解，又经历了主观轻率与客观轻率之争。

主观轻率又称"Cunningham 轻率"，是在 1957 年确立的。该案判决指出，轻率是指行为人已经预见到可能造成的一定结果，却仍冒险去做。[1] 该观点明显是从主观面决定轻率的范围，以认识因素作为犯罪心态的核心。之后，20 世纪 60 年代和 70 年代，英国法院都坚持主观轻率的标准。

客观轻率出现在 20 世纪 80 年代，又称为"Caldwell 轻率"。迪普洛克勋爵代表上议院对案件轻率的表述是："在我看来，一个人根据《1971 年刑事损害法》第 1 条第一款被起诉时，（满足下列条件时）对于财产是否损毁是轻率的：（1）他实施了事实上使财产处于明显被损毁危险之下的行为，并且（2）当他实施该行为时，他从未想过该危险存在的可能性，或者，已经认识到存在有关的一定危险，然而仍然实施该行为。"[2] 可见，该种轻率的范围比主观轻率大，因为它将行为人没有认识到危险存在的可能性情况下的决意也当作轻率对待，强调轻率判断的客观性。该案公布之后，上议院就"劳伦斯案"作出了判决，确立了主观轻率和客观轻率并存的格局。[3] 该案对明显危险的判断标准是一般人的认知，而不是行为人是否注意考虑到，因此强调从客观方面进行判断。

客观轻率的主要问题是，如果行为人未认识到危险存在的可能性，就意味着其不具有认识因素，将其也当作轻率对待，

---

〔1〕 See J. C. Smith and B. Hogan, *Criminal Law*, Oxford: Butterworth, 1999, pp. 61~62.

〔2〕 See Michael and J. Allen, *Textbook on Criminal Law*（5th Edition）, British Columbia: Black Press, 2000, p. 70.

〔3〕 参见赵秉志主编：《英美刑法学》（第 2 版），科学出版社 2010 年版，第 54 页。

这抹杀了其与疏忽的界限，因而不恰当。之后，客观轻率并没有取得主导地位，其影响也没有当初人们所认为的那样大。[1] 20世纪90年代，英国刑法进一步限缩了客观轻率的范围，在财产类犯罪中也不一定适用客观轻率的标准。

英国刑法中的轻率认定先从行为人角度出发，判断行为人对最后的结果发生可能性有没有预见，然后再看其冒险去做危险行为是不是不合理、不公正的，如果是，则可以推定行为人是轻率的。这种推定是可以被反驳的，关键要看被告方的反驳能不能达到"合理怀疑"的程度。

英国刑法中的意图概念更类似于我国刑法中的直接故意。故意中的行为人预见到自己的行为与结果之间存在可能性程度无论是"事实上肯定会发生的"，还是"结果在事物正常发展过程中会发生"，都体现着一种潜在的必然性。[2]这种意图将认识因素界定为认识到结果发生的必然性，排除了可能性的情况，符合我国通说认定的直接故意情况。而轻率处在意图和疏忽之间，涵盖了我国刑法的间接故意和有认识过失的情况。其中，主观轻率强调行为人对结果或危险的认识，类似于大陆法系中认识说的观点，客观轻率则更类似于下文的客观化说。

英国刑法将犯罪心态三分，有以下优势：首先，三分法囊括了所有主观类型，具有较强的概括性。虽然分类减少，但通过类型化的概括手段，每种主观心态都有自己的位置。其次，以认识因素为核心的区分标准使得各种心态间界限分明。意图就是"认识到结果的必然性"，轻率则是"认识到危险发生的可

---

[1] 王雨田："英国刑法主观轻率的结构分析"，载《武汉大学学报（哲学社会科学版）》2005年第2期。

[2] 吴亚安："英国法罪过理论及对我国刑法的启示"，载《四川理工学院学报（社会科学版）》2011年第2期。

能性",而疏忽则是"没有认识到结果",层次递减,不存在模糊情况,判断较简便。最后,上述犯罪心态大多来源于判例,确立过程经过反复论证,具有其一贯的实践理性优势。无论从实体法还是程序法角度,判断行为人的内心欲望都是一件难以完成的任务。知与意纠缠不清,情感因素影响最终的意志,还有意识与潜意识的深层次探究,都需要判断者掌握丰富的客观资料,合理回溯当时的场景。通过对实践情况的合理总结,将认识因素被当作主观心态的核心,显然具有较强的操作性。

（2）美国刑法中的明知与轻率。来源于英国法的美国刑法,最初犯罪心态也不包含规范内容。但由于这种观点无法合理解释一些问题,规范内容逐渐被加入进来。现在美国刑法中的犯罪心态已是心理事实与规范内容的统一,两者缺一不可。根据《美国模范刑法典》,其犯罪心态模式有四种:蓄意（intention 或 purpose）、明知（knowledge）、轻率（recklessness）和疏忽（negligence）。其中,明知这一犯罪心态主要存在于行为犯和结果犯的未遂形态。[1] 还有学者认为,明知和轻率的主要区别是行为人认识到的危险程度不同:明知中,行为人认识到的是几乎肯定发生（practically certain）的危险,而在轻率中,行为人认识到的是实质风险（substantial risk）。[2] 由于蓄意和明知所呈现的心理内容非常明确,对其规范期待不会产生什么质疑,因而《美国模范刑法典》中没有对其提出规范标准（normative standard）。对于轻率,它大体涵盖一些国家刑法中的间接故意和有认识过失两种心态,其心理内容与英国刑法类似,同样包

---

[1] 储槐植、江溯:《美国刑法》（第4版），北京大学出版社2012年版,第47页。

[2] Paul H. See Robinson, *Criminal Law: Case Studies & Controversies*, NewYork: Aspen Publishers, 2008, p.125.

含认识到可能发生的危险，却仍冒险去实施产生结果的行为。其规范评价标准是自觉漠视这种心理经验必须包含严重偏离守法公民的行为标准。对于守法公民的行为标准，裁判者会以社会一般人的经验为依据客观地判断。当然，区分针对行为的轻率与针对结果的轻率也是非常重要的。[1]由此，美国刑法中的犯罪心态概念并不都是以结果为本位的。

从上文对英国刑法的介绍中我们可以知道，它们的客观轻率标准曾一度扩大轻率的范围，将无认识的情况也纳入轻率当中。在美国，如果行为人完全因为醉酒而没有意识到危险，也应以轻率论处，绝大多数判例都持这种立场。这种情况并不表明美国认可无认识的轻率，而是因为行为人自愿醉酒陷入意识不清醒的状态，并进而实施危害行为，具有可谴责性。类似于大陆法系刑法中的"原因自由行为"的概念，既然原因行为是自由的，在此之后的结果行为也延伸认定行为人对此有认识能力。只不过这种轻率被当作是有意识的轻率，被作为普通轻率行为的例外看待罢了。

在实务上，美国的一些法庭使用"显而易见的过失"（gross negligence）来形容轻率，这也说明了轻率与过失的近似性。但学者们仍坚持认为，轻率是处于故意与过失之间的心态。[2]

美国刑法对犯罪心态的分类充分体现了面向实践、总结经验的特点。在结果犯的心态中，轻率属于蓄意和疏忽过失之间的内容，解决了司法实践中难以判定的问题，同时也不违背科学原理，模糊论为其提供了解释依据。另一方面，将心态内容

---

[1] See Richard G. Singer and John Q. La Fond, *Criminal Law* (6th Edition), New York: Wolters Kluwer Law & Business, 2013, p.65.

[2] See Richard G. Singer and John Q. La Fond, *Criminal Law* (6th Edition), New York: Wolters Kluwer Law & Business, 2013, p.65.

与规范依据相结合,是成熟的犯罪认定理论的表现。这种建立在实务逻辑上的理论,有针对性地解释了无认识过失的本质、正当防卫中的犯罪心态有无等问题,促进了理论的完善。

近些年来,德国刑法学关于故意理论的论争成果也为英美法学者所关注,并进行了相关比较研究。经过比较,有学者发现,(主观)轻率理论作为一种不同于故意的理论分类具有较大的优势。因为,"那些试图为不想某一特定结果发生的行为人寻求一个罪过等级的努力误把未必故意当成了一种故意状态,但实际上其虽与之相关,却不是一回事。而英美学者在分析时由于不一定要将轻率归于故意之中,从而避免了德国学者所陷入的僵局"。[1]也就是说,英美法学者认为轻率这种心态与故意有较大不同,大陆法系刑法学描述的间接故意概念与传统故意已相隔较远,在这个意义上,分离讨论故意(蓄意)与轻率,不仅能避免无谓的争执,而且更符合心理的本质。

但是,英美刑法用轻率概念模糊间接故意与有认识过失的区分也存在一些问题。英美刑法以认知的方式对犯意进行分级,其中很关键的一个原因在于,意志因素作为心理学上的概念,其本身捉摸不定。强调借助对结果的不同认知程度去区分故意和过失,可谓是尊重诉讼规律的当然选择。[2]这个理由在大陆法系刑法中也存在,可谓是对现实经验的总结。然而,舍弃了对意志的探究,我们难以准确对各种主观心态进行描述。在行为人认识到结果发生可能性的前提下,他是希望发生,还是反对发生,或是不管不顾任其发生等,显示出他对结果的不同态

---

[1] [澳]格雷格·泰勒:"关于德国刑法中故意的论争",李立丰译,载赵秉志主编:《刑法论丛》(第19卷),法律出版社2009年版,第422页。

[2] 参见劳东燕:"犯罪故意理论的反思与重构",载《政法论坛》2009年第1期。

度。将这些内容统归为一类，能够做到合理归责吗？英美刑法学者也意识到了这一问题，近些年来，他们尝试通过立法等方式对轻率作进一步分类，即认为传统的分类不细致。比如，英国法律委员会于2005年在考虑如何重构杀人罪时，认为轻率的定义范围太广，建议杀人罪应存在两种不同程度的轻率：轻率漠不关心（reckless indifference）和轻率愚蠢（reckless stupidity）。[1]前者强调行为人对最终的后果持漠不关心的态度，而后者则是行为人愚蠢地认为危险非常不可能实现。虽然这样的区分最终没有被采纳，但这种思考方式反映了轻率理论需要细化的现实。

3. 合一论的中国道路——复合罪过理论

（1）复合罪过理论的提出和依据。为了解决实践中故意和过失难以区分的问题，储槐植教授等提出了复合罪过的命题。该命题的提出与我国1997年《刑法》将滥用职权罪、玩忽职守罪规定在一个条文中的背景有关。我国《刑法》第397条规定了上述两种犯罪，并没有明确规定它们具体的罪过形式，而且还给两罪配备了相同的法定刑。关于该罪的主观方面，刑法学界代表性观点主要有：滥用职权罪的主观方面是故意（包括直接故意和间接故意，实践中间接故意的情况居多），玩忽职守罪的主观方面是过失，[2]这种观点得到了大多数学者的认可，是我国刑法的通说。另一种观点认为，玩忽职守罪在大多数情况下的主观方面为过失，滥用职权罪主观上应当由间接故意或者过失构成。[3]这种观点认为，在滥用职权罪中，间接故意和过失的主观方面内容并不好区分，而且常常混杂在一起，忽视这种情况

---

[1] Law Commission Consultation Paper No. 177, "A New Homicide Act for England and Wales?" (2005), para3. 150, 3. 154, 3. 158, 3. 162, 3. 161.

[2] 参见赵秉志等：《刑法学》，北京师范大学出版社2010年版，第849页。

[3] 参见高西江主编：《中华人民共和国刑法的修订与适用》，中国方正出版社1997年版，第874~875页。

不符合该罪的实际状况。

复合罪过的提出与上述第二种观点的思路相同,认为这更符合实际情况和立法原意。全国人大常委会法制工作委员会刑法修改研究小组在1995年和1996年多次讨论并设想给玩忽职守和新增滥用职权两罪分别设计构成特征。鉴于两罪主观要件均非单一罪过形式(即只为过失或者只为故意),尽管前者以过失为主而后者以故意为主;最后还是建议立法时放弃下定义的做法,并将两罪放在同一法条下(因它们给社会造成的危害相仿),以表示两罪的主观要件没有质的区别,即现在见到的《刑法》第397条的写法。[1]所谓复合罪过,就是指同一罪名的犯罪心态既有故意也有过失的罪过形式,此处的故意仅限于间接故意。也就是说,对于一些特殊犯罪,一种罪名不限于一种罪过形态,间接故意和过失都能构成该类犯罪,而且这样做,并不违背对行为人主观恶性的评价要求。

提倡复合罪过理论,有以下一些依据:第一,复合罪过理论暗合了现有刑事立法。除了上述滥用职权罪和玩忽职守罪被规定在同一个条文,设置了相同法定刑的情况外,2011年2月通过的《刑法修正案(八)》增加了"食品监管渎职罪",是对上述观点的有力印证。该修正案最后一条规定,在《刑法》第408条后增加一条,作为第408条之一:"负有食品安全监督管理职责的国家机关工作人员,滥用职权或者玩忽职守,导致发生重大食品事故或者造成其他严重后果的,处五年以下有期徒刑或者拘役;造成特别严重后果的,处五年以上十年以下有期徒刑。"最高人民法院、最高人民检察院之后为此条确定了罪名,为"食品安全监管渎职罪",没有将其拆分为两个罪名,而

---

[1] 参见储槐植、杨书文:"复合罪过形式探析——刑法理论对现行刑法内含的新法律现象之解读",载《法学研究》1999年第1期。

是用"渎职"一词概括了上述两种行为。立法者将第408条之一界定为一个罪名，配置相同的法定刑，涵盖的却是两种行为，这充分说明了立法者认为两种行为的社会危害性相似，不建议区分两种行为的主观内容。在关于该条规定的解释中，有学者认为，刑法之所以这样规定，是因为"刑法第408条之一将食品安全监管滥用职权和玩忽职守并列规定，并且设置了完全相同的法定刑，在这种情况下分别确定罪名没有实际意义。相反，实践表明，滥用职权与玩忽职守的区分，往往存在困难，容易引发争议，将本条确定为两个罪名，不免会给司法适用和理论研究制造诸多不必要的难题，且容易引发上诉、抗诉或者申诉，造成国家司法资源的浪费"。[1]这就意味着，复合罪过理论在现实中的法律依据得到了现行立法的支持。食品安全监管渎职罪的出现为传统理论带来了冲击，复合罪过理论能够合理解释上述现象。

第二，复合罪过理论是对现实情况的高度概括。在实践中，一些犯罪的主观心态的确不单一，呈现出多种心态复合的情况。间接故意和有认识过失不仅难以区分，而且在一些案件中也没有区分的必要。例如，甲在空旷的山坡上看见自己的仇人乙，就举枪射击，最后却由于枪法不准而打死了附近小孩。在甲已看到乙附近还有小孩的情况下，可以说，甲坚持认为自己的枪法准，认为凭借自己的枪法不可能打到小孩，他对小孩的死是过于自信的过失。也可以说，甲为了杀害仇人乙，已经不管不顾，无论旁边是否有小孩，无论是否会射中小孩，其主观心态就是间接故意。或许，在追求主犯罪结果的情况下，甲对其他周边情况的心态并不明确，他专注于对乙的射击，对小孩的死

---

[1] 参见张军主编：《〈刑法修正案（八）〉条文及配套司法解释理解与适用》，人民法院出版社2011年版，第375页。

亡态度不明确。根据客观结果反推行为人的主观心理会变得不准确、不可能。更主要的是，甲有可能并不明确知道自己的心态到底为何，复合罪过理论就是为解决上述情况而出现的，其哲学基础是模糊论。因为刑法的"明确性"与"确定性"是相对的，相反，法律的"模糊性"与"含混性"却是绝对的、无限的。在罪过形式领域引进"模糊认识论"，进而提出复合罪过理论最明显的变化便是可以使长期以来深深困扰人们的"间接故意与轻信过失的区分问题"得以解决。[1]复合罪过理论认为，间接故意和有认识过失并没有"质"的差别，通过对一些情况模糊对待，能更准确反映行为人的真实心态，不失为明智的做法。既然实践中已有上述徘徊在间接故意和有认识过失之间的心理态度，况且这时行为人的主观恶性并没有因为故意还是过失而有明显差别，那么用复合罪过概括这种情况就是被允许的，符合刑法原则。

第三，复合罪过理论是对英美法系刑法中"轻率"心态的借鉴，具有实践性。在英国刑法中，轻率的核心是"有意冒险"，一个"轻率"的人对于某事实的存在，既不心存企图，亦不确信其必然存在，但至少应认识到其存在的可能性。也就是说，行为人对危害后果的认识程度并不重要，关键的是他选择这种冒险是不合理的，判断标准是客观的。轻率的本质就是我国刑法中间接故意与有认识过失的结合。假如将行为人对于行为后果的认识视为一个区间，那么，该区间便是一个以 0 为最小取值、以 1 为最大取值的闭区间。当区间取值为 0 时，行为人对于行为后果没有认识，相对应的罪过形式是过失；当区间取值为 1 时，行为人对于行为后果有必然性认识，相对应的罪

---

[1] 储槐植、杨书文："再论复合罪过形式"，载陈兴良主编：《刑事法评论》（第 7 卷），中国政法大学出版社 2000 年版，第 447 页。

过形式是故意；当区间取值为0到1之间的实数时，行为人对于行为后果有可能性认识，相对应的罪过形式是轻率。显然，各罪过形式之间泾渭分明、易于区分。[1]从轻率概念到复合罪过，解决的问题都是间接故意和有认识过失之间并存交错、难以区分的情况，面向的都是实践层面，不同的是对各国传统刑法理论的坚持与革新。英美法系的刑法更重视实践操作性，通过判例总结出相关理论；而我国刑法从成文法内容出发，对传统罪过内容进行分类，希望概括所有的主观类型。复合罪过理论建立在故意和过失二分法的基础上，认可二者之间的中间形态，不做纯理论量化的分析，回应现实又便于操作，可以说是轻率内容的"中国实践"。

第四，复合罪过理论是对到来的法定犯时代的回应。在自然犯时代，不同犯罪的主观恶性差别明显，对其设置悬殊的法定刑能够体现不同罪过类型的自然犯的主观恶性，从而实现罪责刑相适应的目的。故意杀人罪和过失致人死亡罪的区别主要体现在主观方面，社会一般人对此也有明确认识。但法定犯与此不同，对其进行立法规制更多的是基于刑事政策的考量。在法定犯中，复合罪过可以存在。"因为法定犯侵害的法益为秩序和管理，相比自然犯，法定犯的主观恶性通常较低。特别是职务犯罪，犯罪人通常是有身份的人，其犯罪本身基本不涉及人身危险性的问题。刑法对于法定犯尤其是职务犯罪判处刑罚的主要依据是行为所造成的危害结果，而并非行为人的主观罪过形式。在法定犯日益增多的大环境下，我们认为很有必要对我国现行的罪过形式理论进行部分的修正，引入复合罪过的概念，以便更好地解决司法实践中存在的问题，与世界刑法的发展趋

---

[1] 储槐植、杨书文："英国刑法中的'轻率'"，载《比较法研究》2000年第4期。

势相契合。"[1]随着社会进步和刑法完善,法定犯在各国刑法中都呈现逐渐增加的趋势,各种新增犯罪也基本是法定犯,风险社会的到来要求社会更好地控制"风险",这便给法定犯提供了更多的施展空间。从自然犯时代走向法定犯时代,刑法的发展趋势要求刑法理论作出相应的变革,复合罪过理论正是对现实立法和司法形势的回应。法定犯中的间接故意犯罪并不一定比有认识过失犯罪严重,更何况模糊情况下的法定犯设定本就是立法者基于防卫社会的选择,更重视对客观表现归责处罚,用复合罪过形式概括其主观内容是刑法理论更新的体现。

(2) 对复合罪过理论的质疑。复合罪过理论被提出之后,也受到了很多批判。批判者认为,在不能发现法律有规定的文理线索的情况下,认为一种犯罪可以由过失或者间接故意构成,不符合罪刑法定原则,并且,这种观点大多是以生活事实取代法律规定的。[2]这是因为,罪刑法定原则要求对任何犯罪的定罪和量刑都应严格按照刑法的规定进行,不能类推和创造法律。我国《刑法》第15条既然规定了"过失犯罪,法律有规定的才负刑事责任",也就意味着不是对所有的"过失"犯罪都做处理,即刑法是以"过失"为例外的。将间接故意和有认识过失放在一起,认为一个犯罪可以由这两种主观心态构成,违背了上述原则,也就违反了罪刑法定要求。

还有论者认为,能否以减轻司法机关证明责任、提高办案效率为由,将复合罪过形式确定为独立的罪过形式,并在无须查明行为人的主观心态为间接故意或过失的情况下,直接按复

---

[1] 储槐植、闫雨:"刑事一体化践行",载《中国法学》2013年第2期。
[2] 参见张明楷:《刑法学》(第5版),法律出版社2016年版,第1246页。

合罪过犯罪予以论处呢?[1]对此,论者得出了否定结论。诚然,在司法实践中,证明行为人的主观心理内容非常艰难,特别是对于间接故意和有认识过失这样的中间形态,在一些情况下的确难以区分,但证明困难是否就意味着可以通过引入一个模糊概念来减少本该有的证明责任?故意与过失毕竟属于两种性质不同的主观心态,在只能证明行为人不是出于希望的直接故意的情况下,就简单地将行为人的主观心态定为复合罪过,违背了罪责刑相适应原则。

还有其他一些观点从维护通说"一个犯罪只能由一种主观罪过"的命题的角度,反对复合罪过说法,认为复合罪过贯彻到最后就是模棱两可,证明不清就不用证明,得出的结论将不严谨。

4. 对合一论的评述

合一论的观点具有一些优势:首先,不区分两种主观心态减少了区分的困难,将广大的模糊地带看作一体,不会遗漏个别无法描述的中间状态,在处罚上是周延的;其次,这种合一论并不代表完全不区分不同主观内容所呈现的不同内涵,只不过把它们量上的差别转移到了量刑上,由刑罚的不同体现主观恶性的不同,因此并没有损害罪责刑相适应的原则。最后,从心理学原理看,间接故意与有认识过失的生成过程具有更多的相似性,二者的核心差别仅在于动机冲突和选择。将类似的行为统一规定,更有利于反映它们的内在本质。

但是,合一论也存在很大的问题。首先,合一论建立在以认识因素为基础的学说上,该类学说属于对主观理论研究的浅层学说。随着主观心态理论研究的深入,意志决定正发挥着更

---

[1] 欧锦雄:"复合罪过形式之否定——兼论具有双重危害结果之犯罪的罪过形式认定",载《广西政法管理干部学院学报》2005年第4期。

大作用。"在故意行为的案件中,为了达到想要的结果,行为人投入了更多的个性。自身的投入由意图的语言表达出来。"[1]只重视认识而忽视意志就不能准确把握每类主观心态的本质,更不能说明其主观恶性的差别依据。其次,在现行立法未修改的情况下,合一论在刑法解释上的意义并不强。刑法学的核心是刑法解释学,研究二者的关系最终是为了厘清各类犯罪的主观方面。合一论将对二者的区分任务交到立法者手中,主张模糊处理,实际上回避了问题。现实情况是,如果无法证明行为人对最终的结果是持放任心态还是倾向于避免的心态,那么对行为人将无法归责?合一论笼统地认为二者是一样的,会导致定罪与量刑失误。最后,英美法系国家也未放弃区分间接故意和轻率的尝试,间接故意概念在判例中的出现、轻率认定的发展等都表明一味融合两种不同心态的努力也存在缺陷。理论的细化是为了更准确地对行为人定性,探寻事物本质的努力是未来发展的方向。

我国的复合罪过理论之所以会出现,是因为立法对个别犯罪的故意形态和过失形态规定了相同的法定刑。但是,这主要是立法的问题。日本有学者认为:"目前在道路交通法等行政刑法中,基于取缔的必要性或者举证方便的考虑,有时会对故意犯和过失犯配置同一法定刑,但从处罚的应然状态来看,是有问题的。"[2]将理论依据建立在立法的粗疏和偶然上,本来就不够严谨,更何况这种立法只是为了立法便利,无法体现行为的应罚性差别。通过刑法解释去迁就有争议的立法是不合适的。

---

[1] [美] 乔治·P. 弗莱彻:《刑法的基本概念》,蔡爱惠、陈巧燕、江溯译,王世洲主译与校对,中国政法大学出版社2004年版,第160页。

[2] [日] 松宫孝明:《刑法总论讲义》(第4版补正版),钱叶六译,中国人民大学出版社2013年版,第135页。

综上，间接故意与有认识过失在行为人态度的深层次内容上存在差异，对二者不加区分的做法是不合适的，因此，本书不主张采取合一论。

第三节　间接故意与有认识过失的具体区分

本书对故意与过失的总体关系采用规范的层级关系说，认为二者可以在一定程度上进行选择。同时，本书不赞成合一论的主张意味着，笔者认为，区分间接故意与有认识过失很有必要，而这两方面并不矛盾。这是因为，对故意与过失的总体关系的界定更多的是从刑事诉讼证明角度考虑的，这并不意味着各主观心态本体不存在差异。从理论研究的深化角度看，对间接故意与有认识过失的具体区分要素进行分析也是必要的。

一、历史难题的争点：认识论还是意欲论

关于什么是故意，学界经历了四个阶段的争论：第一个阶段以认识因素为主导，明知故犯即为故意；第二个阶段以意志因素为主导，关键的是为什么要去做；第三个阶段又走向认识论，重点探讨故意的体系地位问题（构成要件还是责任）；第四个阶段是故意走向客观化，用风险概念取代故意，故意和过失的中间状态合一。间接故意作为不那么"典型"的故意，每一次的争论都会对其内涵和存在意义造成深远冲击，促进着其理论的发展。下面，笔者将对这些区分学说做一具体梳理和分析。

（一）大陆法系刑法发展中的各种区分学说

1. 以认识因素为标准的理论

顾名思义，这种理论以行为人是否有认识及认识的程度作为区分故意和过失的标准，至于意志决定则并不重要。

(1)可能性说(Möglichkeitstheorie)。可能性说在第二次世界大战后由德国学者施罗德最先提出,后来还有很多追随者。[1]该理论以行为人对结果的可能性认识为基准,认为既然行为人存在认识,便说明其已经考虑了结果发生的情况,就是有"故意"。当行为人对危害结果已有可能性认识时,这种认识就足以阻止行为人继续去做,但行为人却不阻止行动,那么就具有故意。间接故意的特征之一是认识到了结果发生的可能性,因而其属于故意毋庸置疑。

贯彻此说,有认识的过失便不可能存在。故意和过失的划分标准是对结果有无认识,只要有认识就构成故意。该说早期也的确这样认为,即所有的过失都是无认识过失。行为人因疏忽大意没有预见,应当承担过失责任。因此,故意和过失的区分标准以行为人有没有认识为依据已经足够。

可能性说是认识说发展早期的学说,也是现今认识说的基础,之后所有以认识因素为基础的学说都是对此说的修正,包括近几十年来的"认识说的复兴"也是这样。坚持可能性说,故意的范围很大,将有认识过失的内容被容纳到故意中,刑法的处罚趋势从严。

(2)极有可能性说(Wahrscheinlichkeitstheorie)。该说是对可能性说的完善,根据可能性说,故意的范围很大。为了限制范围,承认有认识过失的存在,便要求成立故意时,认识到实现构成要件是极有可能的。该说由著名刑法学家梅耶提出,许玉秀教授将其称为"盖然性说"。

梅耶认为,行为人对构成要件实现的可能性有认识,且认为有实现的概然(盖然)性,即表示行为人对构成要件的实现

---

[1] 参见[韩]金日秀、徐辅鹤:《韩国刑法总论》(第11版),郑军男译,武汉大学出版社2008年版,第187页。

有充分的意志支配。[1]从叙述上，该说并不否认故意包含意志要求，只是不认为有意识的意志才是故意，有意志支配便可表明行为人的故意心态。同时，盖然性的判断仍以行为人的认识为准，并不采客观的标准，仍属偏主观的学说。

　　极有可能性说并没有给出判断的明确标准。梅耶认为的概然性是"比可能性高，比高度的概然性低"，但在现实中，行为人对结果的认识和估算并不明确，不可能存在确切的百分比。更何况，在一些案件中，行为人对结果的态度完全是模糊的，无法判断可能性的高低。试图将间接故意这样的心理规范评价内容用量化的方式加以描述的做法并不成功。坚持极有可能性说，有认识过失又有存在空间，它与间接故意的主要区分在于认识可能性高低的差异，但高与低的界限仍不分明。

　　以认识因素为标准的学说还有许多不同表述，它们的主要差别在于认识程度的差异。下文所探讨的客观化说中的多数学说也属于广义的认识说，因为他们所否决的其实只是意志因素。近年来，以认识因素为标准的故意理论又逐渐流行，重新复兴，在非英美法系国家，也有不少学者支持该区分标准。从意欲论转向认识论，也是故意理论在风险社会背景下的应变之举。

　　2. 以意志因素为标准的理论

　　随着理论的发展，有学者发现单纯的认识无法说明主观心理的本质，到20世纪初，以希佩尔的意欲论论争为标志，以意志因素为标准的理论重新占据主导地位。他认为，决定故意的关键不在于认识，而在于对结果的意欲，包括对结果的伴随意欲（Mitwollen），间接故意即是行为人认识结果发生可能性时，宁愿结果发生也不愿意放弃他的行为，即使结果是他所不在乎

---

〔1〕 参见许玉秀：《主观与客观之间——主观理论与客观归责》，法律出版社2008年版，第65页。

的或不希望的。[1]根据意志强度和对意志内容表述的不同,以意志因素为标准的理论主要有以下几种:

(1)希望说。该说认为,只有行为人对构成要件的结果发生持明确希望的态度才是故意。这是希望注意的原本形态。德国学者毕克迈耶、海波尔,日本学者大场茂马等均持此说。[2]与上述"可能性说"等坚持以认识因素为标准划分间接故意与过失的学说相比,该种学说走向了另一极端。它单纯强调意志因素的作用,否定认识因素的本质意义,使具有强烈意欲的心态才能成为故意,实际上否认了间接故意的存在。间接故意的间接性、伴随性、派生性特征恰与"希望"的心态矛盾。如果承认希望说,只有希望的态度才是故意,间接故意的情况实际上会被划分到有认识过失中,这样会使过失的范围扩张,使对原本属间接故意的行为的处罚变轻。再者,希望不代表一定会去做,而希望的内容又受到认识范围的限制,因此希望说不能离开认识内容而存在。

(2)接受说(Einwilligungstheorie)或容认说(Einstellungstheorie)。该说被一些学者翻译为"同意说",是德国的主流观点。对可能发生的结果,行为人持"忍受"态度的,则构成间接故意。同时,这种忍受是建立在对结果可能性的认识基础上的。即使对结果不欢迎,但行为人为了实现其他目标,也"接受"这样的不受欢迎的结果,也是故意。在认真考虑后,行为人仍"决定"实施的,就成立故意,这也会体现出行为人反规范的意志。反之,行为人如果不接受、不容认最终结果发生,就是有认识过失。

---

[1] 参见洪福增:"论故意与过失之界限",载《刑事法杂志》1975年第6期。
[2] 陈家林:《外国刑法通论》,中国人民公安大学出版社2009年版,第219~220页。

容认说来源于一桩"艾滋病案"(AIDS-Fall)的判决,案情如下:

1989年,被告在医生一再告诫其有传染艾滋病病毒危险的情况下,仍4次在未告知性伴侣自己为艾滋病病毒携带者的情况下,未使用保险套而从事口交和肛交,在射精时方使用保险套,并无法确证他的男伙伴是否已感染。[案例来自德国《联邦最高法院刑事判例集》(第36卷),第1页。][1]

该案的最终判决是认定被告人具有伤害他人的间接故意,而否定了间接故意杀人。德国联邦最高法院在审查故意时坚持认为,被告人实施了一种尝试性的、危险的身体伤害行为,虽然不是"强制性"的,但却是"可能的和可以设想的"。那种有条件的杀人故意被拒绝了——如州法院所做的那样,因为在那之前存在着"一种更高得多的制止性门槛"。这种拒绝得到了下述主张的支持:由于具有长期潜伏性,被告人"可能具有许多艾滋病毒感染者所抱有的希望,即马上就能够找到对付艾滋病的治疗药物了"。[2]同时,判决表示,间接故意所需要的行为人的内在双要素——知与欲,必须综合考虑犯罪事实和行为人个人的人格。由于行为人一再被告诫,对传染可能性有高度认知,因而可认定其对性伴侣可能受感染加以容认。[3]

容认说是德国帝国法院一直贯彻的实务见解,但是对于此实务见解,也有不少质疑。"艾滋病案"的判决特点是:通过艾

---

[1] 参见[德]克劳斯·罗克辛:《德国最高法院判例:刑法总论》,何庆仁、蔡桂生译,中国人民大学出版社2012年版,第16页。

[2] 参见[德]克劳斯·罗克辛:《德国刑法学 总论》(第1卷:犯罪原理的基础构造),王世洲译,法律出版社2005年版,第311页。

[3] BGHSt. 36, 1, 9ff., 13,转引自许玉秀:《主观与客观之间——主观理论与客观归责》,法律出版社2008年版,第63页。

滋病感染而间接地致人死亡，并且行为的实施与可能结果的发生之间存在一个很大的时空距离。将这种行为与那些直接致人死亡的放任行为在责任上不加区分地同等对待，将有违惩罚的理性。[1]该案判决意见号称坚持"容认说"这一长期的区分间接故意和有认识过失的学说。在该判决中，对行为人具有间接故意心态的认定是基于"医生一再告诫"这一事实，这就意味着行为人对自己能够传染艾滋病病毒具有明确的认知。同时，裁判者根据医学经验现实认为，艾滋病病毒携带者不采取防护措施进行性行为具有较高的感染他人的可能，据此认定行为人存在故意。但是，一再告诫只能表明行为人对传染病毒可能性的认识程度高，不能说明其对他人身体受伤害存在"容认"。判决的思路建立在认识说基础上，结合现实发生危险的客观可能性高低来推出最终的结论，实际上较少发挥意志因素的作用。

与此相关，判决又否决了行为人具有杀人罪的间接故意。原因主要是艾滋病具有长期潜伏性，且被告人能够找到治病的药物。这个理由并没有现实依据。在案例发生时，艾滋病的死亡率很高，行为已经发生之后再采取措施难以对实际损害结果造成影响。如果根据容认说，既然行为人对被害人伤害的结果存在容认，对于艾滋病传染这样极有可能导致死亡的情况，为什么行为人就不对被害人的死亡结果存在容认呢？判决否决杀人故意的依据建立在不可知的科学进展上，这种"希望"既与行为人的意志因素无关，也与客观危险发生的可能性高低无关。

在日本，也有很多学者支持容认说。所谓容认，是指行为人虽然不是积极地希望发生其所预见的犯罪事实，但是具有"如果发生了也是没有办法的事"这种心理态度。容认说是处于

---

[1] 尹东华：《刑法中的放任论研究》，中国人民公安大学出版社2013年版，第244页。

可能性说和认真说中间的见解。在今日，容认说得到了广泛的支持。[1]根据上述定义，大塚仁教授的容认更类似于一种"无所谓"的态度，偏向于对意志因素的描绘。我国学者马克昌教授将容认的意义划分为两种不同的见解：其一认为，它是"认""容"这样的积极的态度，还没有达到希望、意欲的程度。其二认为，它是"不介意"所认识的可能发生的结果，或者是对它"完全不关心"的消极的容认。[2]第一种情况属于积极的容认，在程度上比希望低；第二种就是上述类似于"无所谓"的容认。

也有学者认为，在间接故意之中，行为人对危害结果的发生持容忍的态度。[3]"接受"表明结果的出现在行为人的预料之中，行为人没有尽力去反对，最后认可这一结果。在意志程度上，接受显得比漠然积极些，离直接故意的距离较近。

但是，对于容认说是否真是一种不同于以往学说的崭新理论，我们大可予以质疑。平野龙一教授认为，所谓容认，究竟是意思的要素还是情绪的要素，是个问题。[4]容认这一语词的使用包含了多种因素，且它与"接受"其实都是表明行为人对危害结果认可的意志态度，没有多大差异。对该说的批判还包括："容允中包含有自暴自弃、马虎草率等与意志没有直接联系

---

〔1〕 参见〔日〕大塚仁：《犯罪论的基本问题》，冯军译，中国政法大学出版社1993年版，第192页。

〔2〕 马克昌：《比较刑法原理——外国刑法学总论》，武汉大学出版社2002年版，第219页。

〔3〕 王世洲：《现代刑法学（总论）》（第2版），北京大学出版社2018年版，第142页。

〔4〕 马克昌：《比较刑法原理——外国刑法学总论》，武汉大学出版社2002年版，第219页。

的情绪性要素,其意义非常暧昧"。[1]也就是说,论者认为,该说贯彻意志内容的努力并不彻底,而且,这种意志和情感因素有时不可分。

(3)漠然说(Gleichgültigkeitstheorie)。该说由恩吉斯提出,以行为人对于附随结果表示欢迎或漠不在乎者为间接故意。[2]王世洲教授将此说翻译为"无所谓理论"。从反面来看,如果行为人对结果是不欢迎的,并且希望其不发生,就不构成间接故意。

该说的主要问题是,单纯以行为人对结果是否持无所谓的态度来决定主观责任,会遗漏那种对结果不欢迎但实际阻碍结果发生的希望非常渺茫的情况,而对这种情况以过失论处是不合适的。同时,该说的反面不见得正确。对不好的结果不欢迎就排除故意,会导致排除的范围过广。此外,漠然说的观点与我国刑法学中对间接故意"听之任之"的描述很类似。如果行为人对结果漠不在乎,既不明确赞成也明确不反对,那么这样的中间状态实际上是没有意志要素,刑法上的非难依据就不明确。

(4)认真说(Ernstnahmetheorie)。耶赛克教授认为,间接故意由实现构成要件行为(行为不法的认识要素)、对结果产生危险的认真对待(行为不法的理智要素)以及作为罪责要素的放任符合构成要件的结果产生这三者构成。[3]相比于传统的间接故意的条件,该理论增加了行为人"认真考虑"的要求,因

---

[1] [日]大谷实:《刑法讲义总论》(新版第2版),黎宏译,中国人民大学出版社2008年版,第255页。

[2] 林钰雄:《新刑法总则》,中国人民大学出版社2009年版,第150页。

[3] [德]汉斯·海因里希·耶赛克、托马斯·魏根特:《德国刑法教科书》(上),徐久生译,中国法制出版社2017年版,第404页。

而被称为"认真理论"。

认真说将思维的考虑决策过程单独列出，作为间接故意的一个阶段，这种努力值得赞赏。但认真与容认、接受、同意等理论相比，只是换了一种表述，很难说它们在实质内容上有多大差异。在德国，是否把认真说单独作为一类也存在争论。[1]因为认真说仍强调对结果的"容认"，本质上仍属容认说的范畴。

以上四种学说都以意志因素为标准，目的均在于如何将故意的意志内容描述得更准确。从希望说到接受说再到漠然说，意志态度强度不同，故意的范围越来越大；认真说着眼于行为人的内在考虑，与容认说类似。总体来看，这些语言的变化仍没有划出间接故意的明确边界。

（5）对可能法益侵害的决定的理论（Entscheidung für die mögliche Rechtsgüterverletzung）。罗克辛教授的刑法学体系建立在功能论基础上，在犯罪构成领域的各部分都强调目的理性，重视价值涉入。他指出："如果一个人把自己作为可能性加以认识的行为构成的实现已经加以计算，并且在实现行为构成时没有在自己的计划中将其予以排除，那么，即使这仅仅是一种可能发生的情况和经常是违背他自己要避免这种结果的希望的，这个人也是有意识地决定反对这种通过有关行为构成加以保护的法益的。"[2]反之，如果行为人虽然预见到结果发生的可能性，但并不真的认为结果会发生，也没有在必要时接受结果发生的心理准备，只是轻率地相信结果不会发生，则为有认识过

---

[1] 参见许玉秀：《主观与客观之间——主观理论与客观归责》，法律出版社2008年版，第62页。

[2] ［德］克劳斯·罗克辛：《德国刑法学 总论》（第1卷：犯罪原理的基础构造），王世洲译，法律出版社2005年版，第292页。

失。[1]也就是说，单纯认识到与认真地计算是不相同的，经过计算仍然决定就是间接故意。他的两个基本立场是：意欲的、情绪性的、所谓预测的、非理性的故意要素是不可放弃的；间接故意的客观化是行不通的。[2]该理论的特点是：第一，认识因素是间接故意的基础，"计算"行为的实现是决定的前提；第二，落脚点是对保护法益的损害决定，这种决定由意志因素体现，同时，不过多考虑行为人实际的希望；第三，这种决定过程反映了更严重的可罚性，如此定义仍有有认识过失的存在空间。

我国学者张明楷教授将类似理论称为以实现意志说为基础的实现意志形成说。该说认为，实现意志的有无，不是单纯的情绪性的意欲，而是以认识因素为前提，通过判断行为人对客观的危险的认识进行了何种计算、对回避结果具有什么样的自信，来判断是否具有指向法益侵害行为的实现意志的形成。[3]这种学说考虑众多，既有认识因素与意志因素的结合，又有是否侵害法益的客观判断，落脚点仍在于最后的决定。该说与下文中的综合说已很接近。

这一理论看重行为人的"决定"，实际上则回避了对其内在真实意志态度的探求。行为人对结果是否希望、容认、接受等，都是不重要的，重要的只是认真考虑后的决定。经过思想斗争仍然选择去做，这时就有了故意的可谴责性。这种可谴责性在于严肃的认知所表现出的对结果的意志态度。可见，从对意志

---

[1] 参见许玉秀：《主观与客观之间——主观理论与客观归责》，法律出版社2008年版，第242页。

[2] 参见许玉秀：《主观与客观之间——主观理论与客观归责》，法律出版社2008年版，第70页。

[3] 张明楷：《刑法学》（第5版），法律出版社2016年版，第254页。

结果的探究到对意志形成过程的把握，间接故意的判断标准在走向内在化、动态化。

上述几种以意志为标准的学说都针对构成要件结果，后来的新学说则将间接故意的对象定位于构成要件的行为。新意欲论以对构成要件的行为的意志态度为核心，对上述学说进行了改造。"将意欲的对象由结果转向行为本身，是新意欲论区别于传统意欲论的关键之处。借助行为决定这个中介，行为人被推定对法具有敌对意思，从而构成故意。"[1]因为现实中存在着大量以传统结果本位的故意概念无法解说的犯罪，于是，将故意分为结果故意和行为故意的二分法得到了重视。既然意志态度不再指向结果，那么这种纯粹的行为决定便不再是传统意志态度的内容，意志标准的核心在判断中其实已经被掏空。

3. 综合说

通过对上述各学说缺陷的考察，德国学者试图综合认识和意志两大因素，提出各种综合说，不少学者甚至将上述几种学说综合到一起，形成了新的理论。于是，对间接故意的认定标准也呈现出了繁多趋势。

（1）联合理论（Kombinationstheorie）。联合理论试图结合上述多种学说，从多角度解决间接故意和有认识过失的区分问题。代表人物施罗德提出：在行为人认为行为构成的实现是可能的并且加以赞同，并且认为是极其可能的或者他是完全无所谓地面对这种实现时，就是间接故意。[2]从该表述中我们可以看出，他至少综合了可能性说、极有可能性说、容认说和漠然说四种学说，对认识与意志因素的内容进行了多重排列组合，是类型

---

[1] 劳东燕："犯罪故意理论的反思与重构"，载《政法论坛》2009年第1期。
[2] 参见[德]克劳斯·罗克辛：《德国刑法学 总论》（第1卷：犯罪原理的基础构造），王世洲译，法律出版社2005年版，第301页。

化故意的有益尝试。

如果用公式表示,认识到可能性+容认(赞同)、认识到盖然性、对结果发生漠然三种情况都是间接故意,除此之外,认识到可能性而且反对的才是有认识过失。也就是说,该说表面上融合了认识因素和意志因素两部分,但实际上却不排斥在某种情况下,只有认识因素就是间接故意,从而导致判断标准不统一,难以操作。

(2)不是极不可能的结果出现和风险习惯说(nicht unwahrscheinlich und Risikogewöhnung)。雅科布斯教授综合了极其可能性理论和认真对待理论,认为间接故意就是行为人于行为时的判断,行为导致构成要件实现不是没有概然性(盖然性)。概然性(盖然性)的最低限度依风险的重要性而定,风险的重要性则取决于法益的重要性和风险的密度。[1]关于结果是否极不可能出现,不仅仅依赖于行为人的认识内容,还包含认真地判定。

风险习惯行为不是行为人必须负责的行为,即便风险是不能被允许的,例如喝了适量的酒再开车,虽存在统计意义上的风险,但对于一种习惯了的人来说,这种风险是没有意义的,即没有实害的故意。[2]进而对于这种行为,没有立法入罪的必要。

这种学说从反面界定间接故意的内容,扩大了故意的范围。同时,它为极其可能性设定了标准,判断过程相对细致、复杂,可操作性增强。问题是,该理论到底以认识为标准还是以意志

---

[1] Jakobs, AT, 8/23,转引自许玉秀:《主观与客观之间——主观理论与客观归责》,法律出版社2008年版,第74~75页。

[2] 参见[德]克劳斯·罗克辛:《德国刑法学 总论》(第1卷:犯罪原理的基础构造),王世洲译,法律出版社2005年版,第303页。

为标准并不明确，从认识内容确定故意似乎是以认识为标准，但是该说又不放弃认真对待理论，坚持从认识层面理解行为人的"欲望"，因而倾向于综合说。而风险习惯说又限制了故意的范围，使得故意的判断依赖于行为人的恣意人格形成，显然不利于法益保护。

（二）英美法系刑法分类的启示：认识因素为主导

关于英美刑法对犯罪意图的划分方法，在上个部分已有论述。它的特点是：以认识因素作为各种犯罪意图的分类标准，对行为和对结果的心态分别规定。类型排序从重到轻，结合刑事诉讼法中的证明，这是对经验的归纳。

英国刑法中其实也有间接故意（oblique intent）的概念，只是其内容与我国的并不相同。根据我国刑法的通说，认识到结果发生的必然性而仍然导致结果发生的属于直接故意，而这种情况在英国被称作间接故意。值得注意的是，即便是承认间接故意的专门概念，这种分类仍是以认识内容和程度的不同来进行的，未明确涉及意志内容。真正与我国刑法中的间接故意相对应的概念是轻率，对此，笔者在上文"合一论"的部分已有论述，轻率的核心内容仍是行为人对风险的认识。

与英国刑法在主观轻率和客观轻率之间摇摆争论不同，美国刑法一直倾向于主观轻率的观点，即重视行为人对不正当冒险的认识。关于为什么要区分蓄意和轻率这两种心态，有学者提出了三个原因：首先，一些行为只有蓄意才能构成，将单纯冒险不追求结果的行为认定为蓄意发生，是对蓄意一词的误用；其次，轻率仅指行为人冒不合理的风险行动，这与意图发生的心态明显不同；最后，根据美国现有法律规定，为了进行正当行为的辩护，必须表明行为人在防卫不法侵害时是具有意图的。[1]也就是说,意图和轻率的认识内容、存在范围都不同,二者在本质上并不一样。无论如何,他们都未列出单独的意志因素,这种以认识因素为主导的犯罪意图划分方式,不仅减少了探究行为人对结果的意志态度的困难,而且不针对我国语境下的间接故意和有认识过失刻意划出界线,与实际生活中的心理态度更相符。关于英美刑法上的各种心态的区分可见下表。从该表中我们可以看出,除了第一项直接故意(蓄意)要求行为人具有一定的意欲内容外,其他种类的故意或轻率均不以意志内容作为区分标准。而直接故意之所以需要意欲,是因为它通常具有目的指引,意志强烈,具有特殊性。

表5-2 英美法系国家犯罪心态的等级区分和预见结果发生的关系[2]

行为人预见情况	心态认定	相关判例
想要或者意欲结果发生	直接故意	
结果实质上确定发生	是构成间接故意的证据	Woollin(1999),HL Nedrick(1986),CA
结果有很高可能性会发生	间接故意并不充足。大多情况是轻率(如果冒险是不理性的)	Hyam v. DPP(1975),HL
结果有发生的可能性	轻率(如果冒险是不理性的)	Cunningham(1957),CA R v. G and another(2003),HL

---

[1] See A. P. Simester and G. R. Sullivan, *Criminal Law Theory and Doctrine*(3rd Edition), Oxford, Portland: Hart Publishing, 2007, pp. 141~142.

[2] See Nicola Haralambous, *Criminal Law Directions*, Oxford, New York: Oxford University Press, 2010, p. 65.

综合来看，英美刑法对几种犯罪心态的划分都强调从认识的不同出发找寻，认识的内容和程度直接决定了心态的性质。除此以外，还有美国学者认为，故意和过失的产生时间点不同。故意的特点是，故意在行为之前和行动之中都可以独立地存在。在行为之前形成的内在心理状态，一直伴随着行为并赋予行为作为一个犯罪行为的特有的性质。[1]在一些案件中，这也构成了除认识内容外故意与过失的另一个区分标准。

英美法系以认识为标准区分各种犯罪心态，实则回避了我国语境下间接故意与有认识过失的区分问题。也可以说，这种标准实际上将二者合一看待，可归入上述合一论。在本部分继续进行此探讨，只是为了便于将其与其他法系国家的区分标准相比较。

(三) 我国关于二者区分标准的学说和实务

我国刑法对犯罪主观方面的界定以结果为基础，以意志为本位。这就意味着，主观心态针对的对象是危害结果，各种主观内容的划分标准都以意志因素为主导。间接故意与有认识过失这两种中间心态的区分，以认识因素和意志因素的双因素标准为主流学说。

在认识因素方面，间接故意与有认识过失都要求行为人对行为导致的危害结果有认识，但认识的程度和过程有差别。前者认识到结果发生的可能性较大，而后者认为结果发生的可能性很小。这种观点受到俄罗斯刑法学的影响，因为在间接故意的情况下，行为人预见的是危害结果发生的现实可能性，即认识到危害结果是这一具体场合因果性发展的合乎规律的结果。在有认识过失的情况下，犯罪人预见到的是危害结果发生的抽

---

[1] 参见［美］乔治·P. 弗莱彻：《刑法的基本概念》，蔡爱惠、陈巧燕、江溯译，王世洲主译与校对，中国政法大学出版社2004年版，第156页。

象可能性,它的特点在于行为人没有意识到因果关系的实际发展,但如果行为人在注意力集中的情况下是能够意识到这一发展的。[1]现实可能性与抽象可能性的描述体现出行为人不同的认识程度,它们进而导致了不同的情感体验。在具有现实可能性时,行为人会紧张、焦虑、左右摇摆,进而产生不管不顾的意志或反对动机;在具有抽象可能性时,行为人情感的强度不够,态度模糊,进而产生依据不足的自信,这些都表明行为人欠缺思维考虑的过程。可见,对危害结果的认识内容的差别会影响到行为人最终的意志选择,因而这种区分是必要的。另外,有学者指出,持间接故意心态的行为人对危害结果有可能转化为现实并未发生错误的认识和估计。"因而在可能性转化为现实性即发生危害结果的情况下,行为人的主观认识与客观结果之间并未产生错误,主观与客观是一致的。而过于自信的心理则不同,行为人主观上认为,由于他的自身能力、技术、经验和某些外部条件,实施行为危害结果发生的可能性不会转化为现实性,即发生了错误认识。"[2]也就是说,虽然表面上行为人对结果都存在认识,但两种认识的主客观相符性是不同的,后者实际上通过意志排除了已有的认识。

意志因素方面,间接故意体现为放任,呈现的是不反对结果发生的态度,反规范意识相对较强;有认识过失体现为轻信能够避免结果发生,行为人在根本上对结果发生是反对的,出现结果是意料之外的,规范敌对意识并不强烈。也就是说,间接故意和有认识过失在对待危害结果的根本态度上是相反的,

---

[1] 参见薛瑞麟:《俄罗斯刑法研究》,中国政法大学出版社2000年版,第183~186页。
[2] 参见赵秉志主编:《当代刑法学》,中国政法大学出版社2009年版,第145页。

由此便造成了对二者定性和处罚的差异。

近年来,我国一些青年学者借鉴大陆法系的研究成果,分析故意与过失的规范本质,也提出过不同于立法的故意概念。有观点指出,在认定故意时,把重心放在认识因素上,便成了理论迎合风险社会之需要的应变之举。[1]还有观点认为,故意的认定仅仅需要考虑认识因素,并不需要考虑意志因素,意志因素以认识因素的具备为基础,并由认识因素推定,其本身只是一种量刑情节。故意与过失的区分标准是,前者有具体的预见可能性,而过失犯有抽象的预见可能性。[2]这些观点大胆创新,看到了间接故意意志内容虚化的本质,值得赞扬。但是,这类观点完全不以当下立法为依据,抛弃了心理实际生成过程中的意志,不符合心理本体样态和罪刑法定原则。

总体来看,我国关于二者区分的主流学说都以立法为依据,以认识因素和意志因素的内涵不同为内容,其本质上与大陆法系通说中的容认说类似。在实践中,如何从客观事实认定行为人认识的程度,如何判断行为人采放任心态还是轻信避免的心态,仍然存在问题。将"明知现实可能性"与"放任"这些语言转化为具体的判断标准,实务界又积累了一套经验标准。

"李某军、韩某军等以危险方法危害公共安全案"是一起影响较大的煤矿重大事故案。该案的争点之一便是被告人对发生重大煤矿安全事故、造成大量人员死伤的后果持间接故意心态还是过失心态,这直接影响到了案件的定性。该案一、二审均认定被告人构成以危险方法危害公共安全罪,后来该案作为河

---

[1] 参见劳东燕:"犯罪故意理论的反思与重构",载《政法论坛》2009年第1期。

[2] 参见李世阳:"故意概念的再定位——中国语境下'盖然性说'的展开",载《政治与法律》2018年第10期。

南省的第一批参考性案例公布,并且被刊登在《人民法院案例选》(2011年第3辑)上,供所有审判人员参考。对该案的分析很能说明我国司法机关认定间接故意的方法和态度。该案案情如下所示:

河南省平顶山市新华区四矿(以下简称"新华四矿")系私营企业,2004年7月14日,平顶山市煤炭工业局批复该矿技改施工方案,并规定施工工期为10个月。经该矿三次申请延期,技改工期最后延长至2008年3月31日,后未再申请延期,但仍以技改名义进行井下生产作业,且擅自延深井筒并形成生产系统。

2006年之后,被告人李某军接任新华四矿矿长,被告人韩某军受让该矿股权并任技术副矿长,被告人侯某任安全副矿长,被告人邓某军任生产副矿长。因该矿尚处于技改阶段,没有安全生产许可证,且营业执照、煤炭生产许可证均已过期,部分人员的矿长资格证系李某军指使该矿会计陈某设(另案处理)等人私刻"河南理工大学"印章后,伪造相关证照所骗领。2007年,该矿曾发生煤与瓦斯突出,但仍违规按低瓦斯矿井管理。2009年初,平顶山市新华区煤炭工业局多次到该矿检查,发现存在瓦斯传感器(俗称瓦斯探头)滞后、断线、位臵不当等安全问题,责令限期整改。同年有关部门又多次下发文件,要求该矿整改隐患,禁止生产。但长期以来,新华四矿一直借入井整改隐患之名违法生产。

在长期技改和停工整改期间,被告人李某军、韩某军、侯某、邓某军明知该矿属于煤与瓦斯突出矿井,存在瓦斯严重超标等重大安全隐患,不仅不采取措施解决瓦斯超标问题,反而多次开会要求瓦斯检查员(以下简称"瓦检员")确保瓦斯超标时瓦斯传感器不报警,否则予以罚款;指使瓦检员将井下瓦斯传感器传输线拔脱或臵于风筒新鲜风流处，使瓦斯传感器丧失预警防护功能；指使他人填写虚假瓦斯数据报表，使真实瓦斯数据不能被准确及时掌握，有意逃避监管，隐瞒重大安全隐患；擅自开采己组煤层；以罚款相威胁，违规强令大批工人下井采煤。

2009年9月5日，新华四矿发生冒顶。9月7日，新华区煤炭工业局下达限期整改通知书，禁超人员入井作业。9月8日，被告人侯某等人强行组织93名矿工下井生产。井下因冒顶造成局部通风机停止运转，积聚大量高浓度瓦斯，瓦斯传感器被破坏无法正常预警，误导瓦检员送风排放瓦斯，使瓦斯浓度达到爆炸界限，煤电钻电缆短路产生高温火源引发瓦斯爆炸，致76人死亡、2人重伤、4人轻伤、9人轻微伤。

该案的裁判理由指出：被告人李某军、韩某军、侯某、邓某军作为新华四矿管理人员，明知该矿属于煤与瓦斯突出矿井，处于技改阶段，没有安全生产许可证，且营业执照、煤炭生产许可证均已过期，在主观上对新华四矿存在瓦斯超标等重大安全隐患及矿难发生的可能性是明知的。在此情况下，为追求暴利，李某军等人不仅不采取措施消除安全隐患以避免安全事故的发生，反而通过要求瓦检员在瓦斯超标时不准报警、破坏瓦斯监测安全设施等手段逃避监管，从而使瓦斯传感器丧失预警防护功能，使井下瓦斯真实数据不能被准确、及时监测，并违反技改矿规定，无视多次被限令整改的通知，实施了强令工人超员下井作业、填写虚假瓦斯报表逃避监管等行为。虽然基于利害关系，李某军等四人不希望造成伤亡后果，但是从李某军等人多次接到停工整改通知仍违法违规作业，多次接到调度员瓦斯超标报告仍敷衍了事，继续作业等表现可见，其为谋取非法暴利，已不考虑危害结果是否可能发生，更不采取措施予以避免，反而实施了破坏安全设施、强令工人下井、掩盖安全隐患等一系列积极、主动行为，最终促成了矿难的发生，四人对可能发生的不特定多数人伤亡后果完全持放任态度，属间接故意，而非过于自信的过失。因此，李某军等四人为谋取非法暴利，拒不执行各级监管部门严禁组织生产、责令停工整改等一系列规定，在明知新华四矿存在瓦斯超标等重大安全隐患，随时可能发生瓦斯爆炸等重大事故的情况下，长期致井下矿工处于无瓦斯预警防护的高度危险之中，并且还指使他人破坏瓦斯传感器，强令大批工人下井作业，导致瓦斯爆炸，造成重大伤亡事故，其主观上具有放任不特定多数人伤亡后果发生的故意……

根据以上判决，我们可以发现司法机关的认定步骤是：根据客观情况、被告人职业经验等状况判断行为人对发生危害后果有预见；根据客观综合情况判断这种认识程度达到较高的盖然性程度；以此高度认识为基础，结合行为人进一步的措施，通过是增加危险还是抑制危险来判断行为人是容认和接受结果发生还是希望避免结果。对于意志因素，即其主观上是真的相信危害后果不会发生，还是寄希望于危害后果不发生，这又需要依靠客观的行动和周围的整体环境来定。

笔者认为，我国实务部门对间接故意的认定采综合说，它结合了极其可能性说和容认说，也能看到对侵害法益的决定说的影子，但认识内容还发挥了主导作用。对于行为人是否有认识以及认识的程度，均依行为人的客观状况和危险发生的可能性高低认定。特别是危险发生可能性的高低，因为该矿属于煤与瓦斯突出矿井，处于技改阶段，相关证照都处于过期状态，且案发前已发生瓦斯冒顶事故，这种煤矿极易发生安全事故，继续作业导致死伤的危险性极大，作为煤矿领域专业人员的被告人对此更应有明确的认识。在此高度可能性的认识的基础上，要想避免结果发生,必须采取切实有避免可能性的行动,否则便没有避免意志产生的依据。被告人没有采取措施而决意的,就排除了有认识过失,构成间接故意。在该案中,完整的认定方法是以客观危险的发生概率和行为人的现实状况来认定认识的盖然性程度,以高度盖然性推知放任的意志心理,除非有反驳证明。综合来看,此认定过程综合了多重因素,认识内容发挥了关键作用,但最终还是要证明意志因素。

(四) 对上述认识论与意欲论争论的梳理评说

大陆法系刑法中关于故意本质的争论已持续了数百年,从19世纪开始,每次争论虽表述各异,但无不围绕着认识论与意欲论展开。根据上文的分类,以认识因素为标准的学说和以意志因素为标准的学说表面上争论的是故意应以哪种因素为主导,背后却又牵涉到认识与意志的关系、面向结果还是行为的深层次问题。

在以认识因素为标准的学说中,从可能性说到极有可能性说,都以行为人的认识内容为依据。不同的是,可能性说将对结果有认识的都当作故意,那么有认识过失在该学说下便不复存在。正因为此,纯粹的可能性说已很少被世界各国和地区采纳。极有可能性说以认识到结果发生的盖然性为间接故意,未达到盖然性认识的为有认识过失,这样虽提出了区分二者的标准,但盖然性的内容并不明确。更何况,完整故意犯罪的认定仍然是"认识到盖然性+行为",该说隐藏了行为决定的内容,看起来似乎只考察认识内容就足够了,所以属于"认识说"。但实际上,行为仍然在间接故意犯罪中存在,只不过在案件发生后,从裁判者立场观之,行为已经发生,不用专门判断罢了。也就是说,认识说不承认传统的意志因素,但实际上它只不过是将意志内容针对的对象从结果转变为行为。从结果本位到行为本位，是认识论的本来面目。

在以意志因素为标准的学说中，希望说范围太窄，容不下间接故意，被大多数国家和地区所抛弃。接受说（容认说）、漠然说以及之后的认真说等都期望对间接故意的意志因素做出表述准确、范围合适的说明。但是，语言的灵活多变使其很难与现实心态完全对应，因此它们本身的差异较小，争论一直在持续当中。这些学说直接定位于行为人的内心意志，因此属于主观说，且这里的意志面向结果。对可能造成法益侵害的决定的理论通过对结果发生可能性认真地估算表现出的对结果的接受和意欲来界分间接故意和有认识过失，它虽然也是由行为决定的，但更注重认识因素与意志因素的联动作用，最终落脚点在意志因素上，所以也属于面向结果的主观说。其他综合学说都吸收了容认说的内容，本质上大同小异，属于坚持意志因素存在的主观学说。

当认识与意志没有协调一致，分别走向两个极端又相互搭配时，又该怎样处理呢？日本学者指出，"认识到了结果确实会发生，但并不希望结果发生，从而实施行为的情形"，应该认定故意的成立；"虽然以为结果发生的概率不存在，却强烈希望结果发生的情形"，没有必要在刑法上给予故意非难。[1]根据该观点，当认识的确定性足够高时，就以认识因素决定心态的性质；当认识的盖然性低，意志内容却非常强烈时，则仍以认识因素决定心态的性质，因为此时认识支配下的行为不是刑法上的实行行为。可见，前田雅英教授本质上是认识论的支持者。笔者认为，认识就是意志的基础，没有认识，就不可能有实际的可转化为客观的意志，完全抛弃意志不可行。上述第一种情形反

---

[1] [日]前田雅英：《刑法总论讲义》（第6版），曾文科译，北京大学出版社2017年版，第140页。

映出了行为人心理过程的矛盾，现实中可能存在，上述第二种情形由于不存在明确的认识，主观支配下的实行行为没有彰显，在现实中根本无法判断。

值得注意的是，以意志因素为标准的学说并没有放弃认识因素的作用，因为意志还是建立在认识基础上，这一点无法否认。正如有学者所述，判断故意时，即使承认要考虑积极容忍这样的人格性态度，但前提始终都是认识到结果发生的可能性却去实施行为，在行为时点，行为人必须有现实的认识。[1]那么，以认识为标准的学说和以意志为标准的学说的差异就在于意志因素的定位问题，更准确地说，是意志因素面向结果还是面向行为的问题。笔者认为，作为与客观行为相对应的主观心态，完整的内容离不开认识因素和意志因素的共同作用，即便宣称坚持认识论也是如此。而对于间接故意的意志针对的是行为还是结果，生硬地加以区分也没什么效果。危害结果还是行为导致的结果，在非行为犯中，纯粹的行为无法完整呈现行为人的态度，以行为为本位的故意内容就是不明确的。以行为人举枪向前方射击为例，此时此景不能完全确定行为人是希望他人死亡还是伤害，还是为了打猎而放任他人死亡等，这种意志连行为人自己都有可能说不清。针对行为的间接故意概念名义上把法益保护提前，从而防范风险，但这种理论也使可为的行为范围缩小，影响了人们的正常生活。因此，面对所有的犯罪既遂类型（包括结果犯、行为犯等），坚持对未发生的危害结果的预见的现有间接故意理论是合适的。

英美法系刑法向来有实用主义传统，无论将犯罪意图三分还是四分，都没有过多纠缠我国语境下的间接故意与有认识过

---

[1] 参见［日］佐伯仁志：《刑法总论的思之道·乐之道》，于佳佳译，中国政法大学出版社2017年版，第212页。

失的区分。它们以认识因素为基准区分犯罪意图,除去明显的两极,剩下的中间地带都用"轻率"予以概括。轻率是行为人对已经认识到的风险的冒险实施,这种风险仍以主观化的预见为前提。值得注意的是,英美刑法针对行为和结果划分了不同的主观类型。一般来说,明知针对行为,轻率针对结果,这种划分避免了行为人对行为和结果持不同心态的司法认定问题,同样值得借鉴。

英美刑法的上述划分与其法律传统、思维模式、司法实践情况密切相关,这样做的好处是避免了认识论与意欲论之间无谓的争论,同时归类清晰,便于司法操作。缺陷是这种方法与现行很多国家的立法和分类不符,也无法完全被我国司法实务参照。对于间接故意与有认识过失区分的深层次探究,有助于为具体行为的定性划出界线,而将二者统一界定的方案无法指出不同主观支配下的定性差异和量刑差异。总体来看,以认识因素区分各种主观心理类型的操作方法的合理部分还是可供我们学习的。

我国刑法学理论以认识因素和意志因素综合内容来区分间接故意和有认识过失,相比于单一强调其中一个因素的理论更为全面。认识与意志不可分,何况意志内容主导了行为进程,并最终导致结果。问题是,对行为人明知内容和程度、放任意志的判断仍然要综合主客观多种素材进行,静态的认识、意志两大因素的概括虽符合逻辑推演,但却没有反映出上述两种心态的形成过程,也很难解决实践中的疑难问题。另外,认识与意志因素的作用虽然都很重要,但是以哪种因素为主导,为什么会生成最终的意志内容等问题仍需要进一步分析。所以,采纳认识和意志的综合说可行,但是这个动态的过程仍需要借鉴其他国家和地区的研究成果,进行深入分析。劳东燕教授认为对故意的成立应把重心放在认识因素上,同时取消过于自信的过失类型。该观点其实完全改变了当下立法模式,走向了新的立法论,而非是解释论能解决的,目前难具有可行性。而后续学者的观点是不彻底的,[1]既然意志以认识为基础来推定,那为什么意志又是量刑情节呢,以认识的盖然性程度确定量刑就足够了。关于预见可能性的标准,则完全走向了规范违反说,未突出故意的意志性,这种对心理本体的描述并不足取。

二、区分标准的发展趋势:故意的客观化

以主观为基础的学说反映了故意的本质,但对其的判断仍然以社会现实的外在素材为依据。于是,在大陆法系国家,为了进一步区分故意和过失,各种故意客观化学说陆续登场。故意客观化学说建立在实质的构成要件论基础上,以实践判断为切入,企图应对风险社会的挑战。故意的客观化并非是贯彻到底的全面客观化学说,它仍然离不开行为人的主观认知。故意客观化的产生背景是"罪责的客观化",对其加以分析有助于澄清间接故意的本质问题。

(一) 罪责的客观化

所谓"罪责要素的客观化",也称罪责结构的功能化,是指成为罪责要素的判断标准走向客观化,这就意味着,行为人是否具有选择自由已经不再能左右判断标准,关键是他能否按法规范所期待的那样运用其自身的能力。[2]罪责的客观化学说是伴随着客观归责理论的兴起而兴起的。客观归责理论与功能论

---

[1] 参见李世阳:"故意概念的再定位——中国语境下'盖然性说'的展开",载《政治与法律》2018年第10期。

[2] 商小平、吴华清:"罪责结构的客观化要素之存在",载《法治研究》2012年第10期。

的犯罪论体系相对应，强调归因与归责的分离。客观归责理论的核心是"法不允许的风险"理论，构成要件的自然因果关系判断被风险判断所取代，这种实质的责任归属理论限定了处罚的范围。在此影响下，一些学者开始批评传统的心理概念，认为用客观的风险理论可以替代对传统的心理事实的把握。

在德国，对传统的心理概念的批评分为两个阶段：第一个阶段把故意当作心理现象而限缩在认知层面，而过去由所谓的意欲要素所担任的分界功能，则被转移给客观的标准，大约如风险的不可容许性和危险的不可避免性。在这个阶段，社会罪责论被发展。第二个阶段可被称为"完全的后现代客观化"（totale postmoderne Objektivierung）。在该阶段中，雅科布斯认为，罪责是社会对行为人欠缺法忠诚感的非难，与他行为可能性无关。[1]可见，第一个阶段以心理认识因素为基础，用风险的概念填充故意内涵，并未抛弃主观内容。第二个阶段从存在论完全走向规范论，认为故意是从社会角度出发，对行为人进行的非难。

第二次世界大战后，日本理论和实务界也出现了责任客观化趋势。这种趋势的出现主要是因为日本进行了刑事诉讼改革，他们更加重视证据认定和客观主义刑法观的贯彻。检察官方面也强烈主张"刑法客观化论""导入推定规定""设立举证责任的转换规定"。[2]责任客观化趋势使责任认定更多倾向于客观事实和结果，减少了对口供的依赖。

罪责客观化的产生原因在德国和日本虽不相同，但这种趋

---

[1] 参见［德］许迺曼："刑法上故意与罪责之客观化"，郑昆山、许玉秀译，载许玉秀、陈志辉编：《不移不惑献身法与正义——许迺曼教授刑事法论文选辑》，新学林出版股份有限公司2006年版，第480~481页。

[2] 参见黎宏：《日本刑法精义》（第2版），法律出版社2008年版，第46页。

势却不约而同地被呈现在了两国的刑法中。罪责客观化理论出现的原因是：原有的主观心理学说不能解释一些心理状态，同时主观罪过理论在证明上也遇到了难题。面对这些问题，学者们改变策略，以客观构造分析代替对主观心理的探寻。在此概念之下，故意客观化学说兴起，间接故意与有认识过失的划分开启了新时代。

（二）故意客观化的各种学说

故意客观化是德国刑法学中罪责客观化思潮下的具体表现，其主要代表性学说有以下几种：

1. 风险说（Risikowissen）

弗里斯教授在其20世纪80年代的专著《故意和风险》（*Vorsatz und Risiko*）中阐述了他的主张。他质疑将故意定性为主观犯罪阶层的做法，认为应从客观面解释故意。他认为，故意的认识对象是构成要件的行为本身，即法律所不容许的行为风险。处罚故意的根本理由是行为人表现出了对法忠诚感的蔑视，明知风险不被容许却仍然去做体现了其法敌对性。因此，行为人在认识风险之时，就对风险形成了个人评价，作成行为决定，即有行为的间接故意。[1]对这种认识来说，任何意愿性的因素都是不需要的。[2]因而，没有认识到风险的，才构成过失。近年来，金德霍伊泽尔教授的观点基本也可被归为此说。其认为，在"可能性理论"的基础上（按照风险理论的形式），定义间接故意是合理的。故意的行为人在实施行为时，就认为某构成要件之实现的具体风险已经存在，而过失的行为

---

[1] 参见许玉秀：《主观与客观之间——主观理论与客观归责》，法律出版社2008年版，第80~81页。

[2] [德]克劳斯·罗克辛：《德国刑法学总论》（第1卷：犯罪原理的基础构造），王世洲译，法律出版社2005年版，第302页。

人则不然。[1]

该说最大的特点在于转换视角。德国现代刑法学的发展建立在"法不允许的风险"这一核心概念上，伴随客观归责理论的兴起，控制风险成为刑法努力的方向。以往的故意理论要求从故意中体现出主客观要素的对应关系，针对客观的构成要件要素，故意心态必须与其完整对应。但该说认为，行为人认识到"风险"便可构成故意，这实际上意味着意志为何已不重要，导致"结果本位"的故意观念变革，扩张了间接故意的范围。同时，该说充斥着目的理性的思考，从刑罚功能出发，根据行为人对法忠诚和秩序的破坏区分故意和过失的当罚性差异，从而得出间接故意概念。

弗里斯教授的观点将故意直接与风险画等号，彻底改变了故意的体系地位。他之所以采用风险概念，而非采用结果观念，原因在于结果还未发生，并不具有现实性，对没有到来的东西怎能要求行为人认识？风险面向未来，抽象且不确定，用风险描述行为具有恰当性。金德霍伊泽尔的观点则进一步说明了认识到具体风险还做的行为人对法忠诚的违反更大，因而可谴责性比过失犯大。风险说的产生依据是法规范的期待，归责基础是法敌对性。它的基本构成是认识到行为风险，然后去做。在这个过程中，只有意志因素显得不必要，行为人的认识还是需要的，因此可以将其归入上述认识说的范畴中。但由于该说主张从风险的判断上评价行为人是间接故意还是过失，因此，属于早期故意客观说的形态。

2. 客观认真说（Objektive Ernstnahme theorie）

赫茨伯格教授采认真说，同样将故意定位为客观构成要件。

---

[1] [德] 乌尔斯·金德霍伊泽尔：《刑法总论教科书》（第6版），蔡桂生译，北京大学出版社2015年版，第147~148页。

与传统的认真说不同,他主张的是行为人"已经认识到一种应当认真对待的危险"。他认为:"故意是行为人认识到会导致构成要件实现的、不被容许而且避免不了的风险,因为行为人借着带有适格的风险的行为实现了犯罪所特有的非价。"他还创设了"遥远的危险"(疏离的危险)的概念,这时即使存在未受防护的危险,他也要否定故意。

对于间接故意和有认识过失的区分,他坚持客观判断方法,以危险避免不了,且非疏离的危险作为判断依据。[1]在老师不顾危险河流边禁止游泳的警告牌,允许自己的学生下河洗澡的情况中,如果之后造成了死亡结果,不管行为人的主观估计是什么,都仅仅存在着一种过失杀人。因为这时的危险是学生自己通过注意可以避免的。而对于一个把抢劫的被害人卡得失去知觉的人,由于造成的是未受防护的风险,则构成间接故意,而不论行为人是否相信结果会发生。[2]风险是否避免不了,要从客观上看风险是否受到防护,这种防护不能单纯依靠运气和偶然。

赫茨伯格教授将风险区分为可以避免的和不可避免的,尝试用规范内容充实主观心态。危险避免不了就是危险发生的可能性高,行为人又不阻止,这就是间接故意。它与过失的区别主要是这种危险如果行为人发挥了其高度注意义务,就能够避免。许迺曼教授认为,他以危险性的客观标准取代传统的意欲要素,是一个绝对值得重视的出发点。[3]通过对危险的判断,

---

[1] 参见许玉秀:《主观与客观之间——主观理论与客观归责》,法律出版社2008年版,第81~82页。

[2] 参见[德]克劳斯·罗克辛:《德国刑法学 总论》(第1卷:犯罪原理的基础构造),王世洲译,法律出版社2005年版,第304页。

[3] 参见[德]许迺曼:"刑法上故意与罪责之客观化",郑昆山、许玉秀译,载许玉秀、陈志辉编:《不移不惑献身法与正义——许迺曼刑事法论文选辑》,新学林出版股份有限公司2006年版,第484页。

决定行为人是故意还是过失，将故意概念完全等同于外界的评价。与上述耶塞克所提的认真说不同，后者仍以主观内容为基础，而本学说却从客观上把认真对待理论具体化，因此可被称为"客观认真说"。

但是，何为应当认真对待的危险和疏离的危险，这仍以危险的现实性高低为依据。且这种观点本质上和盖然性说相近，虽然采用不同的表述，但仍没有逃脱盖然性说的内核。而且，该说对危险是否可以避免还考虑被威胁人和第三人能否避免，而不仅仅限于行为人是否防范危险发生，这已是完全从客观状况界定间接故意成立的学说。

3. 故意危险说（Vorsatzgefahrtheorie）

普珀教授将故意的本质定义为"危险"。她认为，当一个有理性的人认为结果应该或者可能发生，而这个结果应该会发生的判断是和法秩序互相冲突时，仍然因为这个判断而行为，即是故意行为。间接故意中的危险高度，应采用客观的标准，但是却不能完全放弃评价行为人的主观认识。[1]这种理论认为，一种数量性的说明是"没有意义的，因为在具体案件中是无法计算的。但是，这种危险也必须如此之大，使得在这种情况下相信好结局是不现实和不理智的"。在确定这种特征时，行为人真正的观点是不予考虑的。[2]

普珀教授的上述理论认为，应从客观方面判断危险的高低，如果危险的严重程度和发生可能性都很大，则行为人构成间接故意。因此，有学者将其观点归入故意客观化的学说之中。从

---

［1］ 参见许玉秀：《主观与客观之间——主观理论与客观归责》，法律出版社2008年版，第84~86页。

［2］ ［德］克劳斯·罗克辛：《德国刑法学 总论》（第1卷：犯罪原理的基础构造），王世洲译，法律出版社2005年版，第299页。

其表述来看，虽然她采用客观化的判断标准，将故意界定为危险，但实际上，她仍然坚持理性的人对结果发生有认识，只不过不主张个别化考察行为人的真正想法。这就意味着，普珀的观点仍然属于认识说的变种，是建立在可能性基础上的极其可能性理论。威尔泽尔认为："极其可能性意味着比单纯可能性更大，但是还不如绝对可能性那么大。"[1]行为人对危险发生的可能性是经过计算的，规范对这种认真考虑的态度是要求其达到理性人的标准。于是，意志因素的内涵被包容在认识因素中，该学说仍然归属于广义的认识说，对认识的判断又完全依赖于客观情况出现的概率，是纯粹规范性的评价。同时，该观点引入了"理性人"的判断标准，将故意这种个人事项当作社会的一般评价，以理性人的判断结论确定个人的责任。如果将其贯彻下去，刑法的个人责任原则便难以得到遵守。

4. 表现防果意思说（Manifestation des Vermei-dewilles）

该说由著名刑法学家阿敏·考夫曼提出，他的"故意界限客观化"（Objektivierung der Vorsatzgrenze）认为故意是通过行为人外在是否有防止结果发生的行为而确定的，也就是说，该说承认意志因素，只是它完全依行为人为行为时，对于附随结果是否客观上表现出防果意思而定，他的实现意思与防果意思彼此不相容的公式，在逻辑上为 A 与非 A 的矛盾律。[2]因为当行为人的意志如果朝向结果，又不表现出相反的防果意志，而是让事物顺其自然地继续发展，就表明行为人对结果发生的接受，就是间接故意。反之，行为表现出了行为人明确的防止结果发

---

[1] [德] 克劳斯·罗克辛：《德国刑法学 总论》（第 1 卷：犯罪原理的基础构造），王世洲译，法律出版社 2005 年版，第 299 页。

[2] 参见许玉秀：《主观与客观之间——主观理论与客观归责》，法律出版社 2008 年版，第 101~102 页。

生的意志的,就应当是有认识过失。该说的贡献在于,其肯定了意志因素的作用,并且提出了判断公式,与下文的动机说有相似之处。

该说的主要问题是,虽然客观是主观的现实化,通过客观推知主观是实务判断的常见方法,但是,如果完全依据客观表现认定行为人的主观内容,不免偏颇。更重要的是,行为人表现出了一定的防果意思,但他却不相信反作用措施的效果,在这种情况下他仍然认可结果的发生。这种情况是可能存在的,即 A 与非 A 并非完全不相容。典型例子是一个人驾驶汽车向行人撞去,同时一直按喇叭。在该事例中,按喇叭属于行为人具有防果意思,根据该说会否认上述故意的存在,这显然不合适,因为按喇叭的举动没有带来实际的避免结果发生的可能性。该说限缩了故意的范围,间接故意这种为了实现行为目的而不顾另一结果发生的情况更无法在该说中反映出来。

(三) 对故意客观说的评论

上述四种学说从表面上看的确都通过客观内容展现了故意的内容,但这是否就意味着故意就是客观的呢?仔细观察,各学说或许都有"贴标签"的嫌疑,实质内容却未必如此。

1. 故意客观说的实质是意志内容客观化

第一种"风险说"将间接故意理解为认识到法不允许的风险,而仍然去做。用公式可以表示为"认识到风险(法不允许的)+实施行为→间接故意"。在这里,论者并没有放弃认识这一主观内容,只是舍弃了专门的意志因素,同时对风险的评价以社会允不允许这样的客观标准加以判断。风险说仍是以认识为基础的学说的变种。

第二种"客观认真说"表面上把认真对待的态度从主观移到客观,但论者却认为故意是认识到实现不被允许且避免不了的危险,只不过这种危险是应当被认真对待的。用公式可以表示为"认识到危险(避免不了且非疏离)+实施行为→间接故意"。在这里,仍然只有对危险实现高低的客观判断,很难说论者放弃了主观内容。

第三种"故意危险说"创设了绝对的危险和相对的危险的概念,相对的故意危险是间接故意所造成的风险。该理论只是坚持行为人认为危害结果可能发生而去做就是故意。用公式可以表示为"认识到结果有可能发生+实施行为→间接故意"。该理论其实未对间接故意和有认识过失的区分作出明确说明,只是对危险高低的判断采客观标准。

第四种"表现防果意思说"直指行为人的意志,用公式表示为"未表现出防果意思的行为→间接故意"。该说只是通过外在行为判断防果意思,并没有否认意志的作用。

笔者将三种学说归为一类,最后一种归为一类。前三种学说的共通点是未排除认识因素的作用,对认识的内容采客观判断,同时将意志因素的内容转变为"实施行为"的判断;最后一种学说承认意志因素的作用,只不过是通过外在行为认定行为人的意志。

前三种学说的差异是:风险说和客观认真说将认识的内容定位于法不允许的风险,而故意危险说则将认识的内容定位于结果。在前两种学说中,风险说只提出风险是法不允许的,而客观认真说则提出了危险的具体判断指标。具体来看,四种学说的认定方法和"客观化"的内容如下表归纳所示:

表 5-3 故意客观化的几种学说及分析

学说	公式	实质
风险说	认识到风险（法不允许的）+实施行为→间接故意	风险判断客观化
客观认真说	认识到危险（避免不了且非疏离）+实施行为→间接故意	危险判断客观化
故意危险说	认识到结果可能发生+实施行为→间接故意	结果判断客观化
表现防果意思说	未表现出防果意思的行为→间接故意	意志判断客观化

从上述分析中我们可以看出，四种学说的"客观化"都不是纯粹的客观化，无论论者如何表述，没有一种学说将故意当作客观的构成要件。前三种学说不承认意志内容，但作为事后判断，"实施行为"必不可少。也就是说，意志内容被外在行为表现所取代，在完整的间接故意认定中，实际上是意志因素被客观化了。而第四种学说就更为明显了，它直接通过外在行为判断意志，这个过程省略了行为人的认识基础，实际上也是意志因素的客观化。所以，四种学说的本质都是意志内容客观化，所谓"故意客观化"只是意志客观化罢了。

意志客观化也不是将意志因素当作客观构成要件，而是强调通过客观行为取代或判断意志内容。前三种学说以客观行为代替意志内容，但"去做行为"这个过程仍然是受到意志支配的。所不同的只是，这几种学说将行为人对危害结果的意志转化到了对行为本身的决意上。说到底，这几种学说没有放弃意志因素，只是提出了以外在行为这一表现来判断意志内容而已。更不用说，它们还分别将认识的风险（危险）、结果的判断客观化，这些都属于心理的认定方法。而第四种学说直接以外在行为判断意志内容，也属于间接故意与有认识过失的认定方法。

事物的发展过程和事后的认定过程方向不同，依据材料不同，采用的方法也不同。故意客观化的学说只是为我们提供了事后判断的方法，并将其进行总结归纳，但这些都不代表间接故意本身是什么。总体来说，间接故意的形成过程和事后认定过程不是一回事，不能以认定方法的归纳代表间接故意与有认识过失的本体本质。故意客观化学说可作为间接故意的认定方法学说进行参考，不代表间接故意与有认识过失的本体区分学说就是如此。

2. 故意客观说带来的问题

罪责结构中存在的客观化要素是基于现代社会的一种背景：世界毫无争议地进入到了现代文明，世界的文明化意味着，人只要愿意，任何时候都可以获悉他所拥有的生活条件；意味着，原则上并不存在什么神秘的、无法估量的魔幻；意味着，我们对所能接触的事物原则上可以通过风险评估予以控制。[1]在这种思想的指导下，责任的本质不是行为人对客观现实有无认知，而是在其能与规范沟通、遵守规范的情况下，选择违反规范，实施不法行为。从这个意义上讲，伴随着罪责客观化产生的故意客观化，意在控制未来的风险，建构规范的认同感，故意客观说与纯规范的故意概念有内在一致性。

但是，现实社会的景象还没有完全达到上述图景。规范的制定和认可需要一个过程，不是所有人都能立马成为遵守规范的人格体；科技的成果也不能保证所有的风险都可控，更不必说单方面的风险防控容易侵犯人权，影响我们正常的生活了。

---

[1] [德] 雅科布斯："罪责原则"，许玉秀译，载《刑事法杂志》1996年第2期。

将故意的内容客观化使得"法益"保护前置,离开了主观内容的行为会变成没有灵魂的"空壳"。诚然,任何主观因素都藏于行为人内心,同时通过客观事实表现出来。现代科技还没有发展到精确测量行为人内心所想的程度,对于已发生的事实背后的心理事实,更无法"回溯"。因此,查明主观要素必须依赖于客观事实的内容,通过事后的种种迹象说明主观内容是必要的,但这并不意味着混淆主观与客观的界限,把主观本体因素完全客观化为外在行为。主观归责因素与客观归责因素在现实中,虽不能截然分开,但也不能对其不加区别,完全混同。

上述故意客观化的各种学说均未完全放弃认识内容,只是将意志因素舍弃或客观化了而已。因此,故意客观化只是意志因素无用论的具体呈现。所谓间接故意中行为人认识到的结果终归还是尚未发生的结果,它只存在可能性,属于未来。如一个人拿刀刺向对方,无法说明对他人的死亡后果行为人是接受还是反对的。当行为人存在认识,但在单纯的内在意志没有外化时,对法益侵害的威胁就无法确定。只有意志因素,这种与法秩序冲突的欲望,对内显示的是人格,对外显示的是对法秩序的敌意,[1]才是责任非难差异的对象。从认识与意志的关系来看,认识不直接产生行动决定,意志才表明行为的意向性,只有意志才产生责任。

故意客观化学说中的各说均重视"风险"的概念和判断,而风险仍然是以可能发生的实害作为前提的。即便在危险犯中,行为人对危险的判断也仍然离不开可能造成的实害,只是这种实害发生的可能强度没那么大罢了。有学者就指出,危险故意是一根链条,这根链条的一端连接着实害故意,另一端连接着

---

[1] 许玉秀:《当代刑法思潮》,中国民主法制出版社2005年版,第270页。

犯罪过失。[1]关键问题是，什么是法不允许的风险，归责的基础难道不是行为人自己的判断吗？对于行为人根本不可能认识到的事实，法律即便有要求也是强人所难，没有意义；法律所意图限制的是那些非理性的风险，即以经验法则为依据的判断一般是理性的。基本上，在一般人生活经验范围的事情，我们会认为个人依据其经验规则做事实判断是一个理性而可靠的判断方式，但这是相对的。以自己的经验否定一个自己陌生领域当中所可能存在的风险，并且以此作为行动的依据，可能就不属于容许风险的范围。[2]也就是说，行为人是否具有对危害结果的认知，以自己的认识为基础，同时要符合社会对特定领域的期待。在一般生活领域中，如果放弃个人主观认识，个人就会变成工具，社会运作将难以维持活力。

因此，故意客观化学说作为间接故意与有认识过失的本体区分学说是难以得到认可的。它最大的问题是忽视了间接故意的原始构造，刻意放弃了一些因素，将判断对象与判断标准相混淆。更何况，在这种情况下，有认识过失的生存空间被极大压缩，故意的范围呈现扩张趋势，二者的界限变得更加模糊。但是，客观化理论为认定间接故意的意志因素提供了一种思路，即从认识出发，通过风险发生可能性的大小试探行为人的意志，将故意客观化当作"证明的客观化"，这对于区分间接故意和有认识过失是有益的。

三、对上述各区分学说的总评

在学说发展史上，以认识因素为标准的理论（可能性说、

---

[1] 欧阳本祺：《刑事政策视野下的刑法教义学——探索中国刑法教义学与刑事政策的贯通构想》，北京大学出版社2016年版，第148页。

[2] 黄荣坚："论危险故意——评'最高法院'九十三年度台上字第一一五五号及九十一年度台上字第六三六八号判决"，载《月旦法学杂志》2005年第3期。

极有可能性说）和以意志因素为标准的理论（希望说、接受说或容认说、漠然说、认真说、对可能法益侵害的决定理论等）争论的主线问题只有一个，即在间接故意中，意志因素要还是不要。因为以认识因素为标准的理论反对意志因素存在，而以意志因素为标准的理论虽然不明确承认认识因素的作用，但意志态度建立在行为人认识基础上的心理学事实是不会被改变的，也就是说，它也承认认识因素，只不过更强调意志因素而已。

之后，学说中还出现了综合学说，它们发现了单一学说的局限，而试图融合认识和意志内容，采用正反两方面多个角度确定间接故意与有认识过失的界限，这种努力值得认可。这类学说的缺陷是方法繁杂，不同学说间的融合困难，而且将不同学说的缺陷都"收入囊中"，导致认可度并不高。

近些年，大陆法系国家出现了故意客观化的学说，具体分为两大类：风险说、客观认真说和故意危险说都没有放弃认识因素，可以被归入广义认识论的范畴。表现防果意思说承认判断意志因素的作用，属于意志论的范畴。这样看来，故意客观化说争论的问题其实也只有一个，仍然是意志因素要还是不要。这些学说之所以被称为客观化说，是因为风险说、客观认真说和故意危险说都将故意着眼于行为或结果风险，而对风险的判断采用客观的标准。而表现防果意思说对意志内容的判断完全通过外在行为而定，这也是客观的。但实际上，风险说、客观认真说和故意危险说除了行为人对风险的认识内容，还加上"行为决定"表现于外，这才构成间接故意。而"由行为决定证明故意存在，其实有意欲要素客观化的表现"，[1]这三种学说表

---

[1] 参见许玉秀：《主观与客观之间——主观理论与客观归责》，法律出版社2008年版，第58页。

面看似不要意志因素，实际上是将意志因素客观化。表现防果意思说更是直接表明了意志客观化的思想，可见，所谓故意客观化的学说，实际上都是"意志客观化"的学说。

到头来，所有学说争论的问题其实都是在间接故意中意志因素存不存在？[1]如果存在，这种意志因素是否该客观化？本书的立场非常明确，即间接故意的意志因素必不可少，意志因素不能客观化，间接故意的心理事实内容与认定方法不是一回事。

（一）争论焦点一：意志因素要与不要

笔者认为，意志因素在间接故意和有认识过失中不可或缺。这主要是基于以下几点理由：

第一，在承认间接故意与有认识过失二者区分的前提下，意志因素才是区分二者的根本标准。间接故意和有认识过失在认识内容上具有相似之处，只是认识的程度不同，对认识的可能性是否能转化为现实性的判断不同。在以认识为标准的学说中，认识说将有认识的全部当作故意，那么有认识过失就没有了存在的空间，这已颠覆了目前区分二者的立法和实务，走向了合一论；而极有可能性说界限不明，无法说清二者的本质差别。只有意志因素才能反映二者的根本差别，"我知道什么"和"我要什么"并不相同。知道什么只表示行为人的认识能力和程度，知道以后怎样决定去做才是问题的关键。从体系协调性上看，现有的四种主观方面的内容都定位于意志因素，直接故意这种心态更是如此，如果抛弃了"希望"这一强烈的意志因素，其行为的意向性和主观恶性将无从体现。间接故意和有认识过

---

[1] 这里还涉及一个小问题，即如果间接故意的意志因素存在，那么，这种意志针对的对象是行为还是结果？关于此问题，在上文的第五章第三节部分已有论述，在此不再赘述。

失同样具有认识,在此前提下,一种是对结果发生不管不顾顺其发生,一种是希望避免结果事与愿违,这点不同反映出了二者内在的本质差异。至于犯罪主观方面,以意志因素为主导,才能更合理体现出它们之间的不同。

第二,从认识和意志的关系看,意志内容是支配行为决定的核心内容。虽然在认识的基础上产生了意志,认识的程度影响着意志的内容,但认识的内容和程度并不是决定性的。在某些经预谋的直接故意犯罪中,行为人往往先有行动目标,并进行详尽的筹划、准备,再实施行动。也就是说,行为人先预想事件发生的整个流程,并对有指向性的结果持强烈的希望态度,正是这种意志支配了整个行动。在直接故意犯罪中,认识到结果发生的可能性与必然性都可以,关键问题是产生希望意志,这才是能够转化为行动的主干因素。间接故意与有认识过失犯罪虽然过程与上述直接故意犯罪不完全相同,但认识与意志的互动关系一直存在。认识与意志不能刻意分离,基于认识所形成的意志支配着最终的行为进程,行为人对已发生的危害结果要承担责任,主要是因为其意志支配了行为,没有及时阻止行为,而这都不是认识到的内容所能决定的。

第三,从规范的可非难性看,意志内容体现出了不同的主观恶性。间接故意和有认识过失看似存在不少相同点,但为什么将二者归入不同的类型?这种归类还会导致定罪和量刑的差异,这又依据何在?这是因为,行为人的意志决定过程和意志决意反映了其高低不同的反规范意识,这种规范敌对态度直接影响到了行为人对事实的控制力,并进而呈现出了不同的可非难性。将具有放任意志的态度归入故意,将具有避免意志的态度归入过失,是为了表明这两种主观恶性不同的态度应该受到不同的制裁。犯罪的整体社会危害性体现为客观行为所造成的损害和行为人的主观恶性，认识内容并不体现这种主观恶性，认识程度的高低界限也难以有明确的标准。正是意志的内容体现出了不同的主观恶性，而这属于刑法非难的依据。

（二）争论焦点二：意志因素是否客观化

在坚持意志因素存在的情况下，关于意志因素是否该客观化的问题，笔者认为，意志因素客观化理论混淆了心理本体内容与事后认定的关系，这是不恰当的。对间接故意和有认识过失区分标准的评析，应站在二者心理发展过程的顺序上正向确定，心理本体的内容不同于事后的认定方法。上述故意客观化的种种学说都承认行为人存在心理内容，只是对这种内容，有的纯粹依据风险是否允许确定（风险说），有的依据风险是否能够避免而且是否遥远确定（客观认真说），有的依据客观危险高度确定（故意危险说），有的则通过外在防果行为确定（表现防果意思说），这些努力只是希望通过客观标准与表现来探究行为人的心理，属于间接故意与有认识过失的认定过程，并不代表它们本身。

作为心理本体的间接故意和有认识过失的区分，依据是它们的心理内容，离不开原始刺激、需要、动机、动机冲突、意志确定等整个过程，对其分析要以二者的心理生成过程为依据，找出过程中的具体差异。同时，间接故意和有认识过失又作为规范概念，应探寻它们的心理差异能够反映可非难性的大小，并最终服务于归责。

而间接故意和有认识过失的事后认定与刑事诉讼的证明过程相关，作为非行为人的裁判者，依据的材料只能是外在的客观事实。在刑事诉讼法意义上，法律真实不等同于客观真实，行为人的心理无法被完全捕捉，更何况，评价意义上的间接故意概念本来就包含着立法者的筛选归类。在对间接故意和有认识过失的认定过程中，客观事实是必要的素材，这其中要结合风险可能性及大小等进行综合推断，推理的方法也会被运用。也就是说，最终裁判上认定的主观内容是通过证据查证的内容，也是符合归责要求的内容，认定方法依赖于客观事实。所以，上述故意客观化的各学说可以作为间接故意认定的参考方法，合理之处可以借鉴，但它们都不表明间接故意本体是个客观的东西，纯粹的客观说不可能存在。

综上，以认识因素为标准的学说抛弃了意志因素的作用，未能抓住主观心理的本质；故意客观化学说只是提出了认定间接故意和有认识过失的方法，未能反映二者本体的差异事实；以意志因素为标准的学说相对来说更为合理。在这几种学说中，希望说限制了间接故意的存在，应被抛弃；对可能法益侵害的决定理论将意志内容转化为决定，实际也减弱了意志的地位；接受说或容认说、漠然说、认真说更多地体现在意志程度的细微差别和语词差异，很难说存在本质不同。更主要的是，这些学说以主观心理的单个构成因素为主导，以因素的静态差异作为两种心态的标准，并未反映出动态心理过程的连续性和互动性。合理的学说应当不放弃意志因素的作用，将间接故意与有认识过失的心理生成过程完整呈现，并找出其中不同的环节，然后再对该环节进行规范上差异的评析。本书认为，在以意志为基础的学说中，容认说或接受说的合理定位应当被认可，关键问题是还要找出意志形成过程中行为人容认或接受的原因是什么，这便是下文所主张的动机说能够发挥作用的地方了。

四、被忽视的因素：动机说之提倡

行为动机是行为产生的必要条件，任何外显行为都是在内心动机的推动下产生的。[1]与心理学界重视研究动机不同，长期以来，刑法学界普遍认为，动机不是犯罪构成的必备要素。因为刑法上所探讨的犯罪动机，"是指刺激犯罪人实施犯罪行为以达到犯罪目的的内心冲动或内心起因"。[2]这种推动犯罪行为发生的内在力量，在现实中并不稳定，如果它不外化为行为，就不易被刑法评价；犯罪动机的内容并不直接决定行为的意志内容。另外，不是所有犯罪都存在动机。在此意义上，犯罪动机的作用更侧重于量刑方面。

犯罪动机与犯罪目的紧密相连，直接故意犯罪都有犯罪动机，因为该类犯罪都有目的性起因。只有在动机的诱发下，行为人才直接朝向犯罪对象，追求结果发生。而间接故意的放任心理表明其没有明确的指向犯罪结果的目的，因而它也不可能有犯罪动机。但是，刑法意义上的犯罪动机和一般的"行为动机"并不相同，可以说，所有的行为都有自己的动机。苏联有学者就曾认为："无论动机是否作为基本特征被列入犯罪构成，如果没有一定的动机，那么任何一种故意犯罪就不可能实施。"[3]上述关于故意本质的认识论与意志论之争，围绕着故意的范围和非难基础展开，都属于静态分析主观心理内容的要素分析模式。间接故意与有认识过失的区分应建立在主观层面，但也要突破认识与意志的局限，寻求事实与规范的联动。长期被忽视的动机内容能够从动态上分析行为人心理的整个过程，以行为动机作为切入点，探寻间接故意与有认识过失心理生成机制的动态差别，或许能为二者的区分提供一条可行的道路。

---

[1] 吴宗宪：《犯罪心理学总论》，商务印书馆2018年版，第595页。

[2] 高铭暄主编：《刑法专论》（第2版），高等教育出版社2006年版，第251页。

[3] 参见［苏］A. A. 皮昂特科夫斯基等主编：《苏联刑法科学史》，曹子丹等译，法律出版社1984年版，第62页。

(一) 动机的心理机制

心理学上的动机是一个过程,它以某种方式引发、促进、保持和中止指向目标的行为。[1]需要产生动机,[2]由于人有各种需要,"当需要在强度上达到一定水平,并且有满足需要的对象存在时,就引起动机"。[3]"需要"可以说是动机产生的内在条件,除此之外,动机产生还需要外在的诱因,这种外在条件一般要在社会环境中找寻。例如,人有阅读书籍的需要,图书销售网站提供了大量可供选择的图书,这便是促进购书动机生成的外在诱因。但同时,在网上购书还需要开通带有网上支付功能的银行卡和注册登录等一系列复杂程序,行为人对繁琐的程序反感又企图逃避,这又构成了外部的反对诱因。行为人经过权衡后,最终还是产生了在网上购书的动机,这便是完整动机的心理机制。

$$需要 \xrightarrow{诱因} 动机$$

图 5-4

现代认知理论认为,个体对来自外界的信息经过编码、存储、提取和输出等加工过程,在头脑中形成了各种不同的观念。

---

[1] [英] M. 艾森克主编:《心理学:一条整合的途径》,阎巩固译,华东师范大学出版社 2000 年版,第 792 页。

[2] 对于犯罪动机的形成模式,可分为需要主导模式、诱因主导模式、内外结合模式、挫折引发模式、过度补偿模式、防御机制模式、变态心理模式七类。需要主导模式只是其中最重要的一种。参见吴宗宪:《犯罪心理学总论》,商务印书馆 2018 年版,第 540~558 页。本书以最常见的需要引发动机为例,说明动机的形成过程。

[3] 叶奕乾、何存道、梁宁建主编:《普通心理学》(第 4 版),华东师范大学出版社 2010 年版,第 273 页。

这些观念在刺激和行为间起中介作用。[1]加工过程就是刑法上的认识过程，在认识基础上行为人产生动机，而动机又对行为产生有内在推动作用和行为指向作用。"动力和方向被认为是动机概念的核心"，[2]这就启示我们，探寻行为背后的推动力，不能忽视动机对行为的指向。方向不同，最后的决意结果就可能不同。

在接下来的意志行动中，行为人具有两个以上的目标时，就继续完成行为和对有可能附带造成的危害结果进行选择、权衡，从而产生动机冲突。在犯罪行为发生前，行为人从而对于需要的满足方式选择本身就体现出一定的规范遵守意识，是否犯罪对成年人而言是一种双避冲突。[3]当他认为犯罪造成损害，就要受到制裁时，就应当避免行动；但如果不行动，又达不到自己的追求，对此同样感到遗憾和难受，因此也想回避。行为人在这个冲突中如果有较高层次的目标，就可做出决定，进入下一步的行动。

根据上述分析，任何行为都有动机，这种行为动机是促进行为产生的源动力。而刑法上的犯罪动机指向的是犯罪目的，这就要求行为人须具有直接指向危害结果的明确态度。在间接故意犯罪中，行为人往往为了追求一个目的而对另一个可能发生的结果不管不问，而只有后面那种伴随发生的结果才是危害结果。在这里，行为人为追求目的而促使行为发生的心理活动就是行为动机，而由于其对危害结果没有明确的指向态度，因而不存在犯罪动机。例如，行为人在丛林中打猎，在别人告诉

---

[1] 彭聃龄主编：《普通心理学》（修订版），北京师范大学出版社2002年版，第339页。

[2] 叶奕乾、何存道、梁宁建主编：《普通心理学》（第4版），华东师范大学出版社2010年版，第273页。

[3] 郑莉芳："成年人犯罪动机的生成与发展——以心理学的视角"，中国政法大学2008年博士学位论文，第44页。

他森林中偶有孩子经过，有可能伤人的情况下，行为人为了满足打猎欲望仍然坚持举枪射击，最后造成无辜孩子死亡。在这种情况下，行为人没有明确针对小孩的杀害动机（如报仇等），对小孩死亡的态度是放任的，但他具有主行为的动机，即满足专程打猎的需要。这就是行为动机，间接故意同样存在这样的行为动机。

区分行为动机和犯罪动机可以重新划定动机的存在范围。犯罪动机固然只有在直接故意犯罪中才可以存在，而且它还不是犯罪构成要件的必备要素，但行为动机是任何行为都具备的，只是这种动机不必然指向发生的危害结果。本书对动机说的提倡系建立在行为动机的意义上，将动机说作为划分间接故意与有认识过失的区分学说，不违背动机存在范围的原理。

（二）区分关键：是否产生反对动机

动机说属于综合说范畴，即属于结合了认识因素和意志因素的综合理论。动机说认为，行为人对犯罪事实具有认识，在该认识成为行为动机的场合下，能够成立故意。因此，在对犯罪事实没有认识时，不能成立故意。另外，即便对犯罪事实具有认识，但在该认识没有成为行为动机的场合下，也不能说行为人具有故意。[1]西田典之教授从反面论证，采用修正的动机说。具体而言，要认定存在未必的故意，必须对结果发生的盖然性存在认识，在此基础上，还必须存在并未由此认识而形成反对动机这一事实。[2]山口厚教授也认为："将构成要件的实现纳入行为人的意识或者是意志过程中，以尽管如此行为意思是

---

[1] [日] 大谷实：《刑法讲义总论》（新版第2版），黎宏译，中国人民大学出版社2008年版，第256页。

[2] [日] 西田典之：《日本刑法总论》，刘明祥、王昭武译，中国人民大学出版社2007年版，第171页。

否现实化了为基准,想来这样才是妥当的。"[1]反之,否定了这种实现意思的就不是间接故意。笔者之所以支持此说,主要是基于以下两大理由:

1. 动机说是动态上区分间接故意与有认识过失的学说

本书在间接故意的构造部分已经阐述了从心理责任到规范责任的演变史。间接故意是心理事实与规范评价的统一,其运行机理建立在心理生成机制上。

总体来看,通说对间接故意与有认识过失的区分采认识因素和意志因素双区别说是到位的。在认识因素上,间接故意与有认识过失都预见到了结果发生的可能性,只是这种认识程度存在差别。间接故意认识到的是结果发生的现实可能性,而有认识过失认识到的只是结果发生的抽象可能性。在意志因素上,间接故意的行为人放任结果发生,总体上,他对结果不是希望但也不是反对,而有认识过失的行为人则反对结果发生,希望避免结果,从根本上否定了自己的预见,结果却事与愿违。但是,认识因素与意志因素之间存在联结。为何在相类似认识的基础上会产生不同的意志因素呢?上述区分标准无法给出答案。因为上述分析都是建立在存在论基础上的静态学说,他们将间接故意的本体拆分为平面的几大因素,这个过程无法反映心理因素相互间的联系。只有从动态的角度把握心理运作机制,才能找出细微的差别。笔者认为,正是动机这种心理机制的冲突和斗争连接着认识与意志内容,动机说属于动态上区分间接故意与有认识过失的学说。

正如上文所述,间接故意的心理发展过程为:确定行为目的—发现行为可能发生危害结果—产生动机冲突(趋避冲

---

[1] [日]山口厚:《刑法总论》(第3版),付立庆译,中国人民大学出版社2018年版,第213页。

突)—评估两种结果并认为可以接受危害结果—决定执行原来的行为目的—危害结果发生。以"项某故意杀人案"为例，2004年5月15日傍晚，被告人项某同黄某、李某驾驶一辆机动三轮车从县城收购树木返回。途中，该车所拉树干碰伤被害人刘某的眼部（刘某当时骑自行车经过）。被告人项某等三人打算以给刘某看病为由，将刘某拉往别处，之后把其哄骗下车，丢弃路旁并准备驾车逃跑。后被刘某发现，刘某于是就用双手拉住车悬吊于车上，但在车高速行驶过程中，被告人将刘某推下车，第一次未能"成功"。后来，被告人再次假意伸手拉刘某上车时松开手，致使刘某摔下车去，之后被告人继续高速逃窜。最后，刘某因颅脑严重损伤死亡。在本案中，被告人项某等欲收购树木返回而高速行驶的目的一直是明确的，在伤人后，行为人仍坚持其目的，不准备专门停车为被害人看病。在被害人刘某用手拉住车时，行为人先后两次把被害人推下车，在这个过程中，行为人完全可以认识到在高速驾驶的情况下这么做会导致他人死亡的后果，而且可以认识到这样做是违法的。从动机的外在诱因看，正诱因是继续行驶就能够尽快摆脱被害人；负诱因是可能导致他人死亡，违法"出事"。行为人经过动机冲突与斗争，继续行驶，摆脱被害人的动机战胜了救助被害人的动机，决定仍执行继续行驶的目的，最终导致推下被害人，致其死亡的结果发生。合法行驶与犯罪就在"一念间"，行为人在本案中没有导致他人死亡的目的和动机，针对致人死亡的危害结果这一方向不存在明确的指向，因而行为人不具有直接故意杀人的犯罪动机。但是，行为人的行为动机一直存在，即能够迅速驾车返回。

有认识过失与此不同，其心理发展过程为：确定行为目的—发现行为可能发生危害结果—产生动机冲突（趋避冲突)—协调两种冲突并判断可以回避危害结果—决定执行原来的行为目的—危害结果发生。[1]例如,甲为了防止其果园水果遭偷,就拉上了电网,考虑到安全问题,同时安装了一个漏电保护器。然后亲自试验,证明不会再有危险。几天之后,仍有一个小孩被他的果园的电网电死,原因是当时漏电保护器没有起作用,发生了故障。在这个案例中,甲确定的行为目的就是防止水果被偷,为了达到此目的,他拉上电网作为防护措施,但他认识到电网带电可能会对他人的生命健康带来侵犯,于是又产生犹豫,想避免损害发生,这便产生了动机冲突。也就是说,在保护果园与电网伤人之间,甲认为可以协调二者之间的关系,并实现自己的最终目的。购买安装漏电保护器作为防止电网伤人事件发生的外在手段,使甲作出了可以回避危害结果的判断。之后,行动继续,事故发生。与上述间接故意的心理发展过程不同,有认识过失在动机冲突后,得出可以回避危害结果的结论。虽然最后危害结果仍然发生,但行为人的决意是建立在对危害结果是否发生判断失误的基础上的,他本质上仍然反对结果发生。

通过对间接故意和有认识过失两种心理的发展过程进行分析,我们可以发现:动态上的心理生成过程具有连续性,动机这种推动行为发生的内在动机体现为一定的过程性。动机冲突及其之后的判断是行为人对危害结果认识评价和决意行动之间的过渡,这个过程伴随着犹豫斗争,是产生放任和轻信避免意志的重要环节。间接故意与有认识过失在心理学意义上的差别主要就体现在动机冲突后的判断选择上。

---

〔1〕 参见袁彬:《刑法的心理学分析》,中国人民公安大学出版社2009年版,第144页。

2. 动机选择反映出可非难性

动机冲突作为心理生成中的重要组成部分，对最后的主观决定几乎起到了决定作用。对同样的故意行为，"动机提供了一个区分故意行为是真的很坏还是不那么坏的基础"。[1]动机因素是被忽视的心理组成部分，但同时也起到了沟通心理与规范的作用。在动机冲突之后，间接故意的行为人选择继续行动，是因为对本想回避的不管不顾，反规范意识较强烈，可非难性也更强；有认识过失的行为人选择继续行动，是因为确信可以趋利避害，已产生反对动机，只是这种估计在现实中出现了偏差，因此可非难性没有那么强烈。

动机是区分间接故意与有认识过失的重要心理因素，同时也直接反映了行为人的规范态度。动机冲突的前提是主体选择性，行为人具有选择才可能趋利避害，达到利益最大化。具体来说，在行为人对结果有认识并进而将认识转化为行为动机的情况下，行为人具有间接故意。这时，在行为动机和反对动机斗争后，行为动机战胜反对动机，在行为人有他行为可能性的前提下，他不选择可以确定合法的行为，而选择接受非法结果，这便产生了责任。而有认识过失则不同，行为人虽具有结果发生可能性的认识，但是没有转化为非法动机，对犯罪结果是反对的，因而对危害结果的反对动机占了上风。

在这里需说明的是，刑法分则中规定的个别犯罪直接将动机作为犯罪的构成要件要素。这时，动机就成了主观方面必须包含的内容，这与本书探讨的上述间接故意的动机并不相同。

总之，作为本体的间接故意与有认识过失的区分应该建立在它们各自正向心理机制的生成过程上，并将静态与动态相结

---

[1] [美] 乔治·P. 弗莱彻：《刑法的基本概念》，蔡爱惠、陈巧燕、江溯译，王世洲主译与校对，中国政法大学出版社2004年版，第160页。

合,不能忽视各因素的相互作用。

本章小结

　　间接故意与有认识过失的关系问题是理论和实践中的难点,也是本书研究的重点。从故意与过失的关系的大背景看,本书主张对故意与过失采规范的层次关系说,这就意味着在刑事诉讼中,虽然间接故意与有认识过失存在区分,但在事实认定中,可以对其进行符合刑事证明要求的选择,这并不违背间接故意本质的要求。

　　关于间接故意与有认识过失的具体界定,有合一论和区分论两大类学说。合一论者主张对二者不加区分:英美法系国家通过认识因素区分各种主观心态,轻率心态的存在就融合了间接故意与有认识过失,这便可以看作是合一论的代表;我国学者提出的"复合罪过理论"也可以被归属于合一论。但合一论与我国当下刑法立法不完全相符,对现有定罪和量刑都会产生影响,因而存在不妥当之处,不能完全被认可。

　　坚持对间接故意与有认识过失进行分别的区分论是合理的。在大陆法系国家,关于二者的区分学说有十几个,这些学说可以被归为"认识说"和"意志说"两大类,因为它们分别以认识因素为标准和以意志因素为标准。近些年来兴起的故意客观说,尝试通过用客观危险和客观行为来区分二者,实则仍能被归入认识说和意志说之中。对学说进行梳理给我们带来了启示:纯粹的客观说并不存在,没有任何一个学说能够放弃行为人的认识内容,争议的问题只不过是意志因素是否需要、意志内容是否被客观化而已。更主要的是,客观化说只是对间接故意和有认识过失进行事后判断的学说,不能代表心理本体的发展过程。而其他学说只涵盖了心理构造的某个方面，有割裂认识和意志的关系之嫌。总体来看，结合认识与意志内容且面向主观的学说才是妥当的。我国理论对间接故意和有认识过失通过认识和意志两大因素进行区分，思路全面，但动态性不强，还需加强这方面的研究。既然如此，从正向的心理生成过程出发，探寻二者的差异，应该提倡动机说，因为这种学说以行为动机和反对动机的较量为出发点，结合了心理事实与规范非难，探求了放任和轻信避免心态的形成过程，具有动态性。

第六章
间接故意犯罪的形态

在我国刑法中,犯罪预备、犯罪未遂、犯罪中止、犯罪既遂和共同犯罪的形态都属于犯罪形态的内容。间接故意具有特殊性,它与各种犯罪形态相结合会具有哪些组合变化是本章研究的主要内容。

第一节 间接故意犯罪与犯罪停止形态

犯罪停止形态,是指故意犯罪在其发生、发展和完成的过程中的各个阶段,因主客观原因而停止下来的各种犯罪形态。根据我国刑法的分类,犯罪停止形态分为犯罪既遂、犯罪预备、犯罪未遂和犯罪中止四种形态,其中犯罪既遂属于犯罪的完成形态,而后三种属于犯罪的未完成形态。传统理论否认间接故意犯罪存在犯罪预备、未遂、中止等形态的可能性,本节将结合间接故意犯罪的特性和这些停止形态判断标准的分析,对此问题予以澄清。

我国刑法学通说认为,犯罪预备形态,是指行为人为了实施犯罪而创造条件,由于意志以外的原因而未能使行为着手的停止形态。犯罪预备形态发生在实行行为以前,其核心内容是已开始实施预备行为。在间接故意犯罪中,行为人对危害结果是放任的，这与有明确指向的直接故意并不相同。间接故意的放任性也决定了其不可能专门为伴随的危害结果进行专门策划准备，并促使其发生，否则就成了直接故意了。虽然间接故意犯罪的行为可能有其本身的目的，但它不是针对危害结果的犯罪目的。正如有学者所述："为实现非犯罪目的所进行的预备，不是犯罪预备。"[1]因此，犯罪预备形态的特征与间接故意的构成在本质上是不符的，间接故意犯罪不可能存在犯罪预备形态。至于间接故意犯罪有无成立犯罪未遂和中止形态的可能性，笔者将于后文中予以专门探讨。

一、间接故意犯罪与既未遂形态

犯罪未遂，是一种典型的犯罪停止形态。所谓未遂，指的是没有得逞、没有遂愿。在大陆法系的很多国家，只要是没有实现犯罪构成的所有构成要件要素，犯罪都处于未遂状态，而不论没有实现的原因在于行为人自身还是在于行为人之外。我国刑法向来将进入实行阶段的未得逞犯罪行为分为犯罪未遂和犯罪中止两种类型，前者指行为人已经着手实行犯罪，由于意志以外的原因使犯罪未得逞的犯罪停止形态，而后者指犯罪分子在实施犯罪过程中，自动放弃犯罪或者自动有效地防止犯罪结果发生的一种停止形态。两者最主要的区别是犯罪没达到既遂状态的原因是什么。下文中的犯罪未遂专指我国刑法规定的这种狭义的犯罪未遂状态。

与犯罪未遂相对，犯罪既遂指行为符合主客观相统一的犯罪构成，而且构成要件要素处于齐备状态。犯罪既遂属于犯罪的基本形态，由于其判断标准与犯罪未遂相对，所以本书将它

---

[1] 叶高峰主编：《故意犯罪过程中的犯罪形态论》，河南大学出版社1989年版，第18~19页。

们二者放在一节予以分析。

(一) 犯罪未遂概述

我国现行《刑法》第23条规定:"已经着手实行犯罪,由于犯罪分子意志以外的原因而未得逞的,是犯罪未遂。"据此,犯罪未遂具有三个特征:①已经着手实行犯罪。该特征强调对犯罪"着手"的判断。②犯罪未得逞。"未得逞"意为未能完成犯罪,即犯罪未达到既遂状态。"未得逞"指的是犯罪状态,并不是指行为未完成。在一些犯罪中,行为已经实施终了,但犯罪也属未得逞。③犯罪未得逞是由于犯罪分子意志以外的原因,这是判断犯罪未遂的关键特征。在很多大陆法系国家,犯罪未遂更强调前两个特征,并没有第三个特征的限制。这是因为他们的犯罪未遂含义更广,将我国刑法中的犯罪中止也包含在未遂的概念中。我国的犯罪未遂在他们那里被称为"障碍未遂"。

未遂的核心是"未得逞",这也是区分犯罪未遂与犯罪既遂的重要标志。关于犯罪未得逞的认定,主要有以下几种观点:

第一种观点认为,犯罪未得逞就是没有完成犯罪或没有实现犯罪结果。这是从客观状态上判断犯罪是否得逞的学说。日本学者大塚仁教授认为,没有实现犯罪,即没有达到犯罪的完成。[1]我国学者从犯罪结果的角度论述犯罪未得逞,也可归入此说。有学者认为,"犯罪未得逞"是指犯罪行为没有产生法律规定的犯罪结果,犯罪结果是否发生应是犯罪未遂与犯罪既遂相区别的标志。[2]当然,对何为犯罪结果,不同学者的理解不同,有狭义和广义之分。最广义的犯罪结果指任何犯罪都能造成的对犯罪对象的损害,只要在客观上最终没有产生损害,那

---

[1] [日] 大塚仁:《刑法概说 (总论)》(第3版), 冯军译, 中国人民大学出版社2003年版, 第216页。

[2] 参见杨春洗等:《刑法总论》, 北京大学出版社1981年版, 第186页。

么就属于犯罪未得逞。

第二种观点认为，犯罪未得逞就是没有实现犯罪目的。这是从行为人的主观面判断犯罪是否得逞的学说。有学者认为，犯罪未得逞是指实施终了的犯罪行为没有达到行为人预期的目的。[1]未遂的本源含义是没有遂愿，判断标准便是行为人自己的目的。我国刑法对未遂的要求是"由于意志以外的原因"使犯罪未得逞。也就是说，行为人的预期目的遭受到了外在阻碍，导致主客观进展情况不一致。

第三种观点认为，犯罪未得逞指犯罪行为没有充足的构成要件。德国有学者认为，犯罪是否既遂，并非取决于行为人是否实现了自己的意图，只要满足所有构成要件要素即构成既遂。犯罪既遂应当根据构成要件的不同规定来加以确定。[2]由于我国刑法中的构成要件不等同于犯罪构成，因此我国学者在此问题上主张"犯罪构成要件要素齐备说"。犯罪未得逞就是指犯罪行为没有齐备犯罪构成的全部要件。具体犯罪构成要件的完备与否，其显著标志是看刑法分则具体犯罪构成所规定和要求的客观要件的完备与否。[3]由于结果犯、行为犯和危险犯的犯罪构成要件齐备内容不同，因此对它们未得逞的标准，分别有不同的判断标准。该说是我国刑法的通说。

除此以外，还有学者认为，关于未得逞的各种观点，恐怕只是文字表述上的差异，未必具有实质意义。这是因为，在讨论具体犯罪的未得逞时，关于未得逞的各种观点，未必能贯彻

---

[1] 参见侯国云："对传统犯罪既遂定义的异议"，载《法律科学·西北政法学院学报》1997年第3期。

[2] 参见[德]汉斯·海因里希·耶塞克、托马斯·魏根特：《德国刑法教科书》（上），徐久生译，中国法制出版社2017年版，第692~693页。

[3] 赵秉志：《犯罪未遂形态研究》（第2版），中国人民大学出版社2008年版，第110页。

自己的学说。"未得逞"是未遂犯中的表面要素，只要已经着手实行犯罪，既不是自动中止犯罪，又没有既遂的，就可以认定为犯罪未遂。因此，应当讨论具体犯罪的既遂标准。[1]这种观点不主张对未得逞的判断采用单一的标准，认为不同犯罪的情况不同，应当具体问题具体分析。

以上几种学说从不同的角度提出了"未得逞"的判断标准，我们在选择时必须兼顾我国刑法的规定，符合刑法的规范目的。刑法的规范性质决定了犯罪完成的标准的设定与从行为人的角度观察问题的行为的完成是不一致的。[2]也就是说，判断某类犯罪是否未遂，与立法者的价值选择有关。在上述诸说中，没有实现犯罪结果的观点抓住了"未遂"一词的本质，因为没有得逞似乎就是行为没有完成或结果没有实现。但是，该说到底指何种结果没有实现并不明确。犯罪行为带来的不只是实害的结果，还有抽象的危险；不仅有物质性结果，还有非物质性结果；既有构成要件中的结果，还有扩散的、不确定的结果。对于行为人没有实现犯罪结果应以行为人自己的角度观察还是规范的角度，该说并没有给出明确的界定。

犯罪目的说从主观面探讨犯罪未遂的含义，立足点是行为人自身。在行为中，每个人都具有不同的目的，有可能危害结果已经发生却还没有实现行为人的犯罪目的，也可能犯罪尚未完成既已经达到其犯罪目的。犯罪行为与结果的出现与犯罪目的的实现间有时处于不同步状态，以犯罪目的为标准会使未遂判断显得随意，而且并不准确。另外，正如上文所述，犯罪未遂的内容与从自然角度观察到的犯罪行为形态并不完全相同，

---

[1] 参见张明楷：《刑法学》（第5版），法律出版社2016年版，第346页。
[2] 参见李洁："从立法目的看犯罪既遂之'遂'的应有内涵"，载《法制与社会发展》1999年第3期。

对犯罪未遂的认定应站在事后客观的角度进行,而不能完全依据行为人的主观认识,否则便忽视了该形态的规范属性。犯罪目的不同于行为目的。任何行为都有一定的目的,在追求某一结果而放任另一结果发生的情况下,目的是否实现主要针对其追求结果的心态,而这种心态只是行为目的的体现。犯罪目的是指行为人实施犯罪行为希望达到的危害社会结果的主观反映,其针对的对象就是直接危害结果。因此,间接故意犯罪不存在这种犯罪目的,以目的未实现作为未遂的标准,在前提上就限缩了未遂犯的范围,当然会得出间接故意犯罪不存在未遂犯的结论。

将犯罪构成要件要素不齐备作为对犯罪未得逞的解读,既符合法律规定实质,又结合了主客观两方面,是合适的。犯罪构成要件是对刑法规定的犯罪样态的概括,犯罪构成的四个要件都具备,犯罪便成立,行为人需承担刑事责任。构成要件要素是犯罪构成四个方面要件中的第二层次内容,其中,犯罪客观要件包括了危害行为、危害结果、特定的犯罪对象以及特定的犯罪时间、地点和方法(手段)等多个构成要件要素。[1]无论何种类型的犯罪,当其构成要件要素完全具备时,犯罪就达既遂状态。反之,则不属于犯罪既遂。犯罪未遂同样具备犯罪构成的四个要件,只是欠缺犯罪客观方面中的选择性要素,因此属于构成要件要素不齐备。

最后一种具体问题具体分析的观点看起来更具灵活性,论者主张对各种犯罪进行分类解读,这具有借鉴意义。但总体上看,该观点仍属于构成要件要素齐备说的范畴。之所以用单一的判断未遂的标准不能概括所有情况,正是由于立法对各类犯

---

[1] 参见赵秉志:《犯罪未遂形态研究》(第2版),中国人民大学出版社2008年版,第58~59页。

罪设定了不同的罪状,各类犯罪的实际情况不同,体现出不同的犯罪构成。结果犯、行为犯、危险犯对"结果"的认识、法益遭受侵害的状态都不同,但它们都统一于主客观相对应的犯罪构成。法定的犯罪结果出现、行为人的犯罪目的实现等都无法体现犯罪构成的全部内容,正是犯罪构成要件要素不齐备的状态使犯罪无法达到既遂。采取犯罪构成要件要素不齐备说仍需对各类犯罪的未遂状态进行专门描述。至于论者认为从证明角度如果证明不了"未得逞",但可以认定行为已经着手,在一些情况下也可认定犯罪未遂,[1]这种将"未得逞"作为表面的要素的观点,实际上是为证明便利性提供依据,也没有否认未遂的本质。未遂之所以需要被处罚,不是因为犯罪未完成,而是因为行为人已经"着手",正是着手行为使法益存在被侵害的危险性。因此,最后那种观点只是构成要件要素说的外在表现形式,背后的实质仍是构成要件要素齐备说。

(二) 间接故意犯罪有无既未遂形态

关于间接故意犯罪是否存在未遂的问题,在传统刑法理论中一直就有探讨。一方面,苏联刑法理论倾向于间接故意犯罪不存在未遂,我国刑法学者从犯罪目的的角度分析,认为间接故意犯罪没有明确的犯罪目的,因而也没有犯罪未遂形态。另一方面,实务中经常出现定性模棱两可的案件,此时,是定重罪的未遂还是定轻罪的既遂便成为问题。例如,以最常见的扔石块案为例,行为人在闹市区的高层建筑中,为跟他人逗趣而往窗外扔大型石块,结果刚好砸到了过路行人,并导致其重伤。在此案中,行为人对过路行人的伤害乃至死亡后果持放任态度,就算行人被砸中,他也不在乎。那么,对该案以故意伤害致人

---

[1] 参见张明楷:《刑法学》(第5版),法律出版社2016年版,第346页。

重伤罪（既遂）处理而非以故意杀人罪（未遂）处理就值得质疑了。

间接故意的本质特征是"放任"，行为人对可能发生的危害结果放任不管时，危害结果似乎发生了，行为人就是间接故意犯罪；危害结果没有发生，行为人追求的主行为结果实现与否与此无关，行为人就不构成犯罪。也就是说，危害结果是否存在关系到间接故意犯罪的成立与否，与既未遂的犯罪形态无关，结果的发生与否直接影响着行为的定性。传统通说即以此为依据，认为未遂犯只存在于直接故意犯罪中。

据此，需要研究的问题是，间接故意犯罪是否就没有未遂形态，还是存在这种形态只是在部分情况下没有处罚的必要？进一步的问题是，间接故意犯罪有无既遂形态，即既遂形态是否一直与未遂形态相对应？

1. 间接故意犯罪的未遂可能存在

（1）间接故意犯罪是否存在未遂形态的观点及理由。德国理论界与实务界一般认为，间接故意犯罪也可存在未遂形态，尽管这类案子实际发生的可能性较小。德意志帝国法院就曾清楚地表达过这样的理念："没有一种故意的类型可以排除未遂形态。对于未遂，法律并未要求……故意是直接的、选择性的还是间接的。"[1] 在意大利的司法实践中占统治地位的意见认为：未遂形态也存在于间接故意犯罪中，因为未遂行为指向的明确性具有客观的性质。如果行为人已经明确预见到自己的行为可能引起与自己所追求的目标不同的具体危害结果，并已经接受了这种结果发生的危险，即使危害结果实际上没有发生，也没

---

[1] 参见德意志帝国法院刑事判例 RGSt. 12, 64 (65)。

有理由派生出行为指向具有"明确性"。[1]我国认可间接故意犯罪存在未遂形态的观点认为，从逻辑上分析得出间接故意犯罪没有未遂状态的结论忽视了现实情况。"放任"不代表完全盲从，在当时的情况下，行为人具有选择可能性。"当其放任的某种特定的危害结果的发生具有现实危险性反映出行为严重社会危害性时，当然，可能成立犯罪未遂。"[2]

间接故意犯罪是否存在未遂，要紧扣未遂的规定，追根溯源。作为我国刑法渊源的苏联刑法和俄罗斯刑法都不承认间接故意存在未遂形态。1975年6月27日，苏联最高法院全体会议通过的《关于故意杀人案件审判实践的决议》指出："根据苏联和各加盟共和国刑事立法纲要第十五条的内容，杀人未遂只能存在于直接故意中。也就是说，当行为人的行为证明，他预见到会发生死亡，而且他也希望发生这种结果，只是由于不以犯罪人意志支配的原因，而没有产生致命结果时，才可能有杀人未遂。"在目前的俄罗斯，无论是刑法理论还是在司法实践，都主张犯罪未遂形态主观上只能由直接故意构成这一明确的观点。[3]

我国通说认为，间接故意犯罪只有成立与否的问题，没有未遂形态。论证理由有上述逻辑的推演，还有从犯罪目的角度进行的论证。间接故意犯罪没有指向对象的直接目的，结果是否发生都在行为人的认识范围内，就算结果发生了也无所谓。如果结果未发生，也在行为人的预料范围内，没有违反其心理意志，因此没有犯罪目的是否实现的问题。"放任"的本质决定

---

〔1〕[意]杜里奥·帕多瓦尼:《意大利刑法学原理》（注评版），陈忠林译，中国人民大学出版社2004年版，第270页。

〔2〕季勇:"间接故意犯罪未遂形态可能性研究"，载《中共贵州省委党校学报》2008年第3期。

〔3〕参见[俄]库兹涅佐娃、佳日科娃主编:《俄罗斯刑法教程（总论）》（上卷·犯罪论），黄道秀译，中国法制出版社2002年版，第368页。

了行为人主观态度的附属性、模糊性。既然行为人追求的是主行为，希望主行为目的实现，那其意志内容就"专注"于主行为，对附行为的态度并不坚决。"放任"一词说明行为人对各种结果均可接受，在突发性的间接故意犯罪中，行为人已不计后果。这种结果发生的多样可能性无法为未遂的基础定性。有学者明确指出："间接故意的犯罪意志是中立的、不偏不倚的，具有非冲突的性质和广泛的包容性，能够影响犯罪实施的主客观条件都具有明显的倾向性，但无论是促进还是阻碍犯罪实施的类型，都能够为间接故意的犯罪意志所接纳，也就不会产生对立的矛盾。因此，间接故意犯罪根本不可能存在未遂犯，当然，也不存在中止犯。"[1]也就是说，行为人的意志内容未包含明确的指向性意愿，因而不存在未遂形态。

（2）对间接故意不存在未遂形态观点的评述。本书认为，间接故意犯罪不存在未遂形态的推理存在问题，这主要是基于以下两个理由：

第一，倒推的思维模式在不经意间对事实进行了选择。传统理论之所以认为间接故意不存在未遂，是因为我们一直坚持"由客观结果倒推主观内容"的事实认定模式。这种认定方法将"客观是主观决定的"作为理论基础，发挥刑法的裁判规范功能，应该说基本符合事实认知的思维过程。但是，通过事后客观材料反推行为人当时的主观心态，会出现时间差，主客观内容的对应关系在某些情况下已出现"错位"。更重要的是，正如本书所反复强调的，事后认定不代表心理本体事实，以事后认定得出间接故意不存在未遂的结论有些牵强。

在此，笔者将以放火燃烧房屋案为例，来说明这种情况。

---

[1] 李森："反思间接故意犯罪的存在范围"，载《政治与法律》2014年第4期。

该案的案情是:房屋内住有三人,行为人为了骗取保险金而放火烧这座特定的房屋(排除危害公共安全的情况)。尽管他认识到该房屋内有住户,但他对于这些住户是否都在、放火行为是否可能导致住户死亡的结果都已满不在乎。在这里,行为人具有明确的行为目的,对于烧毁房屋骗取保险金的目的他积极追求,对于房屋被烧毁的结果他具有直接故意态度。但是,行为人对于房屋内居住的人的死亡结果,并不希望,而是放任的,只是他为了达到主行为目的而对这种伴随结果不管不顾。按照传统观点,间接故意只有成立与否而没有未遂成立的空间。那么,如果房屋最后确实被烧毁,房屋内的住户也都死亡了,就能够认定行为人有杀人的间接故意,因为对于他人死亡的结果行为人是接受、认可的。但是,如果由于极意外的原因(如天突降大暴雨或者火刚被点着就被发现),屋内三人及时跳窗离开的,就不追究行为人间接故意杀人的责任了。

在这里我们可以发现,传统的推演完全以事后结果是否发生为依据,认为间接故意的放任就是表明行为人对行为伴随产生的任何结果都可接受,那么无论发生怎样的结果都属放任的范畴,只能以结果定性行为的性质。但是,心理生成过程是前后相接的过程,作为心理本体事实,一旦存在性质就确定了,并不会因为后续结果的状况而否认先前已存在的事实。也就是说,在上述案例中,行为人的意志态度完全相同,至于最后会出现的两种不同的结果只是由外在偶然情况的不同造成的,这并不能否认在第二种情况下,行为人对房屋内住户的死亡结果也持放任心态。

有论者指出:"倒推论的思维模式实质是向低看齐模式。"[1]

---

[1] 熊琦:"关于间接故意犯罪未遂形态的再讨论——以中德比较法视野进行考察与反思",载《法学评论》2012年第4期。

第六章 间接故意犯罪的形态

这个论断可谓深刻。所谓"放任就表明行为人对可能出现的各种结果都予以认可,所以以出现的结果定罪"的论断,背后的实质却是"就低不就高"。同样的行为、同样对他人死亡结果漠不关心的心态,造成他人死亡的,我们就说是间接故意杀人,造成伤害的,就说是间接故意伤害,这样的推理就是以实际造成的、行为人放任的最低的危害结果定性,并没有完全反映已成型的放任心理。这种由后往前的思维过程实际上是以裁判者的视角对事实进行选择,不可避免地会出现以结果定行为性质的弊端。结局已经出现,再回头看当时的行为,就否认了主观心态在未遂犯认定中的决定作用。

间接故意犯罪的生成过程一直是在认识的基础上产生动机冲突,进行抉择,然后行动,最后产生结果,这一顺序才符合事物发展的真实状态,是不可逆的。上述倒推的认定模式看似合理,但实际上却完全是根据结果进行选择,以结果是否发生认定行为人的主观心态,在逻辑上存在缺陷。行为人为了实现他的目标,对伴随的危害结果持放任态度,这个一旦确定,就不可更改。放任他人死亡的就是放任,无论后来出现多意想不到的情况导致被害人没有死亡,也不能说行为人没有放任死亡的间接故意。犯罪未遂的判断只强调意志以外的原因导致客观构成要件要素不齐备,间接故意的心态一旦确定,即便最终结果未发生,也不能说明这种间接故意不存在。倒推的结果是将这种情况认定为不构成犯罪,从而造成了处罚漏洞,也不利于刑罚效果的发挥。

第二,未得逞的本质决定了间接故意也能未得逞。我国刑法认为只有直接故意存在未遂,因为行为人希望结果发生的意志被意志以外的障碍阻挡,最终没有充足犯罪构成的全部要件要素。未遂的本质是"未得逞",未得逞指构成要件要素没有齐备，主要是犯罪客观方面的要素有欠缺。上述犯罪结果说和犯罪目的说都偏重于客观面或主观面中的，并没有反映出未遂的本质，使得未遂的范围时大时小。构成要件要素充足说反映了主客观要素统一的要求，对此应该予以坚持。

犯罪未遂与构成要件要素齐备的相同类的犯罪既遂相比，行为人应具有相同的主观内容。未遂犯之构成要件的性质，乃是既遂犯罪构成要件之构成要件的修正形式，且仅系针对行为过程作修正而已，其主观的构成要件要素与既遂犯的犯罪构成要件相同。[1]在未遂犯中，行为人同样具有使行为完成的决意意志，只是没有客观的结果与其相对应而已。既然如此，行为人着手实行犯罪后，由于意志以外的原因未达既遂状态的，就是犯罪未遂，具备完整认识因素和意志因素的间接故意犯罪，主观构成要件齐备，客观构成要件要素如果不齐备，当然可以是未遂。

从这个意义上说，未得逞并非表明行为人的目的没有实现，行为没有遂愿，它是对客观构成要件要素没有齐备的描述。间接故意虽不存在直接的目的和愿望，但只要是意志以外的原因阻碍客观结果实现的，都属于未得逞。

（3）间接故意犯罪存在未遂，但没有普遍处罚的必要。接下来的问题是，间接故意犯罪如果可能存在未遂形态，那么一定都要对它们予以处罚吗？

处罚间接故意的未遂没有必要性的观点以"当罚性"为考量对象。如有学者认为，间接故意是否可以成立犯罪未遂，不是一个需要在理论上争论的问题，而是一个刑事立法上是否予以承认，也就是立法上是否将其予以犯罪化的问题。[2]该观点

---

[1] [日] 庄子邦雄：《刑法总论》（新版），东京青林书院1981年版，第383页。
[2] 参见李兰英：《间接故意研究》，武汉大学出版社2006年版，第236页。

将事实情况与法律承认相分离,实际上认为间接故意犯罪的未遂难以发现,现实中没有处罚的必要性。

在实践中,很多情况是,间接故意的未遂实际上是没有出现任何危害结果。特别是在行为人追求一个非犯罪目的而放任另一个危害结果发生的情况下,没有出现危害结果意味着行为没有任何的法益侵害,对其处罚会无限扩大处罚的范围,欠缺正当性。"所谓构成要件不齐备,是指具体犯罪构成所包含的作为犯罪完成标志的客观要件还没有具备,而不是说没有发生任何具体的损害结果。"[1]对于结果犯来说,就是尚未发生客观结果。间接故意犯罪中的结果多是伴随性结果,如果行为人一味追求一个非犯罪目的而放任附随的犯罪性结果发生,由于意志以外的原因这一结果恰巧没有发生的,表面上符合"构成要件不齐备"的特征。从外界旁观者的角度看,行为人追求的主行为就算实现也不是犯罪行为,附随行为又没有产生危害结果,也是合法的,当这样一个没有法益侵害的行为发生时,它的外观与日常生活中的无数行为一样,根本体现不出犯罪性。处罚这样的行为难以探寻行为人的真实想法,过于依赖相关人的描述,会造成定罪不准确;处罚这样的行为适用故意犯罪的法定刑明显偏重,难以体现罪责刑相适应。

但是,不可否认,在类似上述"放火燃烧房屋案"等案件中,危害结果发生的可能性非常高,被威胁的法益也非常重大,涉及公民的生命权利,对这样具有严重法益威胁性的行为,只因为偶然因素导致放任结果未发生的,就不对行为人归责,显然又不利于法益保护。因此,总体来看,对间接故意的未遂有必要建立例外处罚的机制,即综合考虑被威胁法益的严重性、

---

[1] 叶高峰主编:《故意犯罪过程中的犯罪形态论》,河南大学出版社1989年版,第113页。

危害结果发生的可能性、结果未发生的偶然性等因素进行判断，对部分行为性质严重且已明确表明行为人主观恶性的间接故意未遂行为，应当进行处罚。

综上所述，笔者支持从行为人的思维进行正向考虑，可能存在行为人放任危害结果发生但却由于外在原因导致结果没有发生的情况，但事后观察，一般情况下，如果没有发生任何危害结果的，那么它就无明显危害性，没有处罚的必要。只有那些对于法益的侵害或威胁非常急迫、主观恶性很大的行为，才需要予以例外处罚。

2. 间接故意犯罪有既遂形态

与上文未遂的内容相对应，很多学者认为，间接故意犯罪也没有既遂形态。原因主要有：首先，既遂与未遂是一对相对应的范畴，不存在未遂形态的间接故意犯罪，自然也不存在既遂状态。从字面意思看，"既遂"指犯罪已经完成，即构成要件要素齐备。提到既遂，是为了与其他犯罪形态，如预备、中止和未遂相对应。但从构成特征和行为后果来看，不存在未遂状态的犯罪谈其既遂，没有实际作用，也割裂了二者的联系。其次，间接故意犯罪的本质特征决定了其与犯罪既遂的特征不符。所谓既遂，指的是按照行为人的设想，满足了其愿望。"间接犯罪故意行为人的主观心态是发生也行、不发生也可这两种心态的'合意'，单独的就发生或不发生一个方面的心态而论，都不是间接故意中的放任。就这种'合意'而言，不可能有行为遂其愿。"[1] 最后，承认间接故意犯罪存在既遂状态与我国的刑法理论不符。我国刑法理论认为，直接故意犯罪存在各种犯罪停止形态，间接故意犯罪、过失犯罪都不具备。

---

[1] 参见刘艳红："间接故意犯罪的认定"，载《武汉大学学报（社会科学版）》2003年第6期。

第六章 间接故意犯罪的形态

关于间接故意犯罪是否存在既遂形态的问题，仍要坚持主客观相一致原则，回归到既遂的本质上找寻。所谓犯罪既遂，就是犯罪已经完成，它建立在犯罪成立的基础上，指犯罪已达法定完成状态。间接故意的意志放任性表明，危害后果的发生属于行为人认可的范围，实现了这一结果就是既遂。那种认为犯罪既遂是指实现行为人的愿望，因此只存在于直接故意犯罪的观点，属于主观主义刑法立场下的结论，是有问题的。具体说来，承认间接故意犯罪存在既遂形态有以下几点理由：

首先，既未遂都属于犯罪的停止形态，它们的确是一对对应的概念，但这不意味着任何犯罪只要没有未遂状态，就必然不存在既遂状态，更何况，间接故意还可能存在未遂。概念的对应不是一种"非此即彼"的关系，排除一类犯罪的既遂形态并不符合犯罪既遂的特征。根据通说，犯罪既遂是指着手实行的犯罪行为具备了全部犯罪构成要件的情况。犯罪成立不等于犯罪既遂，已成立的犯罪可以存在多种多样的犯罪停止形态。正如一些教科书所指出的："从发展的过程考察，犯罪的完成形态（犯罪既遂）是一切犯罪的典型形态，不论是故意犯罪还是过失犯罪，不论是直接故意犯罪还是间接故意犯罪都可能存在犯罪的完成形态。"[1]大多数故意犯罪既可以由直接故意构成，也可以由间接故意构成，如果否认间接故意犯罪存在既遂形态，会造成同一种犯罪有时存在既遂状态有时又不存在的情况，势必会造成理论上的困惑。

其次，坚持犯罪既遂的标准是"构成要件要素齐备"，就得承认间接故意犯罪具备既遂形态。反对者认为，犯罪既遂在主观方面表现为实现了法定的犯罪意图。间接故意犯罪在主观上

---

[1] 陈忠林主编：《刑法学》（上），法律出版社2006年版，第170页。

的放任心理，不符合犯罪既遂所包含的实现了特定犯罪意图的追求心理。[1]这种观点实质上放弃了犯罪既遂判断标准的通说，转向了"犯罪目的实现说"。它坚持从行为人的个人追求意图来判定犯罪既遂是否构成，忽视了客观内容的实际情况，造成犯罪既遂的范围缩小。事实上，犯罪既遂的标准必须结合具体犯罪的所有构成要件要素，当行为的主客观面都符合该罪的犯罪构成时，即便其持有间接故意心态，也构成既遂。

最后，否认间接故意犯罪存在既遂状态导致一些刑法问题难以自圆其说。按照通说的理解，现行刑法理论中某些通行的观点是很难贯彻到底的。[2]我国刑法分则的规定以犯罪既遂为标准，如果否认间接故意犯罪的既遂形态，就否认了间接故意类犯罪也应被规定在刑法分则中。

《俄罗斯联邦刑法典》第29条第1款规定："如果犯罪人实施的行为中含有本法典规定的犯罪构成的全部要件，则犯罪是既遂犯罪。"这也就意味着俄罗斯刑法承认间接故意犯罪有既遂状态。在德国和西班牙学者的论述中，间接故意犯罪和过失犯罪也都存在既遂形态。坚持将犯罪构成要件要素齐备说贯彻到底，就得承认间接故意犯罪存在既遂形态。

根据通说，犯罪既遂的类型有结果犯、危险犯、行为犯和举动犯四种。一方面，危险犯中的危险属于广义的结果，同样属于构成要件的结果范畴，可以归属为结果犯。间接故意犯罪大多以实害结果的发生为犯罪的成立条件，它当然也可构成危险犯。另一方面，举动犯与行为犯的区分主要在于行为的实施是否需要一个过程。存在间接故意的行为犯，例如，甲委托乙

---

[1] 参见高铭暄主编：《刑法学原理》（第2卷），中国人民大学出版社1993年版，第270~274页。

[2] 王志祥：《犯罪既遂新论》，北京师范大学出版社2010年版，第12页。

帮助其运输内含毒品的物品，酬金五千，但甲没有说明物品中含有毒品，乙认识到甲委托运输的物品中可能含有毒品，但不能肯定，最终乙还是帮助甲运输了。[1]这里，乙为追求运输酬金而放任侵害毒品流通管制秩序的结果发生，构成运输毒品罪。乙对造成侵害国家对毒品的管理制度的后果是放任的，构成间接故意犯罪，而运输毒品罪是行为犯。行为犯的构造与间接故意的意志内容不存在矛盾。至于举动犯，间接故意不能构成。本书"第四章第三节 存在范围的差别"部分对此已有探讨。因此，对间接故意犯罪来说，只要其齐备了所有犯罪构成要件要素，就有既遂形态。

二、间接故意犯罪与中止形态

根据我国刑法的规定，犯罪中止是指在犯罪过程中，自动中止犯罪或者自动有效地防止犯罪结果的发生。一般来说，对于犯罪中止，应当减轻或免除处罚。犯罪中止的设立主要出于刑事政策的考虑，其依据是"在已经犯了罪的行为人之间架设一座中止犯罪的黄金桥"。[2]与犯罪未遂不同，犯罪中止的原因出于行为人本人的意志，这在预防犯罪和避免结果发生的意义上值得鼓励。间接故意犯罪能否存在中止形态，以往的研究对此关注得还不够，有必要进行专门分析。

（一）犯罪中止概述

根据我国《刑法》第 24 条的规定，犯罪中止属于犯罪未完成形态的一种，它有两种类型，一种是自动停止犯罪的犯罪中

---

[1] 参见李希慧、童伟华："论行为犯的构造"，载《法律科学·西北政法学院学报》2002 年第 6 期。

[2] 参见［德］弗兰茨·冯·李斯特：《德国刑法教科书》，徐久生译，法律出版社 2000 年版，第 349 页。

止,另一种是自动有效地防止犯罪结果发生的犯罪中止。

前一种类型的犯罪中止主要有以下三个特征:①时空性。该特征要求犯罪中止只能发生在犯罪处于进行过程中而尚未停止下来。②自动性。这也是犯罪中止的本质特征,它主要有两层含义:一是行为人自认为当时可以继续实施与完成犯罪;二是必须出于本人意志而停止犯罪。[1]③彻底性。该特征要求行为人从主客观上彻底放弃本可继续进行的犯罪。而后一种类型的犯罪中止除了应具备以上三个特征外,还要具备有效性特征。因为这种类型的中止发生在已经着手实施实行行为后,法益遭受侵害的急迫性更明显,行为人如果不有效地防止犯罪结果的发生,犯罪就可能达到既遂状态。所以,该类型要求行为人必须实施积极的行为来阻止法定结果发生。

犯罪中止与犯罪未遂、犯罪预备都属于犯罪未完成形态,它们的区别在于犯罪未完成的原因来自行为人意志以外还是行为人自身。犯罪中止的自动性特征表明行为人具有自愿性,这表明行为人的主观恶性减弱,同时,它也构成了对其减免处罚的依据。

在客观构造上,犯罪中止与犯罪未遂是相似的,都呈现为客观构成要件要素不齐备。至于中止的自动性,要做广义理解,只要行为人认识到客观上能使犯罪达到既遂状态,但是他自己选择放弃的,就是犯罪中止。至于其动机则在所不问。对犯罪中止的判断,要坚持"构成要件要素齐备说",从主客观方面进行综合分析。

(二)间接故意犯罪有无中止形态

根据我国刑法通说,犯罪预备、未遂、中止等停止形态只

---

[1] 参见高铭暄主编:《刑法专论》(第2版),高等教育出版社2006年版,第298~299页。

存在于直接故意犯罪中，它们不能存在于间接故意犯罪和过失犯罪中。犯罪中止作为其中一种犯罪停止形态，既具有与犯罪未遂相类似的特征（如犯罪构成要件要素最终都没有实现），又具有独特的个性（即犯罪未得逞的原因来源于行为人一方，是行为人的"主动"导致的犯罪未得逞）。间接故意犯罪能否存在中止形态，要结合犯罪中止的特征和间接故意的特性进行综合分析认定。

1. 间接故意犯罪有无中止形态的争论

我国刑法通说认为，间接故意犯罪不存在中止形态。究其原因，主要是间接故意的放任性决定了行为人对是否发生危害结果、发生怎样的危害结果并不在意，无论最终结果是否发生，都在行为人的认识范围内。正是这种结果发生的可能性、多样性决定了间接故意犯罪的行为人没有明确的目标指向，这就使得自动放弃犯罪和自动防止结果发生的前提不存在。另外，间接故意犯罪不存在犯罪目的，没有目的的指引又何谈中止犯罪？所以，间接故意犯罪只有构成与否的问题，没有犯罪中止的成立余地。

我国有学者认为，间接故意犯罪也能存在犯罪中止。其理由主要是："所谓中止犯罪，应理解为犯罪人对先前犯罪心理的否定，而不应限于犯罪意图。故倘若犯罪人在放任心理支配下导致某具体法益处于危险状态，不采取措施必然导致危害结果发生的，应认定成立犯罪中止。"[1]也就是说，论者认为中止的"自动性"应侧重于主观方面理解，对先前的可能的犯罪心理的否定就是中止。没有犯罪意图的间接故意犯罪，行为人也可以放任危害结果发生，对这种不好的心理的否定，就属于中止，

---

[1] 参见张庆方："论犯罪中止"，载刘守芬、黄丁全主编：《刑事法律问题专题研究》，群众出版社 1998 年版，第 176~177 页。

应允许鼓励行为人这样做。

还有学者虽然未明确论证间接故意犯罪可以存在犯罪中止形态，但却没有排除这种情况。论者表示："不管是哪一种中止，都必须没有发生行为人原本所希望或者放任的、行为性质所决定的犯罪结果（侵害结果）。"[1]这就意味着，犯罪中止可以包含行为人主动放弃原本想放任危害结果发生的情况，而这种情况就是间接故意犯罪。

从上面的争论中我们可以看出，间接故意犯罪能否成立犯罪中止的争论主要在于，放任心态与中止犯罪的心态能否并存，没有犯罪目的的犯罪还能中止犯罪吗？

2. 对上述争论的评析

笔者认为，通说的观点建立在逻辑推演基础上，符合间接故意犯罪和犯罪中止的一般原理。但是，心理生成过程的复杂性和事后推断的局限性的确存在紧张关系，从全面理解犯罪中止含义的角度出发，不能完全排除间接故意犯罪成立犯罪中止的可能性。

首先，间接故意犯罪的中止在实践中是可能存在的。犯罪中止有两种类型，第二种类型更可能在间接故意犯罪中存在。例如，行为人为了利用化学品向仇人投毒，先拿其他人做实验。由于他不明确该化学品的使用量以及效果，就想看看其他人服用了该化学品会有什么反应，并通过此实验来确定自己对仇人投毒的方法和使用量。于是，他向"实验对象"的水杯中投放了该化学品，被害人也饮用了这杯水。但是，该化学品的毒效发作是渐进式的，随着时间的推移，行为人发现被害人已产生明显的中毒症状，而且情况一天天恶化时，他又于心不忍。于

---

[1] 参见张明楷：《刑法学》（第5版），法律出版社2016年版，第371页。

是，他主动将被害人送往医院救治，并多次到医院陪护被害人，直到被害人出院。经鉴定，该行为已导致被害人轻伤。在此案中，行为人明确放任他人死亡结果的发生，只不过在行为实行终了后又采取措施，才导致原先预想的结果未发生，该种情况就属于自动有效地防止犯罪结果发生的犯罪中止。在本案中，行为人的行为已实施完毕，行为人必须有效地防止犯罪结果发生才构成犯罪中止，而行为人的防止措施使被害人只受到轻伤损害，比以前放任的危害结果轻，符合中止有效性的特征。

其次，犯罪中止的性质未排除间接故意犯罪成立的情况。犯罪中止的核心内容是行为人主动使犯罪行为不继续进行或不达到既遂状态，这个内容反映出地行为的整体社会危害性降低，设立犯罪中止有利于鼓励放弃犯罪，并最大限度地减少损失。间接故意犯罪中，行为人放任危害结果的发生，从客观危害看，放任的这个结果有可能是严重危害社会的结果，在这一点上并不一定比直接故意犯罪造成的损失小。如果行为人在行为实施过程中或者行为实施后危害结果还没发生时能阻止自己的行为，并主动采取措施减少损失，从法益保护的角度看，这是利大于弊的。但另一方面，有些犯罪的法益侵害可能极其严重，法益保护的紧迫性也较显著，对这类中止犯罪的情况直接以不构成犯罪处理的确不合适。传统理论认为，间接故意犯罪只有成立与否的问题，不存在停止形态，那么上述情况只能被定性为不成立相应的犯罪。排除间接故意犯罪成立犯罪中止的做法遗漏了部分行为，不利于对法益的全面保护。

最后，倒推的思维模式对犯罪中止的认定也是不利的。正如上述，倒推的思维模式在不经意间对犯罪发生过程中的材料进行了选择，它难以还原事发时的所有情况。在上述投毒的案例中，行为人对使用有毒化学品可能造成他人死亡的后果是明知的,他"做实验"的目的就是验证这种结果,并调试用法和用量。在这种认识的支配下,他完全放任他人死亡后果发生,已体现出明确的主观恶性。由于毒效的发挥需要时间,在这个过程中,他心不忍,决定送被害人去医院,并积极陪护,这就意味着他用自己的行动否定了先前的犯罪意志,最终在医生的救治下,死亡的危害结果才未发生。也就是说,是行为人的及时送医行为和医生的及时救治行为共同决定了被害人不会死亡。如果由于其他原因,如送医过晚、医院医疗条件不具备等情况出现导致行为人死亡,行为人显然要承担间接故意杀人的责任。在这个意义上,犯罪中止的成立是综合作用的结果,如果在现有情况下不追究行为人故意杀人罪(中止)的责任,而只依据现有结果以故意伤害罪定罪,显然是将案件的定性维系于偶然因素上了。倒推的思维模式根据结果选择行为,坚持针对结果的间接故意犯罪只有成立与否的原理,导致定罪与行为的实际性质不相符。

如果承认间接故意犯罪也可以中止,那么这种犯罪中止是否都有处罚的必要?这就构成了另一个问题。从案件的实际判断看,间接故意的中止不好把握,特别是对于那些没有实际损害发生的案件,有时很难认定行为人是否放任了一个更严重的结果。更何况,单纯因为这种放任而处罚也未免过于严厉。因此,合理的做法是,一般意义上,间接故意犯罪的中止以不进行处罚为宜。对于行为人的确构成了对法益侵害或威胁的重罪,间接故意犯罪人才例外被处罚,而这种做法也可促使法益保护与人权保障达到协调。

第二节 间接故意犯罪与共同犯罪形态

我国《刑法》第25~29条规定了共同犯罪的相关内容。共同犯罪是另一种犯罪形态,它不仅要求二人以上的参与人,而且具有对实行行为进行修正的各种形式,因而具有特殊的构成。本节主要探讨共同犯罪的故意能否包含间接故意的问题。

一、共同犯罪的构成概述

共同犯罪是指二人以上在共同主观心理的支配下实施的共同犯罪行为,与单独犯罪相比,具有客观和主观两个方面的不同构成。刑法分则中的罪状设置一般以单个犯罪为基准,为体现这种由多人共同合作完成的犯罪的特殊性,需要将共同犯罪这种形式概括规定在刑法总则中。

共同犯罪的客观方面是有共同的犯罪行为。这不仅是各共同犯罪人为共同的危害结果而行动,而且要求各行为人相互配合、相互促进,最终成为一个整体。无论各共同犯罪人如何分工,是否都实施实行行为,只要其"加功"于犯罪过程,都可成立共同犯罪。作为之间、不作为之间、作为和不作为结合,都可以构成共同的犯罪行为。

根据我国刑法的规定,共同犯罪的主观方面只能是故意,过失不能构成。共同故意犯罪的认识因素具有双重性,即要求行为人既认识到自己的行为会导致危害社会的结果,还要认识到自己与他人是在共同实施犯罪行为,会导致危害社会的结果。共同犯罪的意志因素,根据我国刑法学通说,是指共同犯罪人在认识本人行为或本人及他人的共同犯罪行为会造成危害结果的基础上,对这种危害结果抱着希望或者放任的态度。这就是共同犯罪故意的双重意志。[1]共同犯罪的主观方面具有鲜明的特色,其一是只能由故意构成,这是立法规定使然;其二是具

---

〔1〕 参见赵秉志主编:《高铭暄刑法思想述评》,北京师范大学出版社2013年版,第164页。

有双重性,仅认识到自己的行为内容和后果不行,为体现"共同性",必须对其他参与人的行为内容和后果有明确认识和意志。从立法来看,共同犯罪没有限制故意的类型。

共同犯罪之所以需要单独规定分析,是因为在形式上它具有不同的构成,二人以上的犯罪形式千变万化,组织、教唆、帮助等行在外观上不同于传统上该当于构成要件的实行行为。实质上,由于共同犯罪的社会危害性远大于单独犯罪,以单独犯罪的简单相加来分析共同犯罪会得出不当结论。

二、共同犯罪中的故意可否包含间接故意

共同犯罪中的故意是否可以包含间接故意,探讨的是间接故意的心理特征与共同故意的要求是否吻合的问题。这与共同犯罪的本质和间接故意的特性都有关,下文的分析将着重关注这两方面,并结合实践情况,对教唆犯这一特殊形态进行分析。

(一)从共同犯罪的本质看,共同犯罪中的故意可包括间接故意

共同犯罪的本质是什么?在共同犯罪中,到底哪些是"共同"的,这些共同包含间接故意这样的主观内容吗?解决了上述疑问,结合立法,才能明确间接故意是否能构成共同犯罪。

关于共同犯罪的本质,刑法学的发展史上有犯罪共同说和行为共同说之争。完全犯罪共同说认为,共同犯罪必须是数人共同实施特定的犯罪;部分犯罪共同说认为,可以在两罪的构成要件重合的限度内成立共同正犯。行为共同说认为,共同犯罪是指数人实施了前构成要件的、前法律的行为,或者,共同实施了构成要件的实行行为。[1]具体来说,前者的"共同"指

---

[1] 参见张明楷:《刑法的基本立场》(修订版),商务印书馆2019年版,第362、367、376~377页。

第六章 间接故意犯罪的形态

特定的犯罪的共同,行为人之间必须实施相同的犯罪构成的行为,并处以相同的罪名。后者的"共同"指行为事实,它没有特定犯罪构成的限制,行为人最终可以分处不同的罪名。

在主观层面,犯罪共同说既然要求行为人共同实施特定的犯罪,那么就要求数人之间应具有对相应犯罪的意思联络,即必须有共同的故意。当行为人持过失心态无法进行意思联络时,过失之间、故意与过失之间,不构成共同犯罪。间接故意与直接故意之间由于希望和放任的态度不同,不符合严格的"意思联络"要求,是否可以成立共同犯罪,还存在争议。而行为共同说只要求行为本身的共同,不要求犯意的同一,即使数人的主观内容不一致,也可以构成共同犯罪。那么,如果坚持行为共同说,间接故意之间,甚至故意与过失犯之间都能构成共同犯罪。

从立法上看,《刑法》第25条虽将共同犯罪限定在共同故意犯罪,但其并没有表明各行为人的故意内容必须完全相同,甚至也不能认为所有参与共同犯罪的人都只能实施罪名完全相同的犯罪。我国以往的刑法学理论也只是强调从主客观方面综合判断行为人是否构成共同犯罪,这不意味着我国刑法必须坚持上述犯罪共同说或行为共同说。

具体来看,犯罪共同说严格固守"相同的犯罪"标准,限定了故意犯罪的处罚范围,但却忽视了法益保护的一面。从法益侵害后果看,犯罪共同说导致共同犯罪的本质属性无法呈现,很多具有共同意思联络的犯罪只因为主观内容的细微差别而被当作单独犯罪处理,其共同性被掩盖。后来,部分犯罪共同说被提出,导致刑罚与罪名分离,立场出现混乱。行为共同说只强调共同实施的行为,在行为共同的基础上对主观内容进行个别化判断,分别归责,这就无法与我国刑法中的共同犯罪含义相符。犯罪共同说与行为共同说都只强调了共同犯罪的某个方面,具有片面性。对共同犯罪的本质描绘要立足于本国实际,综合该种形态的主客观情况。

共同犯罪的本质是客观上呈现出来的整体危害性,以及主观上相互意思联络形成的共同意思。共同犯罪只能由共同故意构成,当这种故意体现出参与的多个行为人共同朝向的故意,且支配共同的行为时,就是共同故意犯罪。但归罪的过程是责任个别化的过程,最后认定的具体罪名,可以有差别,但只要符合构成要件的内容以重合部分为限即可。虽然持间接故意心态的行为人最后对结果持放任心态,但这不影响他与其他共同持放任心理的行为人进行意思联络,更不影响直接故意的行为人与其进行意思沟通,因此,这种主观上的共同符合共同犯罪的本质。

(二) 从立法和司法实践情况看,共同犯罪中的故意包括间接故意

共同犯罪行为的主观方面当然可以存在于直接故意之间,二人以上在共同认识的基础上希望危害结果发生,产生意思联络,于是共同朝着一个方向积极推动,最终造成损害发生。而间接故意的放任意志具有不确定性、附属性,这种特殊的意志如何与其他故意产生意思联络便成了问题。如果在放任心态之间进行意思联络,那么这种共同意志就显得不坚决、不直接,能否成立共同犯罪具有争议。更多人否认直接故意可以与间接故意构成共同犯罪,因为他们无法进行意思联络。笔者认为,共同犯罪中的故意可以包含间接故意,主要原因有以下几条:

第一,从我国刑法条文的内容来看,间接故意构成的共同犯罪并没有被排除。我国《刑法》第 25 条规定:"共同犯罪是二人以上共同故意犯罪。"该条文将共同犯罪的参与人限定在二人以上,犯罪主观方面限定为"故意","共同过失犯罪"不为

我国刑法所承认。既然故意包括直接故意和间接故意两大类，就没有理由将间接故意构成的共同犯罪排除在外，而仅承认由直接故意构成的共同犯罪。根据排列组合规则，这就意味着直接故意之间、间接故意之间以及直接故意和间接故意之间都可构成共同犯罪，这也是对上述条文内涵的合理解读。只有这样，才能保证法律涵盖范围周延，不留漏洞。

此外，从刑法体系协调性的角度看，胁从犯的规定体现了间接故意可以构成共同犯罪故意的内容。胁从犯是指在共同犯罪中被胁迫参加犯罪的人。《刑法》第 28 条规定，对于被胁迫参加犯罪的，应当按照他的犯罪情节减轻处罚或者免除处罚。胁从犯不同于完全丧失意志自由的直接行为人，因为他虽然被胁迫，但仍有一定选择，需要对结果负责。胁从犯的这种特点决定了其意志受到了一定胁迫，并不希望结果发生，对危害结果一般持放任心态。胁从犯和胁迫其参加犯罪的人构成共同犯罪，一般就属于间接故意与直接故意构成的共同犯罪的典型。

第二，共同犯罪的特殊危害性体现在行为的联合、共同主观心态的结合。共同犯罪的主客观方面互相配合，共同产生了最终的危害结果，产生了"1+1>2"的效果。从行为人的主观方面看，其既需要认识到自己在实施危害社会的行为，也要认识到他人也在实施，而且还要认识到与他人正在进行"合作"；其既可以希望合作的"作品"尽快产生，也可以"放任"这种共同的结果，采取漠然的态度。这种心理状态的复杂性与间接故意的内容并不矛盾。当行为人明知自己和他人在实施犯罪，却仍然放任这种共同的结果发生时，或者与希望结果发生的行为人共同努力，放任结果发生时，同样体现了二者主观心态的结合，这是犯意联络的现实表现，可以构成共同犯罪。

第三，司法实践中存在间接故意构成的共同犯罪，如果限制共同犯罪的主观方面范围，将导致这类行为无法得到处罚。如甲因欠乙债务而发生纠纷争吵和推搡，当行至某大坝河滩时，甲乙再次发生争执、厮打，甲捡起石头朝乙头上连砸数下，并指使其子丙和其共同将乙往河里拖。在河中，甲又拿石头朝乙头上猛砸数下（均为要害部位）。经法医鉴定，乙系头部遭受钝性外力致重度颅脑损伤死亡。在该案中，甲因为纠纷多次猛砸被害人要害部位，希望乙死亡，并导致了这一后果，构成故意杀人罪，甲的心态是直接故意。甲之子丙虽没直接砸乙，但却在不知乙是否还活着的情况下，听其父指使共同将人往河里拖。该行为有导致被害人死亡的极大危险性，对此，丙应该是明知的，但他却不管不顾，放任乙死亡的后果发生，对乙的死持间接故意心态。就全案来看，丙全程目睹了整个案件过程，他不仅没有阻止，还在客观上帮助了甲，导致乙最终死亡，所以，丙构成甲的帮助犯，丙与甲构成共同犯罪。在这种情况下，直接故意和间接故意就构成了共同犯罪。实践中该种情况很多，更何况正如上文所述，间接故意与直接故意存在规范的位阶关系，故意的认定实际上是证明问题。一旦无法证明行为人持直接故意心态，就可考虑证明间接故意。因为，"如果故意是一张渐层纸，直接故意像是浓度比较强的颜色，如正红色，而间接故意是浓度比较淡的颜色，如粉红色"。[1]也就是说，部分事实上的直接故意犯罪在现实中可被当作间接故意处理，如果否认间接故意与直接故意构成的共同犯罪，这种情况就难以准确定性，导致共同犯罪认定存在遗漏。

（三）教唆犯中的故意可以是间接故意

上文所探讨的主要指间接故意构成共同实行犯和帮助犯的

---

[1] 林志洁："判决评释：'最高法院'九十九年度台上字第六四二八号刑事判决"，载《台湾法学杂志》2012年第3期。

情况，在这里还需讨论的是，教唆犯中的故意是否为间接故意。对教唆犯来说，其首先应当认识到自己的教唆行为会促使被教唆的人产生犯罪意图，并使被教唆人实施犯罪。而且认识到被教唆人实施的行为会造成危害结果。其次，他对被教唆人的行为产生的危害后果具有意志因素。关于教唆故意是否能是间接故意，在我国刑法学界长期存在争议。第一种观点认为，教唆的故意，通常是直接故意，但也不排除间接故意的可能。如教唆犯知道自己的行为可能引起他人实施犯罪的意图，而对此采取放任态度。[1]这是我国刑法学的传统观点。第二种观点认为，构成教唆犯的主观要件必须是直接故意，间接故意不能构成教唆犯。[2]后一种观点的理由主要是间接故意的"放任性"决定了行为人对危害后果的不管不顾，而教唆成功必须要被教唆人接受教唆、产生犯意，教唆的积极性和放任的消极性难以相容。

教唆故意包含间接故意是可行的。陈兴良教授举出以下例子来证明教唆犯出于间接故意，而实行犯出于直接故意形态。"甲乙是好朋友，一天，乙被丙打了一顿。乙将被打之事告诉甲，甲漫不经心地说：'他打你，你不会打他？'乙听了甲的话以后，果然去将丙打伤。"[3]在上述案例中，甲言谈随意，但明确认识到乙一旦打丙，会引起丙受伤的后果，而且甲乙的好朋友关系会促成乙听信甲的话，所以，甲对危害后果是能够认识到的，他对丙的伤害是放任的。甲对最终的结果是一种不管不顾，只要对乙有利就行的心态，因而属于间接故意。

教唆犯属于非实行犯的一种，既然共同犯罪中的故意包含

---

〔1〕 参见高铭暄主编：《刑法学》，法律出版社1982年版，第202页。

〔2〕 参见华东政法学院刑法教研室主编：《刑法概论》，浙江人民出版社1987年版，第141页。

〔3〕 参见陈兴良：《刑法适用总论》（第2版·上卷），中国人民大学出版社2006年版，第438页。

间接故意，就没有必要将间接故意排除出教唆犯的主观心态。诚然，在一般情况下，教唆他人犯罪的教唆人，都希望自己的教唆得到成功，同时希望他人实施犯罪行为。但是，教唆人持间接故意心理是可能存在的，不能以经验代替事实，以归纳描述客观世界。教唆犯的主观内容具有复杂性，间接故意的附属性和多行为性决定了其可以成为教唆犯的内容。教唆人完全可以对教唆行为导致的他人被教唆后果持希望心理，而对附属的另外发生的后果持放任心理，而这种后果属于共同犯罪的后果。对后者来说，教唆人构成间接故意。如果否认间接故意可以构成教唆，就会使一些教唆犯无法认定。

综上所述，间接故意属于共同犯罪中故意的内容，在实行犯和非实行犯中都可能存在。

本章小结

间接故意犯罪形态的问题属于对间接故意理论研究的拓展问题，具有较强的应用性。间接故意的生成过程属于心理本体内容，事后倒推模式属于认定方法，二者并不一致。以事后的现实不经意间筛选掉的一些情况来否定行为人当时已存在的放任心态，反而难以反映事物本质。根据正向的事物发展顺序，间接故意犯罪没有犯罪预备形态，但可以具有既遂形态，也具有成立未遂、中止形态的可能性，只不过没有必要对其所有的未遂形态和中止形态都予以处罚。综合考虑处罚的必要性、法益侵害或威胁的严重性和可能性等因素，判断哪些间接故意的未遂和中止需要处罚，是未来理论的努力方向。

在共同犯罪中，间接故意之间、间接故意与直接故意之间都可以构成共同实行犯，非实行犯的心态也可以由间接故意构成。承认这一点与我国刑法要求共同犯罪需要"意思联络"并不矛盾,而且这与共同犯罪的本质和间接故意的本质也是相符的。

第七章
间接故意的认定

本书前六章已经对间接故意的本体问题进行了详尽的梳理和分析。间接故意到底是什么、它的存在范围到底有多大等问题已经通过分析得到了解答。理论最终要应用于实践,间接故意在现实中具体该如何认定,除了对上述间接故意的本质把握外,还需掌握合理的认定方法,并结合刑事诉讼的程序要求进行。在司法实务中,因行为人的主观认识难以准确判断,且过失犯的适用范围多局限于特定职业群体的过失行为,使得间接故意极易扩张并演变为黑洞。[1]这一问题发人深思,本章将尝试给出相对有操作性的方案。

第一节 认定间接故意的方法论依据:由客观认定主观

人的使命、人的价值、人的力量,都与人的责任联系在一起。[2]没有责任的世界,一切都将陷入混乱。刑法中的归责正是通过对主客观要素的价值判断,实现规范目的,保障社会前

---

[1] 彭燕、吴俊婷:"间接故意的司法认定",载《中国检察官》2016年第8期。
[2] 冯军:《刑事责任论》,法律出版社1996年版,第1页。

行和人类的自身发展。在归责中,对主观要件故意的判断依赖于客观材料,而这一切的基础是客观是主观的反映,即行为人能够通过意志控制自己的外在行为,人具有意志自由。间接故意的认定也是如此,行为人是否认识到结果发生并放任结果发生,这些都只能通过客观的材料推断。只有这些客观材料确实是由行为人的意志所控制产生的,主客观内容才能够互相对应,并互相反映彼此。但人的意志是否是自由的,数百年来,这一问题一直被广泛探讨,至今也没有确切的答案。

一、源起:意志自由论受到的冲击

间接故意的基础是"意志自由",行为人在意志受到强制、完全没有自由选择能力的情况下做出的行为是不可罚的。近些年来,脑科学、哲学的最新研究理论无不冲击着责任刑法、预防刑法的体系,意志自由的探讨被重新抬到前台。

(一)脑科学研究成果对意志自由论的冲击

无论对间接故意如何定位,它都包含有心理内容,而这些心理内容是建立在对危害后果的认识基础上的。即便是作为规范主体的人格体,也需要有意志自由,因为"个人在意识到风险以后,必须遵守规范,从而过一种有规则的生活",[1]而形成规范认同感的前提是其对规范有感知、能认识。人之所以要对危害后果承担责任,就是因为能认识,能选择自己的行为。这种认识和选择反映了人意志的一定"自由"程度,所谓行为与责任相一致,指的就是这个意思。现代刑法不直接依结果定罪,间接故意犯罪同样建立在行为人可选择控制的领域。于是,对间接故意归责本源的追问离不开对自由意志的探讨。

---

[1] 周光权:《刑法学的向度》,中国政法大学出版社2004年版,第108~109页。

人是否存在意志自由？这是一个永恒的难题。对于个体来说，我们能否主宰自己的生活，是为所欲为还是命中注定？对他人来说，如果意志不自由是否意味着人类可以预测他人的行为？历史上，关于意志自由的讨论从未停息，其跨度之大、范围之广令人震撼。意志是否自由的问题涉及哲学、心理学、脑科学、法学等多领域，通过近几十年来的科学研究，传统的争论又焕发出了新的色彩。

对人类意志的看法有两个视角：第一人称视角和第三人称视角。第一人称视角是指反省式看待人的意愿、决定和行为。也就是说，人是如何看待和经历他自身的。与其相反，第三人称视角是脑科学家们观察该过程的方式。作为一种外部的自然科学式的观察，它是从神经生物学角度出发，对人们渴望、决定和行为时其大脑中的变化进行描述的。[1]两个视角对人类行为和意志的看法是不同的。

个人往往认为自己的行为是有选择的，何时吃饭、睡觉、写论文，用怎样的方式吃、睡、写，似乎完全跟个人的决定有关，每个人的表现不同正源于其自由决定的内容不同。但脑科学家采取第三人称视角，认为自由本身是一种幻觉，只存在于人们的想象中。人的行为是被决定的，不是可以随意控制的。

现代的科学研究成果证明，动物演化发展到了一定阶段后，就产生了神经系统。有了神经系统的动物就开始具有原始的简单的感觉或心理现象。随着动物演化的发展，神经系统更趋于完善。心理活动也越加灵活、多样和丰富起来。[2]我们常称的心理活动其实属于大脑的功能，心理是客观现实的反映，是感

---

[1] [德]托马斯·希伦坎普："没有意志自由的刑法？——一个对脑科学研究的回答"，刘家汝译，载《刑法论丛》2011年第3期。

[2] 参见林秉贤：《犯罪心理学纲要》，中国科学技术出版社2001年版，第37页。

觉、知觉、记忆、思维、想象、注意、情感、意志、动机、兴趣、能力、气质、性格等心理现象的总称。心理现象具有多元性和复杂性，对心理现象的描述不能脱离大脑的结构、功能。

根据脑科学的研究，人的自主神经系统分成交感神经和副交感神经。自主神经系统的神经纤维调节平滑肌和腺体的活动，因而在情绪反应中起重要作用。交感神经与活动的兴奋有关，而副交感神经与活动的抑制有关。人脑包括延脑、小脑、中脑和大脑等几个部分。延脑负责呼吸和姿势反射；小脑与运动协调有关，也与某些高级认知功能有关；丘脑是感觉信息的中继站；下丘脑在情绪和体内平衡中起重要作用；边缘系统控制某些本能活动，在情绪和记忆中起重要作用。[1]脑部的不同部分有不同的功能，脑的功能决定了一个人如何行动。近几十年来，随着科学的发展，脑科学的研究成果带来了新进展。

弗洛伊德曾经发现，脑类似机器，背后必然隐藏着有无法提取的因素，思维并不简单等同于我们所熟悉的意识部分——相反，它只是冰山一角，看不见的部分才是主体。[2]也就是说，无意识是人类状态的主宰，很多行为的发生并不是人能够控制的，是大脑而不是人做出了行为决定。德国不莱梅的行为生理学教授格哈德·罗斯认为，大脑边缘系统代替人们作出意愿、计划和决定，它的强大效力表现在：它只允许与它保存的经历记忆相符合的企图、愿望、决定和行为。它的可怕之处在于：对于我们来讲，它是不可知、完全无法接近的。我们对它的影响几乎为"零"。早在人还在母体时，这个脑边缘系统就开始了

---

〔1〕 参见彭聃龄主编：《普通心理学》（修订版），北京师范大学出版社2002年版，第75页。

〔2〕 参见［美］大卫·伊格曼：《隐藏的自我：大脑的秘密生活》，唐璐译，湖南科技出版社2013年版，第14页。

工作。在3周岁~4周岁的时候，其结构基本确定"它存储了所有的外界影响和个体经历，亦建立了人天生的情感状态和行为方式的中心。此外，在受基因影响的范围内，它按照一定的标准，比如好/成功/有兴趣，或者坏/失败/痛苦，来评价一切我们所为之行为。对这个评价的结果，它也会作出保存"。[1]于是，我们自认为可以控制自己的行为，甚至有时还会产生负罪感，这其实都是幻觉，是不真实的反映。

相关科学实验部分证实了上述观点。柏林计算神经科学伯恩斯坦中心的神经学家海恩斯在2007年做了一个实验。在实验中，他给志愿者安上大脑扫描仪，并让他们观看屏幕上随机显示的字母。他告诉参与者可以随时按下左手或右手食指下的按钮，并且记住在做出这个决定时，屏幕上出现的字母。通过功能性磁共振成像（fMRI）技术，研究者能揭示出大脑在面临选择时产生的活动。实验结果让所有人都大吃一惊：有意识地按按钮的决定通常是在做出按按钮这个行为之前约一秒做出的。但是，研究小组发现的一种大脑活动模式，似乎能在长达7秒之前预示决定行为的发生！也就是说，早在主体意识到他做出这个决定之前，大脑就已经自己做出了决定。[2]以上结论震撼了科学家本人，也揭开了这个长存的秘密：自己认为的决定不是自己选择控制的，而是大脑结构根据刺激作出的反映，先于人的意志。

对犯罪人的研究也得出了类似结论。对大部分的强暴犯来说，在PET的扫描下，研究者会在其脑部看见一层很明显的色

---

[1] 参见［德］托马斯·希伦坎普："没有意志自由的刑法？——个对脑科学研究的回答"，刘嘉汝译，载《刑法论丛》2011年第3期。

[2] See "Neuroscience vs Philosophy: Taking Aim at Free Will", *Nature*, 2011, 477 (7362), pp. 23~25.

块，证据显示，性行为偏差者的脑部结构相当一致。而且，不同形式的偏差性行为源自于不同形式的损伤。简而言之，脑中的颞叶跟行为的偏差有关系；前叶的异常跟暴力有关；两者都有的状况下会造成侵略行为，有的时候会有致命的性攻击。简单来说，性行为偏差者之所以会为犯罪行为，原因在其脑部结构。推而广之，人不是自由的。人的行为并不是一出生就准确决定他每时每刻都会做什么，而是说支配人们行为内容的是脑部结构，是基因组。

大量证据表明，大脑功能是自动化的，我们的意识体验乃是一种事后体验。[1]科学的方法对于意志的研究颠覆了传统的认知。但根本的问题是，怎么样才算自由？如果从最严格的自由标准来看，"人是自由的"这一句话，其实是从古就已经可以确定是被推翻的一句话，因为至少，只要人的身上有所谓的生理（规则），人就受到限制。一如人们日常生活中所显示的，疲惫可以阻挡起床意志的形成，而饥饿迫使人必须觅食。但是，从最低限度的自由标准来看，"人是自由的"这一句话却也是永远无法推翻的一句话。因为经验显示，对于自然事实的认知是无止境的。[2]也就是说，不能要求每个人都认识到自然世界的全部事实，这无论在何时都是不现实的，既然如此，在有限认识范围内做或者不做，有一定的自由度，这就是最低限度的自由标准。

《现代汉语词典》认为，"自由"有三层含义：①在法律规定的范围内，随自己意志活动的权利。②哲学上把人认识了事

---

[1] [美]迈克尔·加扎尼加：《谁说了算？——自由意志的心理学解读》，闫佳译，浙江人民出版社2013年版，第119页。

[2] 参见黄荣坚：《基础刑法学》（第4版·下），元照图书出版公司2012年版，第614页。

物发展的规律性,自觉地运用到实践中去,叫作自由。③不受拘束;不受限制。根据第一层含义,意志似乎是自由的。只要不违法,在社会广阔的领域内,都可以自主选择活动范围和方式,他人不会干涉。根据第三种含义,完全不受拘束和限制的活动总是不可能的。人的活动受大脑相关区域控制,社会环境不是总能为行为人提供便利,更何况现代科技都还有一些未开发领域,要求达到完全不受拘束的状态既不现实也不可能。第二种含义属哲学上的自由,与法学要求的自由具有一致性。作为刑法归责前提的自由即为主观能够作用于客观,客观行为由主观心理支配。这种自由不是绝对的自由,而是大脑、环境等多层面诱发综合作用的结果。

有些实验证明了人类的很多行动体现出"行为在前,意志在后"的特点。这就意味着,自然科学的研究为刑法学的主观归责提供了理论基础,更带来了挑战。如果意志自由只是人的幻觉,那对犯罪人进行处罚就失去了正当依据。如果仅仅因为发生了损害结果就要处罚造成该结果的行为人,无异于又倒退回封建刑法客观归罪的时代。责任刑、预防刑都离不开自由意志的作用,刑事执行也建立在行为人能自主选择行为的基础上。脑科学的上述成果是否已经摧毁了现代刑法的基础?责任刑法是否已不复存在了?

脑科学的研究突破不能表示人类已对所有脑部运作机理有了全面的认识。一方面,现有科学研究也并没有通过实证方法,排除意志在行动中的所有作用。换句话说,意志是否自由的命题,并没有也无法被完全证明。美国有学者表示:"几乎可以肯定的是,的确存在着一些认知行为的倾向基因,但我们无法将复杂的行为以一种有意义的方式与遗传学联系起来,而且环境在其中发挥着很大的作用。"[1]也就是说，当多个基因共同运作时，行为与基因、环境的关系还没有完全清晰。另一方面，责任是源自社会交流的一种生活维度，而社会交流需要多个大脑的参与。当一个以上的大脑进行互动时，不可预测的新事物就会开始突现，建立一套新规则。责任也属于这套新规则获得的特性。[2]这就是说，就算个人的意志并不完全自由，也不能说明不需要对个人归责。因为责任分配是社会交往的"契约"，当多个意志参与运作时，会出现与个人意志不同的结构，原有的决定论并不能解释这种庞大结构。

意志自由不等于行为自由，社会的运行是人格体之间互动的结果，如果只有一个人，规范也就丧失了意义。当多个人格体相互交往、活动时，他人就会变成整个社会环境的一部分。即便是不完全自由的个体做出的行动影响到他人，也会改变同样是不完全自由的个体的行动选择，诱发新的行动。在这个意义上，规范的存在仍然有效，对违反规范的行为人进行归责也是有用的。在社会交往中，人的行为总同外在刺激保持着联系。从外在观之，事情做与不做，做到什么程度都带着鲜明的个人特色。因此，通过客观认定主观在现阶段仍然没错，这符合社会交往的期待。

（二）刑法学派关于意志自由的争论

关于人的意志是否自由，刑法学者主要将其定位在归责基础上。刑法思想史上一直存在着非决定论与决定论之争，两派学说的根基都建立在对意志自由的讨论上。刑事古典学派坚持意志自由论，认为行为人在自由意志基础上实施违法行为，所

---

[1] [美] 约翰·E. 道林：《脑的争论：先天还是后天？》，赵明、李光艳译，教育科学出版社 2011 年版，第 116 页。

[2] [美] 迈克尔·加扎尼加：《谁说了算？——自由意志的心理学解读》，闾佳译，浙江人民出版社 2013 年版，第 127 页。

以能够追究作为道义的非难的责任（道义责任论）。费尔巴哈提出了著名的"心理强制说"。他认为，一个人之所以犯罪，是由于感性的冲动，因而应当对犯罪加之以痛苦，即科处刑罚，并使人们预见到因犯罪而受刑的痛苦，大于因犯罪所得到的快乐，从而产生抑制其心理上萌生犯罪的意志。[1]人可以选择，他还进行犯罪，就应当对其归责。康德认为，人是有理性的，意志是自由的，犯罪是有自由意志的个人违反理性的绝对命令的行为。于是，从道义立场上讲，行为人就要承担责任。唯心辩证法的创始人黑格尔同样坚持自由意志论。他认为，人是有自由意志的，自由是意志的根本规定，正如重量是物体的根本规定一样。有意志而没有自由，只是一句空话。但小孩、白痴、疯子等，因其自身行为完全没有或仅有限定的责任能力，这些人不可能有自由意志。[2]正因为行为是人的自由意志的产物，那么对犯罪归责也便理所当然了。

　　刑事近代学派包括刑事人类学派和刑事社会学派，一般不承认意志自由。龙布罗梭是刑事人类学派的代表人物，他认为犯罪人是天生的，是因为其先天的身体构造异于常人，这是已经决定的，不可被改变。意大利的菲利坚持社会对犯罪的产生有重要作用。他认为，自由意志是不存在的，"自由意志的幻想来自我们的内在意志，它的产生完全是由于我们不认识在作出决定时反映在我们心理上的各种动机以及各种内部和外部的条件"。[3]在否定自由意志之后，菲利提出了犯罪原因三元论。犯

---

[1] 参见马克昌：《比较刑法原理——外国刑法学总论》，武汉大学出版社2002年版，第25页。
[2] [德]黑格尔：《法哲学原理》，范扬、张企泰译，商务印书馆1961年版，第123页。
[3] [意]菲利：《实证派犯罪学》，郭建安译，中国政法大学出版社1987年版，第26~27页。

罪的原因为体质的、地理的和社会的三类，这种规律与人的自由意志无关。在此之后，加罗法洛认为，绝对的意志自由不存在，道义责任论不具有合理性。总体来说，刑事近代学派反对意志自由，认可决定论，虽然其不都认可天生犯罪人的解读，但犯罪对一些人来说是必然的现象的观点得到了认同。

从预防层面看，如果犯罪出于非自由的行为，想起到一般预防的效果也是不可能的，因为这时人根本控制不了自己不去犯罪。一个人如果绝对不自由，那对其适用刑法也就没必要了，因为这起不到任何的效果。那种认为科技发展冲击了意志自由，因而责任刑法应被废弃的观点没有合理依据，是不足取的。

刑事古典学派与刑事近代学派关于意志自由的争论具有哲学思辨的色彩，两派在此基础上构建出了不同的责任体系。他们不过度依赖于生物学等自然科学的研究成果，而倾向于对具体犯罪现象作出分析。由于决定论与非决定论都无法说服对方，但刑法归责还必须进行，于是，相对的意志自由论登上前台。

马克思主义认识论认为，物质决定意识，意识是客观事物在人脑中的反映。意识对物质具有能动作用，意识能够正确反映客观事物；意识能够反作用于客观事物，正确的意识能够促进客观事物的发展，错误的意识阻碍客观事物的发展。在唯物辩证法的指引下，意志是否自由也不是非此即彼的"绝对"，而是受客观条件制约的相对意志自由。尽管意志行动决定于客观现实，但在现实范围内，行为人还是能够产生各种针对客观事物的意识，并将意识转化为实际行动。

唯物辩证法对意志自由的探讨最显著的特点是不夸大现实的任何一面，在承认自然世界的无限性和人的认识的有限性的基础上，肯定人的能动性，重视发挥人的作用。在此指导下，主客观的对应关系被揭示，间接故意的运行机理也能得到了很好的说明。

客观影响着主观的意志选择，犯罪是主观对客观的决定，这种相互依赖的动态关系表明，对主观内容的找寻可以以客观现实为依据。行为时与行为前后的客观材料都或多或少地说明了行为人的主观选择过程，涵盖着主观决定的范围，呈现着间接故意的"鲜活体验"。

在刑法层面抽象说明意志是否自由的问题意义有限，谁也不能否认行动是在刺激后发生的，责任刑法的基础依然存在。因此，本书仍坚持相对的意志自由论，因为该论最能反映主客观要件的相互影响关系实质，客观反映主观的原理能够作为间接故意被认定的方法论基础。

二、进一步的追问：展现主观心态的外部事实类型

既然主观要由客观反映，那么展示主观心态的外部事实类型有哪些呢？这要从间接故意的概念出发找寻。犯罪故意针对的客观事实是危害行为和结果，行为又通过对象、手段、条件和过程表现，而结果分为有形的结果和无形的结果，这些都是展现主观心态的主要外部事实。

行为人在实施行为时，采取的手段方式不同，其所体现出的故意形式往往也不同。[1]例如，在直接故意杀人和间接故意杀人的区分中，前者往往表现为手段残忍，针对要害部位的目标明确，所选用的工具也具有更大杀伤力。"稳、准、狠"这些特征一般都是对直接故意杀人的描述。手段、方式、工具、强度等内容共同反映出一个人对直接对象的心理态度。同理，对象在直接故意犯罪中是行为直接指向的，而间接故意的对象范

---

[1] 袁宏山：《犯罪故意与犯罪过失适用》，中国人民公安大学出版社2012年版，第69页。

围、扩展面有时却不确定。此外,行为过程从整体上反映了行为人的主观心态,行为人对自己行为和结果是否明知,为何采取决意也在此过程中显现。比如,在驾车撞伤被害人后,行为人却不及时对被害人加以救助,而是试图隐瞒,将被害人带上车送往偏僻处抛弃,这个过程充分展现了行为人对被害人死亡不管不顾的心态,即使其辩解希望他人发现被害人并加以救助,理由也不能成立,行为人对他人的死亡持间接故意心态。

结果是否发生对行为人是否以间接故意心态处罚至关重要。在认定中,由于很多间接故意犯罪的未遂没有处罚的必要,因而在这种情况下,结果没有发生的,不能将行为人的主观方面定性为间接故意。另外,以结果发生的情况判断该结果是行为人追求的直接结果还是伴随发生的结果,也会影响到对行为人实际心理进程的最终定性。

具体而言,对主观心态的证明既要依赖客观的环境、物品、行为表现,又离不开以社会一般人或具有相同常识的一般人的认识为参照。行为人自己的陈述是重要的判断材料,但不能仅仅以行为人的口供定案。如果行为人的陈述完整描述了犯罪时的全部动机和心理过程,相关案件事实、情节、犯罪工具、赃物又能与口供完全吻合,口供本身就具有较高的可信度,可以作为认定主观心态的依据。但在很多情况下,对于心理现象的认定要依托推断、推定来完成。

第二节 认定间接故意的刑诉法依据:证明责任与证明方法的调试

间接故意之所以能够被认定,主要是由于可以从客观推知行为人的主观内容。在具体认定中,整个认定过程还需要符合刑事诉讼法的规定，只有如此，认定的间接故意才能被法庭所采纳。但在现实中，认定间接故意这种深层次的心理颇为困难，在坚持保障人权理念的前提下，通过适度调试证明责任与证明方法的内容，或许能够为证明提供便利。

一、源起：间接故意的证明难点

我国在刑事诉讼中已确立无罪推定原则，对证据的收集和认定要求越来越严。在刑事案件中，只有形成完整的证据链，相关事实才能认定。在诉讼法层面，间接故意的认定问题其实是一个证明问题。主观事实只有经过证明，才能成为实体法的判断依据。现实中，对间接故意的证明比较困难。究其原因主要有：①主观事实的内在性决定了其不易被外界察觉。有学者曾表示："深藏内心的故意过失，是民事、刑事及行政上应负责任的内心事实，不像外表的行为或不行为，可以为他人见到，他人可以描述外表的行为或不行为，直接表述于审理者面前，供为审理者直接知悉当时行为或不行为事实，而内心的故意过失，他人无法直接见到内心，只有从其他情况事实，间接的推论有无故意过失事实。"[1]客观事实总能通过外在观察、记录等得到，而主观心态一直属于客观事实的推动者、发起者和持续作用者，除了行为人个人之外，其他人难以准确捕捉。尽管现代心理学、医学等科技学科不断发展，但回溯确定行为人"行为时"的内心想法，仍然是不可能完成的任务。②间接故意的特性决定了其不同于一般的主观事实。直接故意具有目的性、希望性，这种积极推动行为的力量往往会转化为切实的行动，从而在外在表现上留下较多"痕迹"。而间接故意属于直接故意

---

[1] 周叔厚：《证据法论》，三民书局2000年版，第22页。

和过失之间的一种心态,"放任"意味着没有针对结果的积极行动,没有对结果的直接指向,通过他行为来判断针对危害结果的行为非常困难。尤其是间接故意和有认识过失的区分一直存在争议,"放任"和"轻信能够避免"的外在表现在很多情况下是相同的,这就给进一步准确判断带来了困难。③行为人自己有时也不知自己持间接故意心态。间接故意具有相对模糊性,同时,作为个人的心理事实,行为人完全可以认识到危害结果发生的可能性,既反对结果发生,又想避免结果发生,只不过这种避免没有任何依据,完全依靠侥幸。这时,刑法仍将其认定为间接故意,而非有认识过失。也就是说,刑法归责的评价与行为人的心理事实不完全相符,也不完全按照行为人的心理定性。④程序法规则对间接故意的证明产生影响。刑事诉讼法坚持"以事实为依据,以法律为准绳",追求法律真实是刑事证明的目标。同时,以保障人权为导向,为了使被告人避免"先入为主的偏见",任何被告人在被法院确定有罪宣判之前,都被认为是无罪的。于是,刑事证明责任主要由控方承担,被告人不承担证明自己无罪的责任。从证明标准来看,刑事证明标准又明显高于民事证明标准。于是,对间接故意的证明要达到"确实充分"的程度,而且其内容也要与待证的客观事实相一致,与法律追求的真实状态相一致。这就给承担证明责任的一方提出了很高的要求。

  刑事案件证明标准的严格性及实体法上对主观要件证明的重视共同导致了实践中对口供的依赖。口供(自白)是对罪行或犯罪构成要件的承认:自我归罪的供述——如果是自愿作出的话——有强大的证明力。这源于一种常识性判断:自愿作出的对己不利的陈述,其可信度很高。[1]上述心理学常识被广泛

---

[1] 康怀宇:《刑事主观事实证明问题研究》,法律出版社 2010 年版,第 128~129 页。

运用,在一些疑难案件中,没有口供,几乎就不能办案。依靠其他零散的证据拼凑的事实并不完整,无法排除"合理怀疑"。于是,深入内心的工作需要依靠办案人员的"技巧",通过各种手段使行为人自己说出。

获取口供的确是证明间接故意这种主观心态的方法,但过分依赖口供不仅会导致办案技能降低,减少案件的准确度,而且容易导致侵犯人权事件的发生。况且,正如上文所述,口供有时也不能反映真实,更不能担负起刑法评价的任务。如果没有足够的口供,倚赖客观事实推断间接故意一般都属间接认定过程,而这个过程在实践中显得非常艰难。为了解决此问题,通过适度调整证明责任分配和证明方法的方式,能够从刑事诉讼法意义上为间接故意的认定提供理想的资源依据。

二、解决措施之一:证明责任的适度调整

我国新修订的《刑事诉讼法》第51条规定,指控犯罪的举证责任由公诉机关承担。第55条又规定,对一切案件的判处都要重证据,重调查研究,不轻信口供。只有被告人供述,没有其他证据的,不能认定被告人有罪和处以刑罚;没有被告人供述,证据确实、充分的,可以认定被告人有罪和处以刑罚。证据确实、充分,应当符合以下条件:①定罪量刑的事实都有证据证明;②据以定案的证据均经法定程序查证属实;③综合全案证据,对所认定事实已排除合理怀疑。由此可见,现行立法将举证责任完全赋予控方,控方在庭审中不仅要提出证据,而且要承担说服责任,反驳对方的观点,使法官信服,从而形成环环相扣、逻辑严谨的证据链。

在庭审作出判决时,原则上必须进行所谓的严格证明,即根据法律规定的方式对有证据能力的证据进行证据调查(包括

第七章 间接故意的认定

开示证据和调查证据两个方面）。严格证明的对象包括公诉事实。[1]犯罪构成的内容属于公诉事实，犯罪主观方面中的间接故意当然需要严格证明。刑事主观事实证明的特性决定了对其加以证明十分困难，间接故意意志态度的不坚决、不明显特征又决定了让诉讼的相对方来探究这一心理难以达到还原的效果。虽然客观事实与法律事实总存在差距，世界上任何国家的刑事诉讼实践都不可能做到完全准确再现"已发生"的事实，更不用说事实背后的心理，但是，尽可能准确为案件定性，依据事实和法律进行归责是刑事诉讼活动不可背离的目标。对间接故意的证明如果完全交给控方，将导致偏差的可能性更大，对证明责任的适度调整可能有助于完善对间接故意的证明。

在大陆法系理论中，证明责任有"主观证明责任"（形式的证明责任）与"客观的证明责任"（实质的证明责任）之分。前者是指当事人负有证实事实的责任，是当事人希望审理某种事实时提出一定证据的责任。后者是指事实真相真假不明时，在法律判断上处于不利地位的当事人承担的责任。[2]

与此不同，在英美法系证据法中，证明责任分为"提供证据责任"和"说服责任"。证明责任中举证责任和说服责任的区别在于：举证责任可以在控方和被告人之间转移；举证责任对应的可以是特定的案件事实，也可以是某个案件事实的某一方面（比如主体不合格）；举证责任的证明标准因不同的当事人而异；对控方而言，由于其在总体上必须将案件事实证明到排除合理怀疑的程度，所以其证明要求较高，对被告人而言，则只

---

〔1〕 [日]松尾浩也：《日本刑事诉讼法》（新版·下卷），张凌译，中国人民大学出版社2005年版，第13页。

〔2〕 [日]田口守一：《刑事诉讼法》，刘迪等译，法律出版社2000年版，第226页。

需要对控方所主张的事实提出合理怀疑即可。说服责任只能由控方承担；其对应的是整个案件事实，说服责任对应的证明标准是排除合理怀疑。[1]举证责任和说服责任的区分给刑事实体法理论带来了启示，即举证责任可以适度改革，辩方承担适度的举证责任并不违背刑事诉讼原理；说服责任虽由控方承担，但其要求较高，可以进行反驳。

在日本，有人曾提出，为减轻检察官举证之负担，"未必故意之不存在及主观违法性要素，亦得承认举证责任之转嫁"。但是，这种主张遭到了多数人的反对。通说认为，基于无罪推定、正当程序之维护，举证责任不应被转嫁给被告，被告不应因其诉讼行为拙劣、举证失败而受到处罚。[2]笔者认为，这种理由不充分，而且混淆了举证责任和说服责任的内容，对不同对象也没有合理对待。被告人承担一定的举证责任，并不要求其达到很高的证明标准，同时更不因举证失败而受处罚。作为防守一方的被告人，他只需要承担部分提供证据的责任，对故意来说，他只要说明其行为时对危害结果的认知状态即可。在庭审的更多时候，仍然是辩方通过推定、推断等方式认定其主观心态，而行为人只要提出其对危害结果不存在希望和放任的反驳证据即可。

让被告人承担一定的证明责任并未违反无罪推定原则。推定方法与无罪推定原则之间的紧张关系可以通过一些限制解决。实际上，早在20世纪初，美国联邦最高法院就在两个重要的判例中指出，推定语言的运用应受《美国宪法第五修正案》与《美国宪法第十四修正案》的正当程序条款的制约，不允许以此

---

[1] 参见易延友：《刑事诉讼法》（第2版），法律出版社2004年版，第272页。

[2] 参见陈运财："刑事诉讼之举证责任与推定"，载黄东熊等：《刑事证据法则之新发展》，学林文化出版公司2003年版，第456页。

规避实质性的宪法权利。无罪推定原则基于对参与刑事诉讼的被告人的权利保护，不允许先入为主地使被告人陷入不利地位。任何原则都有例外，为实现实质正义的目标，控辩双方地位的实质平衡更为重要。举证责任的适当转移正是为了避免一味增加控方的负担，并促成控辩平衡的进一步实现。另外，无罪推定原则要求，不能因为被告人没有或不能证明自己无罪而认定被告人有罪，但被告人提供证明有利于自己的证据的行为是行使辩护权的行为。无罪推定原则与被告人行使刑事辩护权相辅相成，让被告人承担一定的证明责任同样属于辩护权行使的内容。可见，将举证责任适当转移，从实质上保障了被告方的权利，与无罪推定的原理并不矛盾。

经过调整，被告人承担的举证责任相比公诉方，仍非常有限。其只需要证明该事实存在的可能性大于不可能的程度，达到使裁判者对不利于被告人的证据产生合理怀疑即可。[1]另外，被告人只承担提供证据的责任，不承担上述说服责任，更不因为不举证就一定承担不利后果。结合英美法系国家的实践，被告方需承担举证责任的内容包括正当化行为、排除责任事由、持有型犯罪等，它们具有专属行为人个体、证明内容特殊的特点。在操作上，立法或司法规则首先明确推定范围，然后将提供抗辩证据的责任交给辩方。

总之，举证责任应建立在双方分担的基础上，对于较难证明的主观内容更是如此。立法上承认被告方承担部分提出证据的责任，而非说服责任，有利于促进诉讼公平，体现刑事政策的要求，同时提高诉讼效率，解决证明难题。

---

[1] 周光权：《刑法客观主义与方法论》，法律出版社2013年版，第184页。

三、解决措施之二：证明方法的综合运用

间接故意的认定需要综合运用推论、推定等方法，这个过程又贯穿使用推理思维。这些语词表述类似，但却具有不同的内涵和适用范围。只有准确区分各种认定方法，才能为各方法的适用范围划定边界。

（一）区分推定与其他认定方法

德国学者罗森贝克曾言："没有哪个学说会像推定学说这样，对推定的概念十分混乱。"[1]"推定"的概念在我国的理论研究中使用得比较频繁，也经常造成混淆。在不同文献资料中，推定往往和"推理""推论""证明"等概念相互交错，交替使用。但事实上，这几个词有明显的差别。《布莱克法律辞典》中"推定"的定义是："推定是一个立法上或司法上的法律规则，是一种根据既定事实得出推定事实的法律规则，推定是在缺乏其他证明方法时所使用的一种根据已知证据作出确定性推断的一种法律设计。推定是依法从已知事实或诉讼中确定的事实出发所作出的假定。"[2]根据此定义，推定的性质是法律规则；推定的前提是已知事实，目的是得到推定事实；推定是一种假定，意味着可以被反驳。推定的内涵不同于其他几种方法，下面，笔者将分别论述之。

1. 推定不同于推论（Inference）

有学者将推定分为"法律推定"和"事实推定"。前者是指根据法律直接规定的基础事实与待证事实之间的常态联系，

---

[1] [德] 莱奥·罗森贝克：《证明责任论——以德国民法典和民事诉讼法典为基础撰写》（第4版），庄敬华译，中国法制出版社2002年版，第206页。

[2] Henry Campbell Black, *M. A. Black's Law Dictionary* (6th Edition), St. Paul, Minn: West Publishing Co, 1990.

当基础事实确证时,可认为待证事实存在,但允许受不利推定的当事人举证反驳的一项辅助证据证明的标准化规则。[1]与此相对应,事实推定的依据是经验规则确定的基础事实,其他内容与法律推定一样。在英美法中,事实推定经常被采用,他们认为推定的方法是"从被告已经实施了违禁行为的实施中,推断出被告是自觉犯罪或具有犯罪意图,如果被告未作任何辩解,推断通常成立"。[2]进而,作为思维方式的推定是一种逻辑的运用,是在其他证据无法证明时的兜底措施。

其实,事实推定与推定的本意不符,事实推定的内容是在基础事实 A 与待定事实 B 间创设特殊的关系,这种创设属于审理者可以选择接受的内容,而不是法律强制要求的。这就意味着,事实认定者不一定选择最终的待定事实 B,证明责任也没有发生转移。这种得出结论的方式并不符合推定的本质特征,而更像是"推论"。离开了法律领域谈事实的认定,应当用"推论""推理"等词,传统的推定二分法是值得质疑的。正如有学者所述,承认"事实推定"("允许性推定")所产生的最突出问题是混淆了推定机制与证明机制的界限,因而,其在一方面可能导致证明机制的紊乱,另一方面也使推定机制的建立丧失了意义。[3]诉讼证明机制在不同的案件中都受到刑事程序法的制约,证明标准、证明责任、证明方法和证据的内容充分程度对整个证明过程都有影响,推定相对于一般的证明方法属于一种"偷懒",因此,它只能在特殊情况下并符合一定条件时才适用,将推论、推断等同于推定,实际上导致刑事证明标准改变,

---

[1] 参见赵俊甫:《刑事推定论》,知识产权出版社 2009 年版,第 23 页。
[2] [英]鲁珀特·克罗斯、菲利普·A. 琼斯:《英国刑法导论》,赵秉志等译,中国人民大学出版社 1991 年版,第 56 页。
[3] 龙宗智:"推定的界限及适用",载《法学研究》2008 年第 1 期。

不利于对案件的准确定性。

  实践中出现的事实性推定例子，经常是利用作案工具、打击部位等推测行为人的实际行为状况和主观心态，这些都没有利用专门的法律规则，属于典型的推断（推论）活动。无论在什么案件中，只要需要利用间接证据查明案件事实，都需要运用这种证明方法。所有的案件都需要证明，如果将所有的由客观事实查明行为人主观心态的方法都称为推定，不仅混淆了概念，而且也没有解释任何问题。

  推定与推论的要素、过程类似，但性质不同。推论是依据查明的证据认定待证事实的过程，更强调论证结论。推定与推论都是由已知事实推出待证事实，且都可以反驳，这些都是二者的相同点。但二者的依据不同，导致其法律性质存在差异。推定以法律的适用为前提，具有法律属性。而推论只属于事实的认定，没有法律依据，属于"自由心证"的领域。这就意味着，当依照推定规则得出了事实，一旦遇到合理反驳，推定就不存在；而推论过程即便遇到了反证，不代表现有证据立刻无效，而是需要法官综合全案证据，作出合理判断。根据《美国联邦证据规则》第 301 条的规定，推定的法律效果是使出示证据的责任由提出推定的一方转移到该推定对其不利一方当事人身上。也就是说，推定通过证明责任的转移减轻了一方的证明责任，以减少证明难度，提高效率。而证明中的推论过程则不是这样，举证一方可以根据证据提出自己的推论理由，但未经法律规定，证明责任不转移。

  在英美普通法上，刑事法上的推定主要有：推定知情、推定非法获取、推定欺诈、推定意图、推定恶意等。[1]法律可以

---

  〔1〕 邓子滨："刑事一体化视野中的推定"，载梁根林、张立宇主编：《刑事一体化的本体展开》，法律出版社 2003 年版，第 356 页。

根据某些事实直接推定行为人有犯罪故意。如根据美国《伊利诺伊州刑法典》规定的"零售商品盗窃罪",凡隐藏商品越过最后一个收款台的,均视为"怀有非法占有的目的"。[1]这属于典型的有法律依据的推定。利用这种推定认定行为人是否有间接故意心态或者其他目的,可以直接依法进行,得出结论。

上文所说的事实推定,属于裁判者的自由心证。事实推定是基于经验法则而推认事实存在之盖然性,属合理之自由心证的形成过程,是一种未成文法化之推定,法院只要能本于良知,依经验法则(即伦理法则)判断证据之证明力即可。[2]既然如此,事实推定实际上属于推论的内容。

2. 推定不同于推理(Reasoning)

推理是由一个或几个已知的判断(前提),推导出一个未知的结论的思维过程,它是调查主体查明案件事实的主要方法。作为一种思维方法和逻辑工具,推理的适用较广泛,几乎可以适用于司法过程的任何阶段。[3]推理在刑事案件的侦查、起诉和审判阶段都被广泛应用,从一系列已知的材料中得出未知的结论,这个过程属于证明的基础,并不是证明本身。推理的运用需要结合经验逻辑,目的是"查明"事实。

证明的结果是得出推论,在这个过程中一直要用到推理。例如,根据案件现场发现的毛发、指纹和遗留物品等,推理出行为人在案发时到过现场的结论。可见,推理属于对事实的认知方法,不依赖于法律规则,属于案件办理当中必备的思考方

---

[1] 参见储槐植、江溯:《美国刑法》(第4版),北京大学出版社2012年版,第50页。

[2] 参见陈运财:"刑事诉讼之举证责任与推定",载黄东熊等:《刑事证据法则之新发展》,学林文化出版公司2003年版,第475页。

[3] 吴丹红:"犯罪主观要件的证明——程序法和实体法的一个联接",载《中国刑事法杂志》2010年第2期。

法。推定与推理不同,推定属于根据事物间的常态联系,依据法律规则认定事实的方法。它中间实际省略了步骤,缺少了从新的证据到事实的过程,而是根据已知事实直接得出待证事实的结论。如果没有法律依据,推定过程实际上是不严谨的,无法完成现有证明。

3. 推定不同于法律拟制

推定更不同于法律拟制。法律拟制是一项实体法规则,不能被推翻;而推定是程序法上的证明问题,大多可以被反驳。即便是不可反驳的推定也不同于法律拟制。不可反驳的推定要求"把某个既定的要件事实视为已经被证明,尽管实际上法官无法从生活事实中获得对该要件事实的心证"。拟制则要求"把一个既定的要件事实视为存在,尽管事实上它并不存在"。[1] 二者作用于不同的领域,拟制在主观心态的证明中没有发挥作用的余地。

(二) 证明方法的综合应用

我国《刑事诉讼法》已经为化解主观事实证明难题提供了理论基础,相关司法解释则规定了现实出路的具体做法,包括间接证据证明和刑事推定,并提供了相应的出罪机制,如"证明确属被蒙骗的除外"。在间接故意的认定中,要综合运用上述推理、推断和法律推定等方法和思维方式,综合分析直接证据和间接证据,以达到认定的目标。

联合国的一些公约提到了对故意的证明方法。《联合国打击跨国有组织犯罪公约》第5条第2款规定:"本条第一款所指的明知、故意、目标、目的或约定可以从客观实际情况推断(中文译本为推定)。"《联合国反腐败公约》第28条也作了类似的规定:"根据本公约确立的犯罪所需具备的明知、故意或目的等

---

[1] 参见[德]汉斯·普维庭:《现代证明责任问题》,吴越译,法律出版社2000年版,第77页。

要素,可以根据客观实际情况予以推定。"这些原则性规定表明从客观推知主观内容的可行性,属于具体事实的认定方法,实质上属于推论的内容。[1]

证明案件事实需要结合多种证据类型,目的都是从不同侧面展示行为人的内在心态。在绝大多数案件中,对于行为人是否具有明知,结合相关证据,尤其是客观证据就足可认定,是否适用推定要看是否有明确的法律依据。以行为人驾车在公路上冲撞行人导致多人死伤的情况为例,从行为人冲撞的方向、速度、汽车本身是否经过维修及当时的车况,行为人是否踩刹车、是否按喇叭,周边环境的开阔程度,行人的位置等多种客观内容可以推断行为人的主观心态。如果行为人横冲直撞,没采取任何防护措施,而且是高速行驶的,结合其他因素,就可推断行为人对撞死撞伤行人持故意态度,得出行为人故意犯罪的推论。至于这种故意是直接故意还是间接故意,需要进一步综合上述因素,结合行为人是否具有目的指向性、态度是否坚决、事后是否采取措施等综合推断,这些都属于推断(推论)的过程。至于从行为人平常手握方向盘的习惯、开车时的动作和事发时的情况对比,得出当时的确是行为人在驾车的结论,这就属于推理过程。推断与推理在具体案件中有时是重合的。当然,假设法律规定,行为人酒后驾车横冲直撞又未采取防护措施,造成他人死伤的,就应当存在对他人死伤后果持放任的故意,那么这就属于推定的内容。也就是说,推定必须有法律依据。上文已分析了几种认定方式的含义与区别,有些案件就要综合用到上述推断、推理和推定内容,至于对间接故意的具体认定,主要分为认定明知和认定放任两大部分,对此,笔者

---

[1] 推论用作动词时一般采用"推断"的表述。

将在下一节予以详述。

第三节 对间接故意因素的具体认定

一、指导思想：认定过程不同于心理形成过程

正如上文所述，作为心理事实的间接故意以意志内容作为非难的基础，核心要素是对结果的"放任"。因此，对其证明属于主观的判定，需要考察个体状态。但是，认定过程是裁判者面对已发生的事实和结果的事后判定，依据只有外在的客观事实，判定过程属第三方推理，并不是行为人自己"顺序"的支配。也就是说，认定过程与心理形成过程对象在人员、顺序、依据上都不相同，仍采用主观的想象难以完成对他人心理识别的任务。美国刑法采用主观意图（Subjective intent）与客观意图（Objective intent）的分类。前者指行为人行为时确实存在的心态，而后者是行为时法律要求的行为人应当知道或相信的心态。客观意图比主观意图易于认定，采用的标准是理性人标准。推断是认定案件事实的主要方法。[1]这同样可以说明，在某些情况下，认定的心理内容与行为人的实际心理内容可能存在差异。

世界各国对故意的判断都只能依据外在表现认定。英美法系国家向来强调主观心态的设定与诉讼证明的联系，以证明为导向的设计决定了从外部认定行为人心理的可行性。而在德国最近的判例法中，法庭更加强调认识因素和意志因素的实体内容与从证据中推断他们的存在这两者是不同的，因为后者的判

---

[1] See Daniel E. Hall, *Criminal Law and Procedure* (6th Edition), Clifton Park, NY: Delmar Cengage Learning, 2012, pp. 69~70.

断依据来自于行为人外在的行为。[1]也就是说,对认识与意志内容的认定过程无法完全还原本体的内容,这并不违背归责原理。因为归责与评价过程是为了更好地对行为人量刑,如何归类不是为了发现实体真实的全部。以实体的全部代替评价内容,反而会造成罪刑搭配不当。

有学者从刑事认定的角度出发评论故意的本质学说。他指出,无论是"容认说"还是"主观说",都忽略了客观化"判断标准"的重要性,试图对主观要素加以直接把握。如果贯彻"容认说"或者"主观说"的话,则同样容易造成对相应主观要素的难以证明甚至恣意判断,并导致诉讼过程中对口供的依赖。[2]因为"容认说"着眼于"判断对象",面对故意这样的行为人的内心状态,它希望直接去探究该种主观要素的生成。而"盖然性说"则从客观可能性的判断出发,推知行为人的主观心态。于是,从整个犯罪判断过程来看,前者几乎成了不可能完成的任务,而后者则更符合规范期待要求,也未超出现阶段人类的实际能力。

我国现行刑法坚持主客观相统一原则,故意理论属于主观理论。以动机说和容认说为依据,作为间接故意的心理形成学说并无不妥。问题是,以主观为基础的学说仍需通过客观内容予以证明。如何认定行为人在当时未形成反对动机,而仍执意决定采取放任结果发生的行动呢?

笔者在前文中一直强调,心理的生成过程属于心理本体事实,是主观的。但认定过程是事后的他人判断,认定的依据是客观的。虽然认定的最终目的在于找出行为人的真实心理,但

---

[1] See Michael Bohlander, *Principles of German Criminal Law*, Oxford, Portland: Hart Publishing, 2009, p. 65.

[2] 康怀宇:《刑事主观事实证明问题研究》,法律出版社2010年版,第97页。

是，以间接故意的本质学说代替认定学说是不合适的。认定对象的生成过程与事后认定过程的不同决定了对这两种内容的分析应采用不同的方法，因而，本书主张，认定间接故意的过程可以采用客观化的标准，以"客观反映主观"为理论依据。

本书第五章提到的故意客观化的观点将故意完全当作客观构成要件要素等同于风险概念是不对的，但其思路却值得在间接故意的认定中借鉴。也就是说，坚持间接故意的本质是偏主观的动机说和容认说，但对这种主观的认知可借鉴盖然性说的方法，以认识到事实发生可能性的高低为确定是否认识到的标准，然后再根据认识内容关联可能的意志因素。同时，为避免故意认定的完全客观化倾向，需要对客观化进行限制。具体来说，由于认识因素与意志因素相互关联，认识到结果发生的极小可能性而不采取行动很难说行为人会采取"放任"行动。从这个意义上说，间接故意要求认识到结果发生的较高盖然性。下面，笔者将对间接故意予以拆分，分别对其明知内容和程度、意志内容进行认定，同时设计对被告人的补救措施，通过结合实体与程序规定，完善对间接故意的现实认定。

二、对认识因素"明知"的认定

刑法与刑事诉讼法应当互相关照，再精致的刑法主观理论如果不能解决认定与证明问题，也仍然只能被当作理论探讨。明知的内容和程度是间接故意的基础性内容，对明知的认定需要裁判者运用多种方法。

（一）通过证据事后推断行为人是否"明知"

认识到还是没有认识到，定位的时间点是行为前和行为时。由于行为当时还没有做出，结果还没有出现，因此，在这个时点从外在无法知晓内心的准确状态，只有行为人自己了解自己的情况。裁判者事后判断行为时的明知,只能依据已发现的客观材料。危害结果的内容和呈现的样态是主要的判断依据。因此,以结果的严重性定行为的心态是实践中主要运用的方法。但是,"过分拘泥于客观危害结果,甚至将客观危害结果凌驾于行为样态本身,以结果定行为及其主观因素,不仅与现代刑法关于不法的基本原理相背离,距离现代的法益保护理论也相去甚远"。[1]刑法作为裁判规范和行为规范,需要结合正向思维与逆向思维思考事物发展进程,以综合立场确定是否已预见结果的发生。

行为人是否能预见与危险发生的可能性高低有关,一般来说,危险发生的可能性高,行为人就能够预见;可能性低,行为人就不能预见。比如,在人口密集的街道,从高层建筑往楼下砸花盆,行为人应当认识到可能导致楼下的行人死伤的后果;而在二楼往窗外扔极小的石子,行为人一般就无法认识到导致他人死亡的后果。说到底,是否认识到与危险的发生可能性有关,而这依赖于正常理性人的标准。将归纳与统计用来作为确认一个行为人的故意的基础,到头来就是数字的问题。当有越多相同能力的人在行为人行为当时的情况下预见到事实的发生,我们就越能够说行为人有预见。[2]行为人是否持间接故意心态,依赖于第三人对社会一般人的统计判断。

(二)合理运用推定规则

推定规则在主观要件的认定中较常用,对于"明知"来说,不是所有的情形都需要用推定方法解决。

---

〔1〕 参见熊琦:《德国刑法问题研究》,元照图书出版公司2009年版,第6~13页。

〔2〕 黄荣坚:"故意的定义与定位",载黄荣坚:《刑罚的极限》,元照图书出版公司1999年版,第356页。

作为间接故意的认识因素的明知,要包含行为人认知范围的所有情况。认定的明知分为三个等级,明知的第一层级是"明确知道",这是指行为人确实认识到了客观要素的情况。在这种情况下,认识的内容相对具体、明确,在一些案件中包含对细节的完整把握。对明确知道的情况,通常通过被告人口供、被害人指认、证人证言等证据予以直接证明。例如,被害人企图烧毁放有账簿的房屋,对房屋中有一名会计他是知晓的,他的供述始终稳固可靠,说知道房中有人,管他怎么样呢,另外从房屋的布局、晚上的灯光、值班记录等内容也可认定房屋有人。此时,就能证明行为人的明知,这种情况大多是通过直接证据认定的。实践中还有另外一种情况,没有被告人的口供,但同样可以认定其明确知道。在没有直接证据时,通过其他间接证据结合全案情况,使用推断方法得出结论。有学者把它归入"实知——事实上知道"的范畴。[1]笔者认为,这种情况仍然属于明确知道的范围,证据的多寡和类型不影响事物的属性,行为人确实知道的就是明知。

明知认定的第二层级是"可能知道"。这种情况下行为人知道的盖然性明显大于不知道的可能性。正如前文所述,可能知道原本属于不确定状态,但是,在认定中,可能知道是外界对行为人心理的判断,大多属于明确知道。在目前我国颁布的司法解释中,关于明知的规定,一般都小于可能知道的范围,这也是合适的。对可能知道的认定需通过直接、间接证据进行,一般尽量不直接设置法律推定。

明知认定的第三层级是"应当知道"。应当,"表示行为主体自身主观上并不认为自己与某种行为之间存在一种确定的、

---

[1] 参见周光权:"明知与刑事推定",载《现代法学》2009年第2期。

理所当然的关系,但社会或舆论则主张该行为人与某种行为之间存在一种理所当然的关系"。[1]"应当知道"的本质,"只是用以证明行为人主观认识状态的一种事实推定方式,是行为人之外的人基于证据之外的客观事实而对行为人主观认识状态的一种判断,必须指出的是,它本身并不是一种行为人主观上的认识状态"。[2]这种观点认为,"应当知道"属于事实推定,即上文所说的推论,既然如此,它就不是行为人实际的认知。应当知道的实质就是行为人本人不知道,但规范期待他知道,同时也将其按明知处理。在一些司法解释中,有明确的关于应当知道如何认定的规定。根据《办理毒品犯罪案件适用法律若干问题的意见》的规定,走私、贩卖、运输、非法持有毒品罪的成立,以明知为前提。这里的"明知"是指行为人知道或者应当知道其所实施的行为是走私、贩卖、运输、非法持有毒品行为。对应当知道的认定,该解释第2条第1项规定,执法人员在口岸、机场、车站、港口和其他检查站检查时,要求行为人申报为他人携带的物品和其他疑似毒品物,并告知其法律责任,而行为人未如实申报,在其所携带的物品内查获毒品的。也就是说,在毒品犯罪中,只要行为人携带有疑似毒品物又不如实申报,就可以说明其有意隐瞒一些违法情况,一旦发现毒品就应认定行为人知道自己携带的是毒品。这条规定从已知事实推出行为人应当知道的事实结论,其基础是对大量现实情况的总结,效果是减轻了控方的证明责任,而要求辩方予以说明解释,否则将承担不利后果。这完全符合推定的构成要求。

在赃物类犯罪中,也存在着关于应当知道认定的规定。《最

---

[1] 周赟:《"应当"一词的法哲学研究》,山东人民出版社2008年版,第133页。

[2] 于志刚:《刑法总则的扩张解释》,中国法制出版社2009年版,第46页。

高人民法院、最高人民检察院关于办理与盗窃、抢劫、诈骗、抢夺机动车相关刑事案件具体应用法律若干问题的解释》规定,行为人明知是盗窃、抢劫、诈骗、抢夺的机动车,而实施买卖、抵押、拆解、拼装、更改车辆标识等行为的,以及国家机关工作人员明知是盗窃、抢劫、诈骗、抢夺的机动车而办理登记手续的,分别构成掩饰、隐瞒犯罪所得、犯罪所得收益罪以及滥用职权罪。该司法解释第 6 条规定,有以下两种情况之一的,应当认定行为人主观上具有明知:①没有合法有效的来历凭证;②发动机号、车辆识别代号有明显更改痕迹,没有合法证明的。该规定虽没有用"应当知道"的用语,但通过外在客观情况直接认定行为人为明知,也属上述推定的范畴。

可见,应当知道的规定其实属于对明知的具体认定方法的举例说明,大多被用于持有类相关犯罪。应当知道针对的对象主要是物品的内容和性质,并未要求更远的结果,这种规定是合理的。

(三) 坚持"行为人所属层级的抽象人"的判断标准

关于行为人是否认识到客观事实,认识到哪些客观事实,存在诸多的判断标准:①纯粹的客观说。该说认为,只要行为性质严重,就可以认定行为人有认识。英国刑法中曾存在的"重罪=谋杀原则"(felony-murder rule) 就是这种学说的表现。传统的客观归罪就是这样,完全不考虑行为人的主观面。现代责任主义要求主客观要素的对应关系,不考虑主观面的间接故意概念丧失了本该有的内核,将意外事件包括在内,造成责任边界的无限扩大。英国于 1957 年制定的《杀人罪法》(Homicide Act 1957) 已废止了上述原则。该法第 1 条第 1 款规定:"凡是在事实或助长其他犯罪时,行为人杀死另外一个人,该杀人行为将不等于谋杀罪,除非具有与不属实施或助长其他犯罪的谋杀所必需的预谋的恶意（明示的或默示的）。"[1]该说的最大问题是，行为性质是否严重与行为人是否能认识完全是两回事，更不用说不同人的认识能力还存在差异。因此，坚持责任主义原则是现代各国刑法的通例，纯粹的客观说并不合适。②纯粹的主观说。该说只考虑行为人本身是否认识到，已经认识到哪些内容。虽然认识的内容属于行为人个人，但责任的归属不完全等同于心理认知，因为主观预见是一个法理上的价值判断。也就是说，我们依然不可能透过对于行为人大脑的观察而直接去说出行为人对于事实的发生是不是有预见。[2]更何况先进的脑科学目前还无法深入行为人大脑内部，判断任何一个时点行为人在想什么。在现实中，裁判者是根据一些已经存在的事实来推论行为人对于一定事实的发生是否有预见。这种判断具有他人性和事后性，不可能完全按照行为人自己的情况得出结论。③合理的客观说。该说认为，如果是社会一般人在那种情况下能够认识到自然的、盖然的结果的，行为人也能够认识到。社会一般人属于合理的人，用此标准更符合社会的规范期待。英国法官戈塔特在1956年的"瓦尔德案"（R. v. Ward）中也表明了同样看法。作为养父的瓦尔德厌恶一岁半孩子的吵闹，生气地用劲把小孩扔撞到床上，致小孩死亡。被告人主张自己只是想使小孩安静下来，没有使小孩受伤或者杀害小孩的意图。原审的法官认为，若是合理的人的话就应当预见死或者重伤的结果，认定成立谋杀罪。刑事上诉法院的法官戈塔特认为："对所有的事案应该适用的唯一的判断标准是合理的人预见了与否。"

---

[1] [英]鲁珀特·克罗斯、菲利普·A.琼斯：《英国刑法导论》，赵秉志等译，中国人民大学出版社1991年版，第148页。
[2] 参见黄荣坚：《基础刑法学》（第4版·上），元照图书出版公司2012年版，第417页。

以此为由，维持了原判。[1]合理的客观说的标准在行为人之外，便于事后判断，但这同样不等于行为人的现实认知。社会一般人与合理人都是站在社会角度对行为人有所期待，不能代表行为人自身就这样认识。纷繁复杂的主观现象有详尽的心理学生成机理，每个人又具有独特的认识能力和思考方式，以合理的社会一般人标准要求所有行为人为行为，忽视了个人主观面的实际情况，难免强人所难。所谓"合理的客观说"并不合理，社会一般人的标准既不固定又不明确，在同样情况下社会一般人能否预见的结论来源于大众经验，而"经验"实际上是对稳定的因果律的归纳，它必然抽离了现实中意想不到的特殊情况。这样，若行为人在当时的情况下只应承担过失责任，根据此说也有可能构成间接故意，导致处罚失衡。④合理的主观说。该说以行为人自身的认识为判断标准，但同时参考社会一般人的认识与否。该说不是对行为人自身标准和社会一般人标准的简单折中，而是有步骤差别。有学者指出，在判断的第一阶段，法官要以合理的人（一般人）为标准，研讨合理的人处在当时的境况下是否预见或者能否预见。在第二阶段，法官要以行为人为标准，研讨行为人的特殊情况，看行为人是否不同于一般人，这种不同会对其认识产生怎样的影响，从而断定行为人是否认识或者能否认识。[2]经过这两个步骤，判断结论就会兼顾社会一般人与行为人，综合评判行为人的认识内容是否合理。对该种观点，也有学者提出了质疑，认为"会造成一种不合理

---

[1] 参见［日］木村光江：《主观性犯罪要素的研究》，东京大学出版社1992年版，第28页，转引自冯军："刑事归责的基础和要素"，载赵秉志主编：《刑法基础理论探索》，法律出版社2002年版，第564页。

[2] 冯军："刑事归责的基础和要素"，载赵秉志主编：《刑法基础理论探索》，法律出版社2002年版，第565页。

的状况,即水平越高的人负的责任越大,水平越低的人负的责任就越小"。[1]这种担心有一定的道理,但是责任的认定本就是个别化的事情,以行为人的认识为基础,同时参照社会一般人的判断,已促使利益最大化。更重要的是,权责统一,既然行为人有更高的认识,他就应当有更高的控制力,在这种情况下他仍然选择行动,理应具有更高的谴责性。

在上述几说中,笔者倾向于最后一种观点,并用"行为人所属层级的抽象人"来指称这种判断标准。行为人所属层次指的是在行为时与行为人所处地方和职责相近似的一般理性人,要得出这种判断,"越稳定的因果律,越可能推论行为人的预见"。[2]因此,所属层次的人是否能够预见,以社会一般的统计数据作为参照,实际上是结合常识、危险发生的概率、行为力度和指向等进行综合判断的。行为人自身如有特殊情况的,需要通过证据证明,以结合认定。

比如,射击运动员检查了手枪,确定里面装满了子弹。在此情况下,他拿起手枪并把手枪放在他人的脑袋上。这时,一般人都会知道拿起装满手枪的子弹对准别人会对他人的生命造成威胁,作为行为人所属层级的射击运动员群体,由于经常训练更懂得手枪的用法,且其枪法会更准,那么他就更应该知道这样做的危险性。在这种情况下,就算行为人不承认其对危害结果的认识,也能够认定他明知自己的行为可能导致他人死亡的后果。

当然,行为人所属层次的一般人毕竟不是行为人本人,在这里完全可以存在这个层次的一般人都可以认识到但行为人真

---

[1] 参见王作富:《中国刑法研究》,中国人民大学出版社1988年版,第171页。
[2] 参见黄荣坚:《基础刑法学》(第4版·上),元照图书出版公司2012年版,第417页。

的没有认识到的情况。对这种情况的认定，既要结合行为人当时所处的具体环境和情况、行为人的自身认识能力等进行个别分析，还要结合刑事诉讼中的证明原理，允许行为人提出反驳的相关证据。从正反两方面综合认定，才能判断行为人能否认识。

综上，通过对客观现实的全面把握，并结合相关一般人的看法和行为危险性的高低，再根据行为人自己提出的证据材料，可以认定行为人的明知。

三、对意志因素"放任"的认定

放任属于间接故意的意志因素，根据前文的分析，它还包含了行为人的情感体验内容。与认识因素不同，放任在个人心理中层次更深，对于该层次内容的把握会更为困难，只有通过利用认识因素和意志因素的内在关系，才能寻找到合理认定行为人放任意志的方法。

（一）以认识的盖然性推断意志因素

"实用主义的方法，不是什么特别的结果，只不过是一种确定方向的态度。这个态度不是去看最先的事物、原则，范畴和假定是必需的东西；而是去看最后的事物、收获、效果和事实。"[1]英美法系刑法学有明显的实用主义倾向，他们的立足点不是从科学的角度严格分清犯罪主观内容的生成关系，而是从案件认定的角度出发，最终实现证明的实用目的。以此为导向，英美法系中的犯意内容基本只强调认识因素的一面。与间接故意概念类似的犯意在英美法系国家是明知和轻率。无论是明知还是轻率，均放弃了对意志因素的刻意追求，而关注行为人是

---

[1] [美]威廉·詹姆士：《实用主义》，陈羽伦、孙端禾译，商务印书馆1979年版，第76页。

否能认识。以认识为标准的认定方法隐含着一个事实基础,那就是认识内容和程度影响着行为决定的生成。这种定义的好处是将证明难度降低,判断标准变得相对客观化。

在本书第五章"间接故意与有认识过失"部分,笔者已详尽梳理、评说了大陆法系关于间接故意和有认识过失的区分学说,并认为作为心理本体事实的间接故意仍然以认识因素和意志因素的结合为主导,偏主观的动机说应当被提倡,但故意客观化说属于对间接故意的认定学说,其合理性内容可以为我国所借鉴。故意客观化说主要包括风险说、客观认真说、故意危险说和表现防果意思说等多种学说,它们都没有放弃认识内容,而是将意志因素客观化,或者通过认识到风险(危险)的大小来表明行为决意,或者通过外在事实表明行为人是否有防止结果发生的意志。这些学说可以启迪我们,无论从外在客观内容怎样判断意志,行为人的认识因素都是必不可少的,认识仍然是意志的基础。

我国也有学者指出,放任这种心理态度建立在认识到结果发生的相当大的可能性的基础之上,通过认识因素对放任加以限制,以免使放任成为抽象而空洞的东西,从而使间接故意的放任虚幻化。[1]这就意味着,要形成对结果放任的意志,认识程度是重要的判断指标。

认识是意志的基础,只有认识到相关事实,行为人才能产生接下来的决意;认识过程贯穿行为始终,在认识到行为可能产生附属结果的情况下,是继续行动还是放弃行动,抑或想办法避免行动都要依赖行为人对结果的进一步综合认识进行估计;意志是对认识的最终表达,意志决定会对先前的认识作出总的

---

[1] 参见陈兴良:《教义刑法学》,中国人民大学出版社2010年版,第456页。

回应。虽然认识与意志属于不同的心理要素，但认识与意志紧密相连，认识的程度和范围会直接限定意志的内容。

放任属于间接故意的意志，行为人之所以选择放任，是因为其对危害结果有可能发生进行了综合评估。作为间接故意意志的放任，应表现出较大的可非难性，结合上述认识与意志相互关系的分析，本书认为，只有在对危害结果有较高程度的盖然性认识时，行为人才可能放任，以认识程度的高低推断意志内容是相对可行的认定方法。

之所以这样说，除了上述认识与意志的关系可以作为这种观点的理由，还因为这符合现实情况。当行为人只认识到结果发生具有较低的可能性时，难以产生放任心理。行为人认识到结果发生的较低可能性，除了他有明确的意志指向外，还表现为其不相信结果会发生，这与有认识过失的原理极为类似。在有认识过失中，行为人预见到结果发生的可能性，而后轻信能够避免，所谓轻信避免表明行为人通过自己的意志否认了先前的认识可能性，而相信结果不会发生。在具体内容上，有认识过失认识到的是结果发生的抽象可能性，这种可能性表现就是不具体、不确切、模糊不真实，也就是可能性较低，这种可能性低到没有进入行为人仔细考虑的视野。同理，当行为人认识到结果发生的可能性很低时，就无法进一步将其当作行为结果进一步认真地判断，在此时谈放任显然不合适。

至于行为人的认识程度怎样判断，除了上一部分结合"行为人所属层次的抽象人"的标准外，还要结合法益的重要性程度、风险发生的客观可能性高低、具体侵害的手段程度等综合进行。德国学者许迺曼教授提出的综合判断标准可供实务借鉴。起初，许迺曼类型学的故意概念还比较粗糙：把认识要素分为"认为可能""认为有盖然性""确定会发生"三种情形，把意欲要素分为"反对""不在乎""希望"三种情形，把认识要素与意欲要素结合起来就会产生九种故意的类型。其中，"认为可能但反对发生"是有认识过失，"确定会发生且希望发生""认为有盖然性且希望发生""认为可能且希望发生"属于直接故意，剩下的五种类型属于间接故意。[1]后来，他提出的内容包括：行为的终极目的之价值及非价；犯案者自身承担风险的准备；对受害者加以掌控的程度；社会对此风险的习惯度；可能是法益保护的种类，或者单独透过实害犯或透过将危险犯和实害犯分列等级而区别其类型。[2]这种标准采归纳法，是对现实中各种间接故意情况的总结，主客观内容齐备，事前与事后材料充足。综合事件发生的各种情况，对间接故意进行类型化的总结是为了更好地证明故意的实际内容。这种借助客观事实和主观评价的尝试值得赞赏，关于其包含的标准还需要进一步研究。

在现实中，判断认识程度需要综合所有客观事实材料。以成年人走上天桥，被大石头绊倒，然后生气地拿起石头将其扔到桥下的高速公路，因而造成在高速公路上正常行驶的车辆乘客被砸中死亡为例，正常的成年人对从高处往下扔石头可能会砸到他人的情况是可以认识到的，更何况桥下是车来车往的高速公路。行为人的直接目的是发泄被石头绊倒的不满，对他人死亡的后果没有明确的积极性追求。由于高速路上汽车行驶速度极高，往高速路上砸石头具有导致不特定多数人伤亡现象发生的较高的危险，当然也属于法不允许的风险。综合事发地的

---

[1] 参见徐育安：《刑法上类推禁止之生与死》，作者自版1997年版，第80页。
[2] 参见［德］许迺曼："由语言学到类型学的故意概念"，林立译，载许玉秀、陈志辉编：《不移不惑献身法与正义——许迺曼教授刑事法论文选辑》，新学林出版股份有限公司2006年版，第471页。

情况和上述对行为人控制能力的判断,可以认定行为人对造成他人死亡后果有认识,而且,这种认识具有较高的盖然性。

结合上述对认识与意志的关系分析,再考虑外在行为与环境呈现的结果可避免性,笔者认同李茂生教授提出的间接故意和有认识过失的认定方法。[1]梳理以后,具体方法可被归纳为:①行为人有高度盖然性的认识,仍然继续行为的,通常应有放任心理,构成间接故意;②行为人有较高度的认识,但明显采取了相当的避免行为的,比如踩刹车等,表明行为人通过意志行为否定了先前的认识,可以否定放任;③行为人对结果发生只有较低可能性的认识,通常应考虑排除放任心态。如果行为人进一步态度不明的,优先考虑有认识过失;如果行为人有明显的追求态度,向着目标努力的,就排除放任,构成直接故意。

上述方法以认识的盖然性推断意志,有合理依据,且便于操作。因为对社会一般人来说,认识到危害结果发生的高度可能,他就不应该去做;他既然任意选择不顾规范内容和他人利益,就具备可谴责性。但当行为人对危害结果的认识程度较低时,除了其具有明确的目的指引情况外,让行为人违背自己的利益阻止行为无助于社会的进步,因而以过失对待更合适。这种判断方法可以如下图所示:

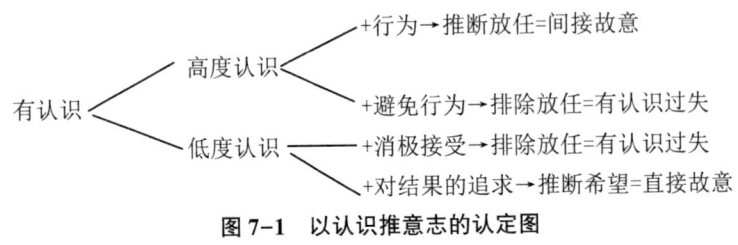

图7-1　以认识推意志的认定图

---

〔1〕 参见李茂生:《刑法总则讲义》,未出版2012年版,第341页。

第七章　间接故意的认定

对这种判断需要特别说明的是直接故意的认定，直接故意的意志因素是希望，是希望引领着整个行为过程，导致结果发生。在这种情况下，认识到结果发生的可能性较小，但行为人仍然持希望心态的情况是可能存在的。例如，行为人认识到进入安装有多重防护装置的银行金库中盗窃难度很大，几乎没有可能性，但他还是积极筹划，直到前往金库实施行为，无论最后是否成功，行为人所持的都是直接故意心态。可以说，希望意志不仅支配着整个行为，而且，这种意志强烈到超越认识内容的程度。而间接故意则与此不同，正如上述，间接故意的放任建立在对结果发生有盖然性认识的基础上，这与其心理机制有关。在这个意义上，直接故意的认识程度范围更广，而间接故意相对限缩，认识对意志的限定更明显。

与上述思路类似，有学者提出，应当在未来的立法中明确对间接故意意志因素的推断。也就是有必要在法律上对成熟的司法经验加以总结，将行为人的认识要素作为推定意志要素的"基础事实"，形成如下推定："行为人对危害结果的发生具有盖然性认识（F1）→行为人放任危害结果（F）"。[1]这种观点实际上通过对证明内容的变换，将对放任的证明转换为对行为人认识程度的证明上。这种推定以对认识因素的证明替代了对整个间接故意的证明，看似违背其主观本质，但却是生活经验的总结，守住了故意的最低标准。又由于推定允许反驳，相当于让行为人举证承担自己不是放任心态的证据，因此保障了认定的正确，不会恣意扩大故意的范围。在此，笔者将以2006年国家司法考试（卷二）的一道案例来说明上述判断方法的应用：

甲贩运假烟，驾车路过某检查站时，被工商执法部门拦住

---

〔1〕 康怀宇：《刑事主观事实证明问题研究》，法律出版社2010年版，第264页。

检查。检查人员乙正等车检查时,甲突然发动汽车夺路而逃。乙抓住汽车门的把手不放,甲为摆脱乙,在疾驶时突然刹车,导致乙头部着地身亡。甲对乙死亡的心理态度属于哪种?

本案已发生的后果是甲疾驶汽车又突然刹车,导致乙的死亡;行为经过是甲违法为逃避检查突然闯关逃跑。从外在来看,突然发动汽车逃跑又紧急刹车甩人的行为极易造成被害人死亡,具有极大的危险性;作为理性的驾驶者,甲可以认识到。由于甲贩运假烟违法在先,为了逃避检查,他已不管其他,因而可以推断他具有放任结果发生的心理。但如果换一种情况,甲为逃避检查企图闯关,接近时发现有障碍物无法通过,于是避让障碍物致使旁边20米处的交警被撞飞的,行为人就构成有认识过失,而不是间接故意。这是因为,在这种情况下,行为人虽然也违法在先,但目的是迅速闯关通过,对撞人死亡的结果的可能性认识程度较低;结果的发生是行为人为了躲避障碍物,事发突然,行为人并没有对结果认真考虑。

按照上述推断标准,由于后种情况下,行为人对结果发生只有低度可能性的认识,因此,不能推出间接故意;而前种情况根据认识因素可以推出放任意志。从反面来看,无法看出行为人积极追求检查人员死亡的结果,排除直接故意;客观上没有采取任何避免结果发生的措施和行动,又排除有认识过失,所以只能是间接故意。当然,行为人一方可以通过提出证据反驳这一认定。

(二) 适当采用排除法

与希望不同,间接故意的放任意志相对消极,反映在行动上就是较少有针对危害结果的主动推动。行为人的有认识与这种放任存在关联,在有高度认识的情况下,只要行为人不积极行动也不阻碍行动,就能证明放任。通过证明"无"来代替证明"有",利用排除反对行动来说明行为人具有不阻碍结果发生的态度,符合故意和过失区分的原理。

例如:某甲在树林中打猎时,发现一个猎物的同时又发现猎物附近有一个小孩在走动,甲根据自己的枪法和距猎物的距离,明知若开枪不一定能打中猎物,很有可能打击小孩,但甲打猎心切,不愿放过这个机会,又看见周围无其他人,遂决定仍然向猎物开枪,结果子弹打偏,打死了猎物附近的小孩。

在这个案例中,行为人对自己的枪法有明确的认识,对自己可能打到附近的小孩也有认识,在此基础上就需要在直接故意、间接故意和有认识过失之间选择。他的直接目的是打猎,为了满足自己打猎的心愿而开枪,不是为了打小孩,因而排除希望的心理。另外,明知枪法不准有可能打到小孩,表明行为人认识到了结果发生的盖然性,且没有利用任何措施和条件来保证不射偏,因此,排除希望避免结果发生的心态,可以认定行为人属于中间状态的间接故意。

在间接故意的认定中,可以采用排除法的依据是前述的故意和过失的总体关系,将故意和过失看作规范的层级关系更多的是为了便利刑事证明。故意和过失的交叉部分在认识内容上,而实践中判断故意的方法正是先认定认识内容和程度,然后再推断意志,这也为各种主观心态之间的排除选择创造了可能性。

(三) 重视事后态度

对间接故意的认定有时也可参考行为人的事后态度。有学者认为,一般来说,间接故意犯罪的行为人在危害结果发生后,仍然对结果的发生持无所谓的态度,通常也不具有悔过的心理,一般不会投案自首、减少损失等。[1]间接故意心理具有持续性，放任结果发生的心态在结果出现后仍在行为人预料之中，因此一般不会减少损失。而有认识过失则不然，行为人自始至终一直希望避免结果发生，因此多会在结果表现出后悔、沮丧。这种说法有一定的合理性，但是，这种事后表现只能作为判断的参考依据，不能排除其他情况的存在。

而且，上述情况也不绝对，关键要看对象持哪种心态。与直接故意相比，间接故意的主观恶性仍相对较小。在针对相同结果的故意犯罪中，比较起来，直接故意犯罪的行为人在事后更难以采取悔罪、减少损失的措施。而间接故意犯罪的结果多样可能性预示着行为人可以接受结果发生，但是结果不发生行为人也不强求，这种心态延续到事后反而增加了行为人采取措施弥补自己行为的可能性。以下，笔者将以"吴某故意伤害案"为例说明这种情况：

被告人吴某与被害人刘某系同事与情人关系。2011年6月29日夜晚9时许，吴某酒后与朋友一起到县城KTV唱歌时，用手机联系刘某过去唱歌，刘某拒绝过去。吴某就来到刘某唱歌所在的KTV喊其到他们那边去，刘某拒绝前往，双方发生争执、撕扯，被人脱开。后双方又发生争执，吴某用力致刘某仰面摔倒在地。2011年6月30日，刘某发现身体不适于当日下午到县中医院进行检查后，当晚入住市中心医院治疗。当日18时40分，市中心医院对刘某进行相关检查后，对其诊断为重型颅脑损伤，并认为患者病情危重随时可能有生命危险，主任医师把

---

〔1〕参见徐光华："间接故意与过于自信过失的基本内涵与司法界分"，载赵秉志、叶晓颖主编：《参阅案例研究（刑事卷第1辑）》，中国法制出版社2009年版，第97页。

病情及手术风险向家属讲明，家属要求暂不手术，保守药物治疗；7月1日10时，主任医师将查房检查情况向家属讲明，家属要求继续保守治疗；7月2日凌晨2时30分，刘某病情危重，其家属要求转上级医院治疗；7月2日凌晨3时45分，刘某家属将其转院抢救，后于当日死亡。经县公安局法医学鉴定，刘某系重度颅脑损伤致呼吸循环衰竭死亡；系钝器外伤致重度颅脑损伤死亡。

另经审理查明，被告人吴某于2011年7月1日到市中心医院看望刘某，并为刘某预交了医疗费人民币10 000元。7月2日早上，吴某得知刘某转往武汉抢救，遂找其姐借钱，其姐给了其一张银行卡让其取钱。吴某带着该银行卡到银行取款，准备取钱转交给刘某作为治疗费后到公安机关投案自首。到公安局后，吴某供述了致刘某倒地受伤的主要犯罪事实。后来，吴某的近亲属与刘某的近亲属就民事赔偿事宜达成赔偿协议，吴某一次性赔偿刘某近亲属各项经济损失人民币450 000元。刘某近亲属出具了谅解书，对吴某的犯罪行为表示谅解，并表示司法机关可以对吴某酌情从轻处理。

在本案中，站在社会一般人立场上，用力推对方致对方摔倒的行为会最终导致他人死亡的后果是难以认识到的，对这种可能性要结合案件双方当事人的关系、起因、推力、因果关系的流程等进行综合判断。结合案件中的其他客观因素，被告人与被害人平常关系较好，事发当晚也没有明显矛盾，事情起因只是生活小事，这些都能排除行为人的预谋心态，也可以排除行为人有明确指向的希望意志。在认识层面，一般人难以认识到该行为能导致被害人死亡的后果，行为人作为被害人亲近的人，没有其他因素促成也不会认识到这一后果。因此，从认识程度看，行为人不具备致人死亡的盖然性认识，只具备伤害的盖然性认识。从事后态度来看，行为人积极到医院看望被害人，积极支付医疗费和主动赔款，事发后还准备自首，这些都表明行为人对被害人最终的死亡结果是没有预料到的，同时，其主观恶性也较小。事后的补救措施难以表明行为人的直接故意心态，本案属于在突发事件中不计后果地造成他人受伤，属于（间接）故意伤害罪。

总体来看，上述对放任意志判断的几个方法都以认识和意志的相互关系作为切入点，既符合行为人的实际心理生成过程，也符合裁判者事后认定的思路，值得提倡。

四、程序性救济措施的补充

实体公正的保障是程序公正，同时，程序还有自身独立的价值。要实行真正的"法律的统治"，而不是"运用法律治民"，就必须防止刑事诉讼成为国家对个人的报复行为；必须将刑事诉讼活动纳入国家与个人之间的理性对抗之中，使国家追究个人的任何行为和决定都具有正当和合理的基础。[1]一个完善的制度设计要求有因有果、程序正当。没有救济就没有权利，再完备的证明过程也需要设计救济措施，以保障相对方权利，实现上述目的。

间接故意的证明过程体现了国家与个人间的权利分配，这种程序上的责任划分影响着行为人的实体权利。由于主观内容的证明困难和意志因素的终极性，利用举证责任的调整和推定等方法，实际上要求被告方承担更多的义务。调整之后，证明更加便利，却有可能将非间接故意心态的过失内容包含进来。这时，就需要从有利于被告的原则出发，为其权利保障提供救

---

〔1〕 陈瑞华：《刑事诉讼的前沿问题》（第4版），中国人民大学出版社2013年版，序言第Ⅴ页。

济措施。

首先,应确定可反驳原则。证明责任转移的只是举证责任,而非说服责任,况且,这种转移并不必然带来实体法上的不利后果。推定、推论等各方法的运用只是对经验的归纳,不代表现实事实只能如此。被告方掌握相关证据和线索时,可以反驳,进行反证,一旦反驳恰当,证明责任相当于再次转移到控方。可反驳原则的确立在尊重效率之上,更注重公平,为追诉犯罪提供了正当性基础。

其次,应确定疑罪从轻理念。疑罪从轻原则来源于西方国家的刑事诉讼中。这里的疑罪,是指刑事案件在犯罪事实、量刑事实、影响定罪量刑的程序事实是否成立以及此罪与彼罪、一罪与数罪、故意犯罪之形态、形式存在疑问的情况。[1]疑罪之疑,指的是案件事实存在疑问,包含行为人的主观方面难以查清的情况。当行为人的主观方面是直接故意还是间接故意存在疑问的时候,必须做出有利于被告的选择,将其认定为间接故意;当行为人的主观方面是间接故意还是有认识过失存在疑问时,如果能查清其存在认识内容,则将其认定为有认识过失,这也是犯罪主观方面呈现规范的层级关系的程序法体现。

上述疑罪从轻原则的适用与实体法结合会产生不一样的效果,罪之成立与否存在疑问的,适用疑罪从无,坚决认定无罪;罪名、罪之轻重等存疑的,适用疑罪从轻。上述主观方面的认定只是疑罪从轻的一方面的体现,当行为人构成间接故意杀人还是直接故意伤害存在疑问时,就应认定为直接故意伤害。德国联邦最高法院以心理梗阻理论(Hemmschwellentheorie)解决这类问题,认为在这种情况下,行为人应该会认真而明确地相

---

[1] 金钟:"论疑罪",载《江苏社会科学》2013年第3期。

信结果不至于发生，因为在杀人故意之前矗立着一道不易跨越的心理障碍，而伤害故意的心理障碍较低。[1]这种"心里梗阻"实际上就是从行为人角度对事实发展进行的预估，所谓不易跨越的障碍是疑罪从轻原则的具体体现，既然无法证明杀人的故意，那么就应认为行为人难以做出这种选择，认定构成故意伤害。所以，将程序法上的疑罪从轻原则用于间接故意的认定中，最终是为了实现实质正义。

总体来看，对间接故意的认定要综合各方面因素，认识因素和意志因素的作用都不可或缺。对二者的判断应分步骤进行，一般先判断认识再判断意志；以认识程度盖然性的高低分析行为人认识的可能性，同时推断意志因素的内容；再通过排除法"掐头去尾"，中间状态就是间接故意；将故意和过失的关系定性为规范层级关系，结合程序法上的"疑罪从轻"理念，在难以证明时下移主观内容定性。同时，通过综合运用相关认定方法，完成对间接故意的实践判断。

本章小结

本章结合脑科学、刑事实体法、刑事诉讼法等理论对间接故意具体该如何认定做出了说明。虽然意志自由论近来受到了冲击，但相对的意志自由论仍应坚持，因而认定间接故意的主要方法论依据的仍然是"由客观认定主观"。在刑事诉讼过程中，由于主观心理的认定极为困难，适当调整证明责任，让辩方承担一定的提供证据责任而非说服责任更有利于事实认定，这样做并不违背无罪推定原则。在间接故意的认定中，要综合

---

〔1〕 参见徐育安："杀人故意与伤害故意之区分"，载《月旦法学杂志》2009年第6期。

运用推定、推理、推断等多种方法，同时关注主客观事实的对应性。

具体来说，间接故意认定的主要方法是：以认识程度推断意志态度，认识到结果发生的盖然性的，可以考虑放任意志存在的可能性。而认识程度的判断标准应以"抽象层次的一般人"为依据，结合法益侵害程度、危险发生可能性的高低、行为本身是否被社会所不允许等综合进行。同时，从反面进行筛选。如果有避免行动或者有可依赖的客观避免条件，就认定为有认识过失。如果对危害结果有明确目标指向，就认定为直接故意，剩下的就是间接故意。

结 论

刑法中的间接故意问题具有理论的深度和跨学科的面向，对其进行研究有助于促进思考的深入。间接故意既有故意的一般特征，又有其与众不同的"个性"。这种共性表现在，它是心理事实与规范评价的统一体。因而，对其分析应分为心理探究和规范评价两部分：间接故意的心理构造包括认识、情感和意志三大因素，且各因素间存在动态互动关系；规范上的间接故意属于拟制的故意，它具有对社会规范的敌视态度，因而具有较高的可非难性。

在个性上，间接故意与直接故意在构成因素上存在差别，在整个刑法中存在着只能由直接故意，而不能由间接故意构成的故意犯罪。这与该类犯罪的罪状设置以及间接故意的特性相关。这种存在范围的不同影响到了对各类犯罪的准确定罪量刑。间接故意与有认识过失的区分是理论和实践中长期存在的难点，本书无意纠缠于认识论和意欲论、区分论的强弱分析，而坚持认为心理本体的发展过程和事后认定过程不同，对二者进行区分的学说并不等同于对二者进行认定的学说。以此为指导思想，本书进而主张，以正向顺序探究心理本体的本质，以事后客观事实推断行为人行为时的心态。这就意味着，作为心理本体事实的间接故意，认识因素与意志因素同样重要，不可或缺，放任意志占据主导。同时,行为动机与反对动机的冲突既是心理学上间接故意与有认识过失区分的关键,也是规范上非难差别的原因所在。动机冲突的结果会直接影响到决意内容,是心理生成过程中的真正差别。而对于间接故意的认定,只能从认识程度的盖然性推断行为人具有"放任"意志。具体来说,在间接故意的认定中,应以行为人所属层级的社会抽象人为标准,以风险发生可能性的高低为参照,判断行为人对危害结果的认识可能性大小。之后,以认识程度具有较高盖然性推断行为人具有放任心态,除非有反驳证据推翻,并且结合排除法认定。

至此,本书绪论中提到的两大争议问题都得到了回答,那就是间接故意以意志为核心特征,具有不同于其他类型故意的特性,有独立存在的必要;有认识过失不应被归入间接故意,间接故意与有认识过失的区分应当寻求事实与规范的联动,并结合认识与意志的心理联系确定。

威尔泽尔曾说,间接故意的界限问题,是刑法学上最困难,也最有争议的问题之一。本书只是尝试给出可能的方案,以期引发更多思考。总的来说,对间接故意的理论研究要结合静态和动态两个方面,重视过程、面向实践。关于本研究的深层次思考不会停止,仍在继续。

参考文献

一、中文著作类

1. 高铭暄:《中华人民共和国刑法的孕育诞生和发展完善》,北京大学出版社2012年版。
2. 高铭暄主编:《刑法专论》(第2版),高等教育出版社2006年版。
3. 法学教材编辑部《刑法学》编写组:《刑法学》,法律出版社1982年版。
4. 高铭暄、马克昌主编:《刑法学》(第8版),北京大学出版社、高等教育出版社2017年版。
5. 高铭暄、赵秉志编:《中国刑法规范与立法资料精选》(第2版),法律出版社2013年版。
6. 马克昌主编:《近代西方刑法学说史》,中国人民公安大学出版社2008年版。
7. 马克昌:《比较刑法原理——外国刑法学总论》,武汉大学出版社2002年版。
8. 马克昌主编:《犯罪通论》(根据1997年刑法修订),武汉大学出版社1999年版。
9. 储槐植、江溯:《美国刑法》(第4版),北京大学出版社2012年版。
10. 薛瑞麟:《昨天·今天——俄罗斯刑法中的罪过学说》,中国政法大学出版社2013年版。
11. 薛瑞麟:《俄罗斯刑法研究》,中国政法大学出版社2000年版。
12. 叶高峰主编:《故意犯罪过程中的犯罪形态论》,河南大学出版社1989

年版。

13. 赵秉志：《犯罪未遂形态研究》（第 2 版），中国人民大学出版社 2008 年版。

14. 赵秉志主编：《当代刑法学》，中国政法大学出版社 2009 年版。

15. 赵秉志主编：《英美刑法学》（第 2 版），科学出版社 2010 年版。

16. 赵秉志等：《刑法学》，北京师范大学出版社 2010 年版。

17. 赵秉志、肖中华、左坚卫：《刑法问题对谈录》，北京大学出版社 2007 年版。

18. 赵秉志主编：《刑法基础理论探索》，法律出版社 2002 年版。

19. 赵秉志主编：《犯罪总论问题探索》，法律出版社 2003 年版。

20. 赵秉志、陈志军编：《中国近代刑法立法文献汇编》，法律出版社 2016 年版。

21. 陈兴良：《教义刑法学》（第 3 版），中国人民大学出版社 2017 年版。

22. 陈兴良：《刑法的知识转型》（方法论），中国人民大学出版社 2012 年版。

23. 陈兴良：《刑法哲学》（第 5 版），中国人民大学出版社 2015 年版。

24. 陈兴良、周光权：《刑法学的现代展开》，中国人民大学出版社 2006 年版。

25. 张明楷：《刑法的基本立场》（修订版），商务印书馆 2019 年版。

26. 张明楷：《刑法学》（第 5 版），法律出版社 2016 年版。

27. 张明楷：《行为无价值论与结果无价值论》，北京大学出版社 2012 年版。

28. 张明楷：《犯罪构成体系与构成要件要素》，北京大学出版社 2010 年版。

29. 姜伟：《罪过形式论》，北京大学出版社 2008 年版。

30. 张智辉：《刑事责任通论》，警官教育出版社 1995 年版。

31. 王世洲：《现代刑法学（总论）》（第 2 版），北京大学出版社 2018 年版。

32. 王世洲主编：《现代国际刑法学原理》，中国人民公安大学出版社 2009 年版。

33. 李希慧：《刑法探微》，中国人民公安大学出版社 2007 年版。

34. 陈瑞华：《刑事诉讼的前沿问题》（第 4 版），中国人民大学出版社 2013 年版。

35. 陈瑞华：《论法学研究方法：法学研究的第三条道路》，北京大学出版社 2009 年版。

36. 冯军：《刑事责任论》，法律出版社 1996 年版。
37. 冯军主编：《比较刑法研究》，中国人民大学出版社 2007 年版。
38. 冯军：《刑法问题的规范理解》，北京大学出版社 2009 年版。
39. 黎宏：《刑法学总论》（第 2 版），法律出版社 2016 年版。
40. 黎宏：《日本刑法精义》（第 2 版），法律出版社 2008 年版。
41. 黎宏：《刑法总论问题思考》，中国人民大学出版社 2007 年版。
42. 曲新久主编：《刑法学》（第 4 版），中国政法大学出版社 2011 年版。
43. 周光权：《刑法总论》（第 3 版），中国人民大学出版社 2016 年版。
44. 周光权：《刑法客观主义与方法论》，法律出版社 2013 年版。
45. 周光权：《刑法学的向度》，中国政法大学出版社 2004 年版。
46. 刘仁文：《刑法的结构与视野》，北京大学出版社 2010 年版。
47. 吴宗宪：《犯罪心理学总论》，商务印书馆 2018 年版。
48. 李世光、刘大群、凌岩主编：《国际刑事法院罗马规约评释》（上册），北京大学出版社 2006 年版。
49. 王秀梅等：《美国刑法规则与实证解析》，中国法制出版社 2007 年版。
50. 张旭主编：《英美刑法论要》，清华大学出版社 2006 年版。
51. 肖中华：《犯罪构成及其关系论》，中国人民大学出版社 2000 年版。
52. 王志祥：《犯罪既遂新论》，北京师范大学出版社 2010 年版。
53. 梅传强：《犯罪心理生成机制研究》，中国检察出版社 2008 年版。
54. 于志刚：《刑法学总论》，中国法制出版社 2010 年版。
55. 于志刚：《刑法总则的扩张解释》，中国法制出版社 2009 年版。
56. 刘艳红主编：《刑法学》（第 2 版·上），北京大学出版社 2016 年版。
57. 刘广三主编：《刑事证据法学》，中国人民大学出版社 2007 年版。
58. 左坚卫：《罪责刑专题探索》，中国人民公安大学出版社 2010 年版。
59. 李兰英：《间接故意研究》，武汉大学出版社 2006 年版。
60. 贾济东：《外国刑法学原理（大陆法系）》，科学出版社 2013 年版。
61. 彭文华：《犯罪构成本原论及其本土化研究——立足于文化视角所展开的比较与诠释》，中国人民公安大学出版社 2010 年版。
62. 劳东燕：《风险社会中的刑法：社会转型与刑法理论的变迁》，北京大学出版社 2015 年版。

63. 劳东燕：《刑法基础的理论展开》，北京大学出版社 2008 年版。
64. 袁彬：《情绪犯原理》，中国人民大学出版社 2014 年版。
65. 袁彬：《刑法的心理学分析》，中国人民公安大学出版社 2009 年版。
66. 马松建、史卫忠主编：《刑法理论与司法认定问题研究》，中国检察出版社 2001 年版。
67. 康怀宇：《刑事主观事实证明问题研究》，法律出版社 2010 年版。
68. 李立众：《犯罪成立理论研究——一个域外方向的尝试》，法律出版社 2006 年版。
69. 欧阳本祺：《刑事政策视野下的刑法教义学：探索中国刑法教义学与刑事政策的贯通构想》，北京大学出版社 2016 年版。
70. 周振杰：《日本刑法思想史研究》，中国法制出版社 2013 年版。
71. 何庆仁：《义务犯研究》，中国人民大学出版社 2010 年版。
72. 熊琦：《德国刑法问题研究》，元照图书出版公司 2009 年版。
73. 孙明先：《中外刑法比较专论》，法律出版社 2011 年版。
74. 尹东华：《刑法中的放任论研究》，中国人民公安大学出版社 2013 年版。
75. 叶建勋：《新康德主义价值哲学对犯罪论的影响》，人民日报出版社 2013 年版。
76. 陈磊：《犯罪故意论》，中国人民公安大学出版社 2012 年版。
77. 袁宏山：《犯罪故意与犯罪过失适用》，中国人民公安大学出版社 2012 年版。
78. 郑莉芳：《成年人犯罪动机新论》，知识产权出版社 2011 年版。
79. 王俊：《犯罪论的核心问题》，北京大学出版社 2012 年版。
80. 焦阳：《刑法分析与适用》，中国法制出版社 2018 年版。
81. 韩忠谟：《刑法原理》，北京大学出版社 2009 年版。
82. 黄荣坚：《基础刑法学》（第 4 版·上），元照图书出版公司 2012 年版。
83. 黄荣坚：《刑法问题与利益思考》，中国人民大学出版社 2009 年版。
84. 黄荣坚：《刑罚的极限》，元照图书出版公司 1999 年版。
85. 许玉秀：《当代刑法思潮》，中国民主法制出版社 2005 年版。
86. 许玉秀：《主观与客观之间——主观理论与客观归责》，法律出版社 2008

年版。

87. 许玉秀、陈志辉编：《不移不惑献身法与正义——许迺曼教授刑事法论文选辑》，春风煦日学术基金 2006 年版。
88. 林山田：《刑法通论》（增订 10 版·上册），北京大学出版社 2012 年版。
89. 陈志龙：《人性尊严与刑法体系入门》，作者自版 1992 年版。
90. 林钰雄：《新刑法总则》，中国人民大学出版社 2009 年版。
91. 林钰雄：《严格证明与刑事证据》，法律出版社 2008 年版。
92. 林东茂：《刑法综览》（修订 5 版），中国人民大学出版社 2009 年版。
93. 陈子平：《刑法总论》（2008 年增修版），中国人民大学出版社 2009 年版。
94. 张丽卿：《刑法总则理论与运用》（2011 年最新版），五南图书出版公司 2011 年版。
95. 张丽卿：《新刑法探索》（第 3 版），元照图书出版公司 2008 年版。
96. 王兆鹏、张明伟、李荣耕：《刑事诉讼法》（上），承法数位文化有限公司 2012 年版。
97. 彭聃龄主编：《普通心理学》（修订版），北京师范大学出版社 2004 年版。
98. 叶奕乾、何存道、梁宁建主编：《普通心理学》（第 4 版），华东师范大学出版社 2010 年版。
99. 林秉贤：《犯罪心理学纲要》，中国科学技术出版社 2001 年版。
100. 叶浩生：《西方心理学理论与流派》，广东高等教育出版社 2004 年版。
101. 李德顺：《价值论》（第 2 版），中国人民大学出版社 2007 年版。
102. 方朝晖：《思辨之神：西方哲学思潮选讲》，复旦大学出版社 2007 年版。

二、中文译著类

103. ［德］恩施特·贝林：《构成要件理论》，王安异译，中国人民公安大学出版社 2006 年版。
104. ［德］李斯特：《德国刑法教科书》（修订译本），施密特修订，徐久生译，何秉松校订，法律出版社 2006 年版。

105. [德] 汉斯·海因里希·耶赛克、托马斯·魏根特：《德国刑法教科书》（上、下），徐久生译，中国法制出版社 2017 年版。
106. [德] 冈特·施特拉腾韦特、洛塔尔·库伦：《刑法总论Ⅰ——犯罪论》（2004 年第 5 版），杨萌译，法律出版社 2006 年版。
107. [德] 克劳斯·罗克辛：《德国刑法学　总论》（第 1 卷：犯罪原理的基础构造），王世洲译，法律出版社 2005 年版。
108. [德] 克劳斯·罗克辛：《刑事政策与刑法体系》（第 2 版），蔡桂生译，中国人民大学出版社 2011 年版。
109. [德] 克劳斯·罗克辛：《德国最高法院判例：刑法总论》，何庆仁、蔡桂生译，中国人民大学出版社 2012 年版。
110. [德] 格吕恩特·雅科布斯：《行为·责任·刑法——机能性描述》，冯军译，中国政法大学出版社 1997 年版。
111. [德] 京特·雅科布斯：《规范·人格体·社会——法哲学前思》，冯军译，法律出版社 2001 年版。
112. [德] 乌尔斯·金德霍伊泽尔：《刑法总论教科书》（第 6 版），蔡桂生译，北京大学出版社 2015 年版。
113. [德] 亚图·考夫曼：《类推与"事物本质"——兼论类型理论》，颜阙安审校，吴从周译，学林文化事业出版社 1999 年版。
114. [法] 雅克·博里康：《法国二元论体系的形成和演变：犯罪——刑事责任人》，朱琳译，中国民主法制出版社 2011 年版。
115. [法] 卡斯东·斯特法尼等：《法国刑法总论精义》，罗结珍译，中国政法大学出版社 1998 年版。
116. [意] 杜里奥·帕多瓦尼：《意大利刑法学原理》（注评版），陈忠林译评，中国人民大学出版社 2004 年版。
117. [日] 山口厚：《刑法总论》（第 3 版），付立庆译，中国人民大学出版社 2018 年版。
118. [日] 佐伯仁志：《刑法总论的思之道·乐之道》，于佳佳译，中国政法大学出版社 2017 年版。
119. [日] 前田雅英：《刑法总论讲义》（第 6 版），曾文科译，北京大学出版社 2017 年版。

120. [日]松宫孝明:《刑法总论讲义》(第 4 版补正版),钱叶六译,王昭武审校,中国人民大学出版社 2013 年版。

121. [日]大谷实:《刑法讲义总论》(新版第 2 版),黎宏译,中国人民大学出版社 2008 年版。

122. [日]西田典之:《日本刑法总论》,刘明祥、王昭武译,中国人民大学出版社 2007 年版。

123. [日]小野清一郎:《犯罪构成要件理论》,王泰译,中国人民公安大学出版社 2004 年版。

124. [日]川端博:《刑法总论二十五讲》,甘添贵监译,余振华译,中国政法大学出版社 2003 年版。

125. [日]大塚仁:《刑法概说(总论)》(第 3 版),冯军译,中国人民大学出版社 2003 年版。

126. [日]大塚仁:《犯罪论的基本问题》,冯军译,中国政法大学出版社 1993 年版。

127. [日]松尾浩也:《日本刑事诉讼法》(新版·下卷),张凌译,金光旭校,中国人民大学出版社 2005 年版。

128. [韩]金日秀、徐辅鹤:《韩国刑法总论》(第 11 版),郑军男译,武汉大学出版社 2008 年版。

129. [美]乔治·P. 弗莱彻:《刑法的基本概念》,蔡爱惠等译,王世洲主译与校对,中国政法大学出版社 2004 年版。

130. [美]约书亚·德雷斯勒:《美国刑法精解》(第 4 版),王秀梅等译,北京大学出版社 2008 年版。

131. [美]约翰·E. 道林:《脑的争论:先天还是后天?》,赵明、李光艳译,教育科学出版社 2011 年版。

132. [美]杜·舒尔兹、西德尼·埃伦·舒尔兹:《现代心理学史》(第 8 版),叶浩生译,江苏教育出版社 2012 年版。

133. [美]迈克尔·加扎尼加:《谁说了算?自由意志的心理学解读》,闾佳译,浙江人民出版社 2013 年版。

134. [英]边沁:《道德与立法原理导论》,时殷弘译,商务印书馆 2000 年版。

135. ［英］J. W. 塞西尔·特纳:《肯尼刑法原理》,王国庆等译,华夏出版社 1989 年版。
136. ［英］鲁珀特·克罗斯、菲利普·A. 琼斯:《英国刑法导论》,［英］理查德·卡德修订,赵秉志等译,周叶谦校,中国人民大学出版社 1991 年版。
137. ［苏］A. H. 特拉伊宁:《犯罪构成的一般学说》,王作富等译,中国人民大学出版社 1958 年版。
138. ［苏］A. A. 皮昂特科夫斯基等:《苏联刑法科学史》,曹子丹等译,法律出版社 1984 年版。
139. 俄罗斯联邦总检察院编:《俄罗斯联邦刑法典释义》(上册),黄道秀译,中国政法大学出版社 2000 年版。
140. ［俄］Н. Ф. 库兹涅佐娃、и. М. 佳日科娃主编:《俄罗斯刑法教程(总论)》(上卷·犯罪论),黄道秀译,中国法制出版社 2002 年版。
141. ［俄］Л. В. 伊诺加莫娃−海格主编:《俄罗斯联邦刑法(总论)》(第 2 版·修订和增补版),黄芳、刘阳、冯坤译,中国人民大学出版社 2010 年版。

三、中文论文类

142. 高铭暄、王俊平:"《罗马规约》与中国刑法犯罪故意之比较",载《法学家》2005 年第 4 期。
143. 高铭暄、孙道萃:"论诈骗犯罪主观目的的认定",载《法治研究》2012 年第 2 期。
144. 储槐植、杨书文:"复合罪过形式探析——刑法理论对现行刑法内含的新法律现象之解读",载《法学研究》1999 年第 1 期。
145. 储槐植、杨书文:"再论复合罪过形式",载陈兴良主编:《刑事法评论》(第 7 卷),中国政法大学出版社 2000 年版。
146. 储槐植、闫雨:"刑事一体化践行",载《中国法学》2013 年第 2 期。
147. 贾宇:"犯罪故意类型新论",载《法律科学》2002 年第 3 期。
148. 卢建平:"风险社会的刑事政策与刑法",载《法学论坛》2011 年第 4 期。

149. 李希慧、林卫星:"论直接故意的程度——刑法若干条款的展开",载《当代法学》2008年第4期。

150. 谢晖:"判例法与经验主义哲学",载《中国法学》2000年第3期。

151. 龙宗智:"推定的界限及适用",载《法学研究》2008年第1期。

152. 冯军:"刑法中的责任原则——兼与张明楷教授商榷",载《中外法学》2012年第1期。

153. 李洁:"从立法目的看犯罪既遂之'遂'的应有涵义",载《法制与社会发展》1999年第3期。

154. 冯亚东、叶睿:"间接故意不明时的过失推定",载《法学》2013年第4期。

155. 于志刚:"犯罪故意中的认识理论新探",载《法学研究》2008年第4期。

156. 靳宗立:"法学方法与犯罪之成立要件",载赵秉志主编:《当代刑事法学新思潮——高铭暄教授、王作富教授八十五华诞暨联袂执教六十周年恭贺文集》(上卷),北京大学出版社2013年版。

157. 周光权:"论放任",载《政法论坛》2005年第6期。

158. 周光权:"明知与刑事推定",载《现代法学》2009年第2期。

159. 劳东燕:"犯罪故意理论的反思与重构",载《政法论坛》2009年第1期。

160. 吴丹红:"犯罪主观要件的证明——程序法和实体法的一个联接",载《中国刑事法杂志》2010年第2期。

161. 王志祥、姚兵:"论目的犯目的的本质",载赵秉志主编:《刑法论丛》(第13卷),法律出版社2008年版。

162. 李永升、张超:"论情感因素在犯罪故意构造中的地位及运行机制",载赵秉志主编:《刑法论丛》(第35卷),法律出版社2013年版。

163. 欧锦雄:"复合罪过形式之否定——兼论具有双重结果之犯罪的罪过形式认定",载《广西政法管理干部学院学报》2005年第4期。

164. 刘为波、牛克乾:"放任的心理定性",载《政治与法律》2002年第4期。

165. 李世阳:"故意概念的再定位——中国语境下'盖然性说'的展开",

载《政治与法律》2018 年第 10 期。

166. 史卫忠：" 论我国刑法中行为犯的概念"，载《法学家》2000 年第 3 期。

167. 王雨田：" 英国刑法主观轻率的结构分析"，载《武汉大学学报（哲学社会科学版）》2005 年第 2 期。

168. 文姬：" 哲学思潮对刑法犯罪论体系的影响"，载《西部法学评论》2008 年第 6 期。

169. 杨志国：" 德国犯罪论体系演变的现代西方哲学思潮背景"，载《政治与法律》2010 年第 7 期。

170. 金昌俊：" 韩国的犯罪故意论及其启示"，载《河北法学》2010 年第 11 期。

171. 蔡桂生：" 论故意在犯罪论体系中的双层定位"，载《环球法律评论》2013 年第 6 期。

172. 熊琦：" 关于间接故意犯罪未遂形态的再讨论——以中德比较法视野进行考察与反思"，载《法学评论》2012 年第 4 期。

173. 张浩：" 论情绪和情感及其在认识中的功能——主体认识结构中的非理性要素研究"，载《广东社会科学》2006 年第 6 期。

174. 陈磊：" 犯罪故意认定的证据法学解读"，载《证据科学》2012 年第 4 期。

175. 陈磊：" 两大法系故意理论的本源性问题及其解决——以英美刑法故意理论为视角切入"，载赵秉志主编：《刑法论丛》（第 30 卷），法律出版社 2012 年版。

176. 陈磊：" 类型学的犯罪故意概念之提倡——对德国刑法学故意学说争议的反思"，载《法律科学（西北政法大学学报）》2014 年第 5 期。

177. 吴情树：" 京特·雅科布斯的刑法思想介评"，载赵秉志主编：《刑法论丛》（第 21 卷），法律出版社 2010 年版。

178. 孙道萃：" 犯罪构成与正当化事由的体系契合：学说、视角、立场与路径"，载赵秉志主编：《刑法论丛》（第 29 卷），法律出版社 2012 年版。

179. 李森：" 反思间接故意犯罪的存在范围"，载《政治与法律》2014 年第 4 期。

180. 陈烨:"区分故意类型定罪问题之我见",载《中国刑事法杂志》2013 年第 2 期。

181. 商小平:"吴华清. 罪责结构的客观化要素之存在",载《法治研究》2012 年第 10 期。

182. 廖梅:"目的犯研究",武汉大学 2005 年博士学位论文。

183. 彭燕、吴俊婷:"间接故意的司法认定",载《中国检察官》2016 年第 8 期。

184. 李茂生:"风险社会与规范论的世界",载《月旦法学杂志》2009 年第 10 期。

185. 徐育安:"费尔巴哈故意理论及其影响——以德国刑法为核心",载《政大法学评论》2009 年第 6 期。

186. 徐育安:"间接故意理论之发展——兼论不确定故意、未必故意与附条件故意",载《东吴法律学报》2010 年第 3 期。

187. [英] 格兰维尔·威廉斯:"论间接故意",周叶谦译,载《法学译丛》1988 年第 6 期。

188. [澳] 格雷格·泰勒:"关于德国刑法中故意的论争",李立丰编译,载赵秉志主编:《刑法论丛》(第 19 卷),法律出版社 2009 年版。

189. [德] 乌尔斯·金德霍伊泽尔:"犯罪构造中的主观构成要件——及对客观归属学说的批判",蔡桂生译,载陈兴良主编:《刑事法评论》(第 30 卷),北京大学出版社 2012 年版。

四、外文参考文献

190. [日] 高山佳奈子:《故意と違法性の意識》,有斐閣 1999 年版。

191. Michael Bohlander, *Principles of German Criminal Law*, Oxford and Portland: Hart Publishing, 2009.

192. Daniel E. Hall, *Criminal Law and Procedure*(*6th Edition*), Clifton Park, NY: Delmar Cengage Learning, 2012.

193. Nicola Haralambous, *Criminal Law Directions*, Oxford: Oxford University Press, 2010.

194. Wayne R. LaFave, *Modern Criminal Law: Cases, Comments and Questions*

(*4th Edition*), St. Paul, Minn.: Thomson/West, 2006.
195. Michael and J. Allen, *Textbook on Criminal Law* (*5th Edition*), British Columbia: Black Press, 2000.
196. Alan W. Norrie, *Oblique Intention and Legal Politics*, Criminal L. R., 1989.
197. Paul H. Robinson, *Criminal Law: Case Studies & Controversies*, New York: Aspen Publishers, 2008.
198. A. P. Simester and G. R. Sullivan, *Criminal Law Theory and Doctrine* (*3rd Edition*), Oxford and Portland: Hart Publishing, 2007.
199. Richard G. Singer and John Q. La Fond, *Criminal Law* (*6th Edition*), New York: Wolters Kluwer Law & Business, 2013.
200. Mitsilegas Valsamis, *EU Criminal Law*, Oxford: Hart Publishing, 2009.

后　记

终于到了该写后记的时候，北京的春天即将过去，漫天飞舞的杨絮并没有影响我的心情，反而让我有一种充满生机、豁然开朗的感觉。今年的气候有些不稳，暖和得早，却在 5 月立夏的时候重新感到了凉意。无论气候怎样变迁，我二十多年的求学生涯结束了，回顾这一路的酸甜苦辣，很多感慨会不由自主地涌上我的心头。

博士学位论文的写作是一个辛苦的过程，更何况当时我选择了这样一个偏向于刑法基础理论的问题。从本科到博士阶段，或许因为自己爱看书、喜欢思考的缘故，我总是对犯罪论中的细节问题十分关注，特别是其背后所反映的哲学背景、社会价值观，每次阅读这些我都有一种欲罢不能的感觉。选题的挑战让我不得不阅读更多的著作，有时读一些难懂的译著、论文会花费我很多时间。这里的艰辛可想而知，但我并不后悔，因为只有这样，我才能深入思考，不断进步。在日常学习中，我尽量坚持"刑事一体化"理念，广泛涉猎刑事法各学科的相关知识，还经常与他人交流，多次旁听了北大、清华等各高校组织的各种讲座。学术研究在交流碰撞出燃起"火花"，而思考也在不同的思维方式间转换深入。

北京师范大学刑事法学团队专业、权威、国际化，它为我

后 记

提供了最全面的学术资源。在论文的写作过程中，我得到了很多人的帮助。首先，感谢我的导师李希慧教授。李老师对我的学习、生活一直很关心，他用他的朴实无华感染着我，让我顺利度过了这几年的博士生活。李老师不愿给我太大压力，他充分尊重我的学术兴趣，对我的论文选题、写作抱着宽容态度。李老师辛勤地阅读我的开题报告和论文，以他的学术积淀尽力帮助我。论文的顺利完成还离不开师母的鼓励和支持。师母经常与我探讨人生，她的豁达让我更坦然地面对生活。难忘这几年点点滴滴的学习生活，愿李老师和家人永远健康快乐！

其次，要感谢学院的王志祥、周振杰教授。二位老师不仅在课程教学中引领着我的方向，而且在论文写作过程中提供着各种协助。论文初稿完成后，在我的"纠缠"下，二位老师都在百忙之中专门阅读了我的论文，并提出了不少颇有见地的可行性建议，这些都促使我不断改进论文内容。

班主任王俊平、苏明月老师对我的日常学习、生活非常关心。他们是我的长辈，也是我真心的朋友。在两位老师的关怀下，我参与了不少学术课题，组织了多场学术沙龙，这种能力的锻炼是综合性的。没有两位老师的助力，就没有我今天的成长，真心感谢他们。

在论文正式答辩时，特聘教授储槐植先生、中国社科院法学所的刘仁文教授、中央民族大学法学院的韩轶教授和我院的卢建平教授、左坚卫教授组成了答辩委员会，向我提出了许多问题，这些问题深刻全面，使我感受到了思维的另外的"面向"。卢老师还在日常学习生活中以其一贯的睿智幽默风格开拓我的视野，这一切都令人难忘。我院的刑法学泰斗高铭暄教授以及黄风、阴建峰、郭理蓉、张磊等老师在我的论文开题和预答辩时对我的写作关怀备至，提出了不少建议。赵秉志、宋英辉、吴宗宪、张远煌、刘广三、刘志伟、王秀梅、赵军、袁彬、黄晓亮、王超、廖明、赵路、李山河等老师,通过课程讲授、专题讲座、课题引导、课下指点等方式影响着我,没有他们就没有我现今知识的增长。北师大刑科院不断奋进永攀高峰,各位专家不畏辛劳地付出以及对后辈的提携关爱,这些都给了我学术研究上的最大动力。论文匿名评审平台中的三位外校专家为我的写作完善指点迷津;现在郑州大学一附院工作的黄艳老师始终关心我的成长,注重培养我的综合能力;博士师兄弟及同学董文辉、李冠煜、王帅、潘文博、孙道萃、刘杰、王辉、王周文,外校博士生吴亚安、王俊、廖宜宁也在我的论文写作过程中与我讨论专业问题,这些支持我都会铭记。大学本科同学赵立功、王志刚等都是我多年的好友,虽然大家现在工作在南北各地,但我们的定期交流、定期相聚机制让我们随时关注彼此状态,从他们那里我看到了我们这代人的不易与希望!

在这里,还要特别感谢台湾大学法律学院的黄荣坚教授。我在台大访学期间,黄老师是我的指导教师。我全程旁听了黄老师的刑法总则课程,还与他多次交流,黄老师的思想深刻、独到,他对社会现实与司法现状的把控总是精准到位,他对人生的感悟达到了"智者"的高度,短暂的行程让我受益匪浅。回来后,我仍与黄老师保持着邮件交流,这篇论文的一些思考可以说是受其观点启发而成的。台大法律学院的林钰雄、李茂生、王兆鹏等老师在课堂上展现了他们与众不同的风采,开拓了我的研究视野,台大法律学院的刘淼同学帮我整理了不少课程资料,在此一并致谢。

博士毕业后,我来到外交学院工作。虽然专业方向不同,系主任许军珂教授却以最大的关怀、包容鼓励我,为我"青椒"

后 记

工作的开展提供了与众不同的平台，让我时刻感受到这个大家庭的温暖；包括本书的出版，都是在系里资助推动下成型的。感谢高秀东教授等其他同事，还有外院广大的同学们，你们是最优秀的，你们的反馈、欢笑让我心态更年轻、思考更成熟，我也由此不断完善着自己。外交学院研究生柳飞同学参与了对本书稿最后的格式校对工作，感谢他一贯的真诚、上进、用心。本书部分章节观点已在《刑法论丛》以及我的著作《刑法分析与适用》（中国法制出版社2018年版）发表呈现，感谢专家、编辑。

我的家庭对我的成长影响很大，严谨求实的态度、宽容理解的氛围、充满爱的关怀，这些都是我一路走来顺利成长的动力。外公叶高峰教授在艰难的环境下开拓学术，身体力行，为人为学影响了很多人，我自然也是他所影响的对象。我的父亲焦志宏、母亲叶朝霞对我的关爱难以用语言形容，他们以最大的热情和付出引领我，他们让我知道，奉献、无私是多么令人感动；二十多年的学业生活，他们一直让我坚持自己的选择，为我提供最全面的生活支持，这些是我成长中的最大收获。亲情中的爱是伟大的，愿我的家庭一直幸福快乐下去！

感谢谷芳卿的理解、陪伴与帮助。在求学和论文写作过程中，这种帮助不仅有生活层面的，还涉及论文的思考、英文摘要的核对等技术性问题。生活中虽充满艰辛，但也有意想不到的幸运。在我困顿、徘徊时的理解就是我最坚强的后盾，这种幸福深埋在我心中。

读博士的过程是个辛苦的过程，新闻中"最难就业季"的危言耸听年年都在重复，因而写论文的过程自然还伴随着我跨越多省的应聘过程，我当时坚定应对，因为我知道对学术的理想和追求不会被改变。现在，我的学术研究和思考仍然在持续，我的思考触角又涉及刑事诉讼法、国际刑法等领域。既然选择了继续教学研究、传递理想的使命，我会不断努力奋斗，迎接一个又一个芬芳绚丽的春天！

焦阳

2014 年 5 月于北师大学一楼

2019 年 3 月修改于北京西城寓所